特级教师书系

高中数学学科育人
课例评析

黄河清——主编

GAOZHONG SHUXUE XUEKE YUREN
KELI PINGXI

广西教育出版社·南宁

《高中数学学科育人课例评析》编写委员会

主　编：黄河清

副主编：黎承忠　刘　辉　栾　功

编　委：（按姓氏笔画排序）

王学建　孙　威　吴　彪　陈　茵

陈　康　陈俊健　陈婷婷　罗佼佼

庞启满　钟　慧　黄小妹　崔朝杰

梁　竹　梁舒尹　谭淇尹　戴陈敏

目 录

绪　论

2014 年，教育部发布《关于全面深化课程改革　落实立德树人根本任务的意见》，提出要充分认识全面深化课程改革、落实立德树人根本任务的重要性和紧迫性。2019 年，国务院办公厅印发《关于新时代推进普通高中育人方式改革的指导意见》，提出要进一步健全立德树人落实机制，坚持把立德树人融入思想道德教育、文化知识教育、社会实践教育各环节。

对一线教师而言，课堂教学是育人的主阵地，要推进立德树人目标全面落地，突破口就在于强化学科教学的育人功能。怎样在学科教学中实现学科育人、教学育人？这就需要有与之相匹配的策略、方式、方法，需要广大教师进行创新实践。从 2014 年起，笔者及其团队对数学学科育人教学策略开展了实践研究，探索高中数学实施学科育人的新思路、新途径，并取得良好成效。以下就此谈谈我们的认识与实践。

一、对数学学科育人的认识

立德树人是教育改革的根本任务，必须全面落实到学科教学中。学科教学既是立德树人的重要载体，也是立德树人的主要途径；立德树人是学科教学的根本任务，也是学科教学改革的方向和境界。① 要深化基础教育改革，提高教育质量，关键在于提升学科育人的功能和价值。

（一）学科育人价值的内涵和特征

任何学科教学都是一种教育，都是价值教育，没有价值教育的教学都不是真正的教学。学科教学不仅承担着传递学科基础知识、培养学科基本能力的责任，还承载着更为关键的育人功能。学科育人价值主要体现在两个方面：一是以促进学生健康成长为出发点；二是注重学生的未来发展，使学生能够适应未来的社会生活。

学生是学科育人价值的直接体现者。学校要从学生的发展需要出发，关注学生的生活世界和生命成长，促进学生的发展。学科教学作为学科育人的资源与手段，必须服务于学科育人这一根本目标。

由此，我们理解的学科育人是指：以学科知识为载体，以育人为目标，从学生的发展需要出发，挖掘学科的德育内涵，通过学科独特的路径和视角，开发学科对学生成长独特的发展价值，提升学生对学科美的发现、欣赏和表达能力，使学生的精神世界在学科教学中获得滋养，满足学生成长的需要。从教的角度看，就是教师在学科教学中不仅要教知识，还要围绕立德树人，促进学生智力发展、思维品质培养、道德和人格形成。也就是说，学科教学不仅要拓展、开发学科内容本身的育人价值，还要充分开发学科学习活动、学习过程中蕴含的育人价值，促进学生健康快乐成长，使学生成为对社会有用的人。

（二）学科育人的价值

数学作为最重要的基础学科，除了学科内容本身的价值，还承载哪些育人价值？教师应如何在课堂教学中落实这些价值？我们认为，数学学科育人是对“数学教育对于人发展的独特贡献是什么？数学教育的终极目标是什么？”这两个基本问题的诠释。数学学科育人的根本目的是促进学生健康、全面地发展。从这个意义上说，教师每天的工作都是在育人。教师需要思考所教内容、所设计的学习活动的育人价值，使教育教学不仅

① 成尚荣．用好统编教材　实现学科育人价值［J］．课程·教材·教法，2018（8）：4—10.

蕴含知识，更蕴含思想方法、情感态度价值观，真正实现教书育人。

数学学科以培养学生学科能力，让学生获得知识、技能为基本目标，数学学习则是一个让学生体验、掌握和运用知识技能的过程，这样的过程承载着重要的育人价值，甚至过程本身即价值。《普通高中数学课程标准（2017 年版 2020 年修订）》中明确指出，数学在形成人的理性思维、科学精神和促进个人智力发展的过程中发挥着不可替代的作用。数学素养是现代社会每一个人应该具备的基本素养。因此，数学教师需要从“学科知识本位”走向“学科思想本位”，更要转向“育人为本”，实现数学教学与学生生命成长的相互促进和双向构建。

数学学科具有广泛的育人空间，如教师可以将数学史、中华经典文化故事等内容作为切入点，让学生在了解数学家的故事和中华优秀传统文化的过程中，形成基于科学、忠于事实的思维习惯，提升民族自豪感。又如在问题解决的过程中，教师通过注重培养学生实事求是和积极探索的精神，让学生“知其然且知其所以然”，培养学生自主建构的能力和不懈探索的优秀品质。而在概念教学中，如何挖掘数学概念的内涵与外延，突出概念的本质特征，让学生学会思辨，多角度、多层次地思考问题，透过现象看本质，培养学生思维的广阔性，提升学生的数学学科核心素养，就是数学学科育人的重要任务。另外，如何在教学中引导学生掌握数学思想方法，让学生学会用数学眼光观察世界，用数学思维思考世界，用数学语言表达世界，促进学生勇于尝试，树立战胜困难的信心和勇气，这是数学学科育人更深层次的要求。同时，教师要引导学生围绕数学核心知识总结方法和策略，完善数学知识结构，提高数学抽象能力和概括能力。

二、高中数学学科育人“三位一体＋”策略研究与实践

从 2014 年 9 月起，南宁市第三中学以数学学科为研究对象，开展了高中数学学科育人“三位一体＋”策略研究与实践，从“课堂育人—实践育人—科研保障—成果推广”四个维度构建了明确、清晰的实施路径，如图 1。

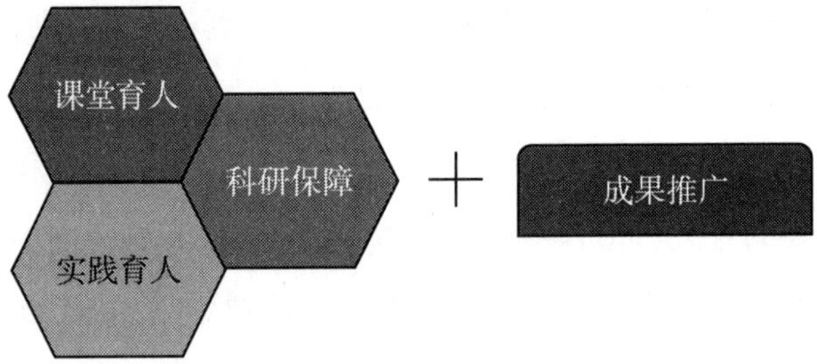

图 1

高中数学学科育人“三位一体+”策略研究与实践重点解决了以下问题。

（1）育人作为教育的根本使命，怎样育人、通过什么育人是关键问题。然而，对于如何落实学科育人，突出的问题是教师缺乏对学科育人实施策略与方法的研究，使学科育人“雷声大、雨点小”，大多处在“说说而已、不了了之”的状态。为此，我们构建了学科育人的数学课堂教学模式，使教师教有“标准”可依，推进了学科立德树人目标的落地。

（2）数学建模是数学的核心素养，但目前的数学教学与数学应用、社会服务等教育实践活动严重脱节，出现脱离实际的抽象灌输知识的现象，学生缺乏服务社会的意识和能力。为此，我们构建了数学实践活动育人模式，将立德树人目标由课内延伸至课外，在课外实践活动中实现育人目标。

（3）学科育人要实现理念落地和教学转型，关键在教师。而目前的普遍现象是，不少教师理论水平与专业素养跟不上时代的要求，无法深入推进学科育人工作，降低了学科育人的质量与效益。为此，我们建立了以课题研究、学科基地建设为统领的科研保障体系，使学科育人既有理论指导，又有研究成果引领，保障实践的效果。

（4）许多基础教育教学成果由于缺乏有效传承和推广，未能成为引领教育高质量发展的重要资源。目前突出的问题是一线学校对学科育人推进工作“不重视、不会做、难推动”。为此，我们与广西区内外多所学校形成了学科育人合作体，以点带面，为广大学校做示范引领，并取得良好成效。

经过多年的探索实践，我们的研究取得了学生成长、教师进步、学校发展的显著成效。具体做法如下。

（一）课堂育人

课堂是实现学科育人的主阵地，我们提出数学课堂教学要设立德育目标的新思路，以思维拓展、史料渗透、审美培育、角色体验四个维度为抓手，使教师有明确的实施策略，保障学科育人目标能深度融入课堂教学各个环节。

1. 思维拓展

数学是思维的体操，课堂教学中的思维拓展训练，体现了数学学科育人的独特价值。为此，我们以新授课教学模式为切入点，提炼了教学各环节思维拓展训练的关键点：“新课引入”环节抓关联性，“概念形成”环节抓合理性，“概念深化”环节抓内涵、外延，“应用探索”环节抓深刻性，“总结归纳”环节抓延伸性（如图 2）。每个环节以精心设置的问题为导向，引导学生积极思考，培养学生注重本质、去粗存精、去伪存真、触类旁通的思维能力，培育学生的理性精神。

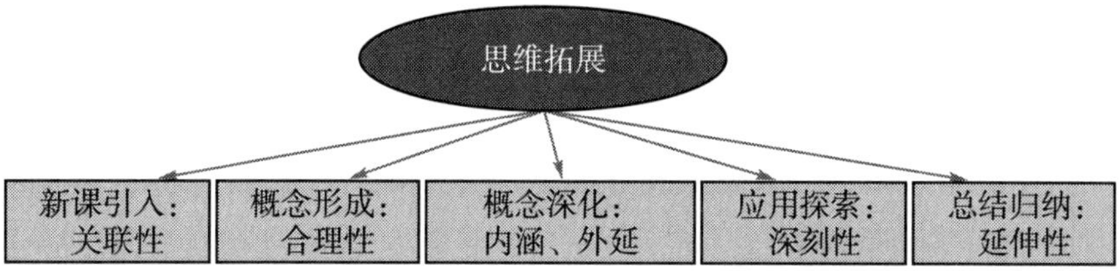

图 2

2. 史料渗透

“讲好学科背后的故事”是数学学科育人的重要载体。数学发展的历史，本身就是一个寻找真理、不断扬弃、不断创新的过程，数学中每个定理、公式的发现，都是前人经历了无数的艰辛才取得的成果。我们提出教师在教学中要注重从“讲述数学发展的经典故事”“再现知识创新的探索过程”“暴露前人发现的思维脉络”三个关键点入手（如图 3），让学生了解数学知识的时代背景和历史意义，拓宽学生的数学视野，培养学生的爱国主义精神、人文主义精神。这是数学学科育人的重要途径。

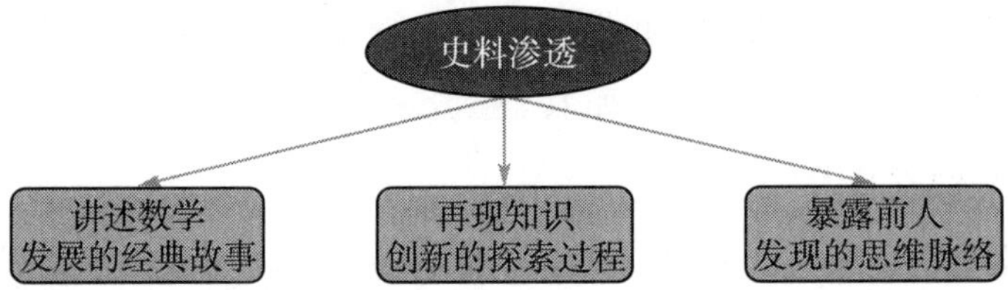

图 3

3. 审美培育

审美教育是培养学生认知美、喜欢美、欣赏美，进而创造美的能力的教育。数学的符号、公式、概念、曲线、思想方法，无不蕴含着数学美。数学美既体现在结构美，也体现在方法美（如图 4）。从某种意义上说，数学即智慧，数学即美德，数学即文明。我们提出审美培育要围绕结构美、方法美去拓展教学，让学生体会数学思想方法的魅力之美，提高理解美、追求美的能力。这是数学学科育人的重要任务之一。

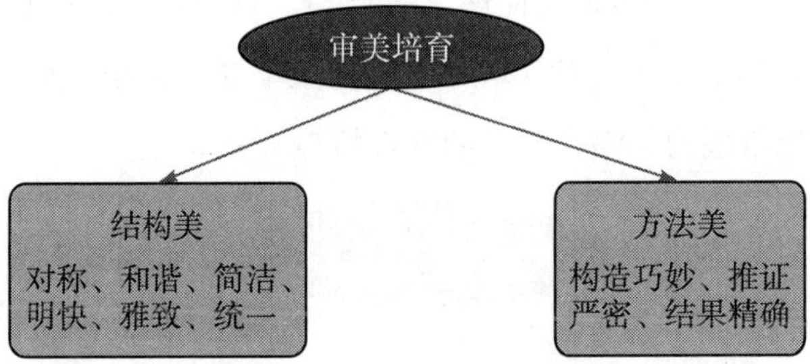

图 4

4. 角色体验

建构主义学习理论认为，知识的学习是学生在与自然的对话中主动构建的。角色体验是数学学科育人教学范式的重要内容，可以让学生通过课本结论去感受前人思维的过程（如图 5）。因此，教师要精心设计课堂教学活动，鼓励、引导学生积极参与学习的探究过程，让学生从研究者的角度出发，感受知识发生、发展的艰辛探索过程，培养学生敢于创新、顽强拼搏的奋斗精神。

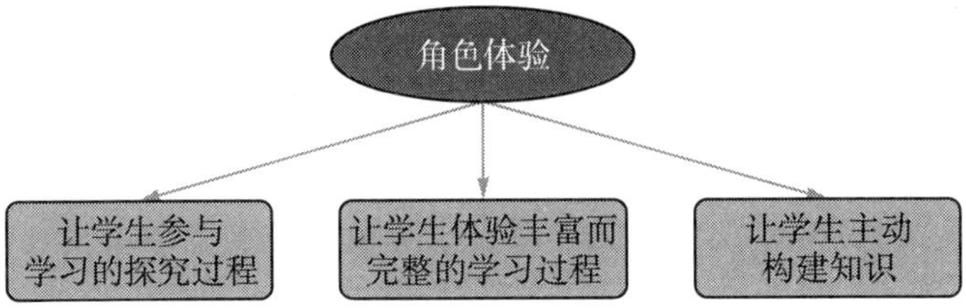

图 5

由此，我们重构了数学学科育人的课堂教学新模式（如图 6）。

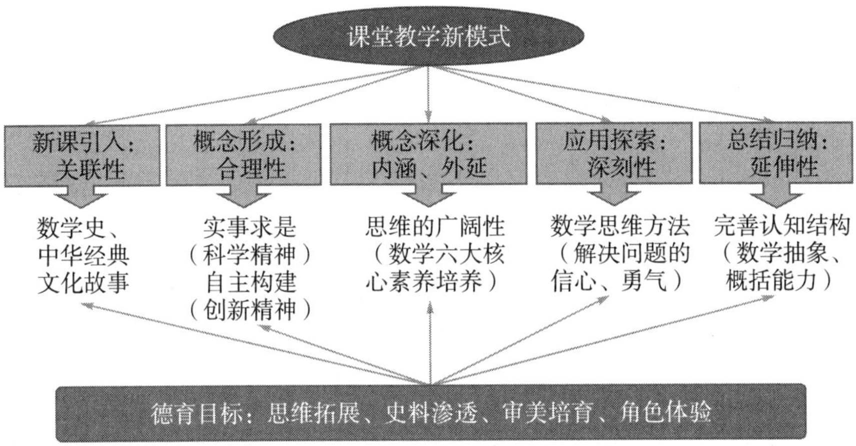

图 6

（二）实践育人

学生学习数学，不仅要掌握科学的方法，还要能运用数学知识解决实际问题，服务社会。为此，我们搭建了实践育人数学活动课程平台，带领学生开展数学应用、社会服务等实践活动，将数学学科立德树人工作延伸到课外，鼓励学生在实践中勇于探索、增强体验、了解社会、提高能力。这是实现学科育人的重要工作。

1. 建立数学实验室

在探索和改进传统的数学教学与学科育人方式方面，我们着重抓好三个方面的工作。一是引进先进的教学设备，如平板电脑辅助教学设备、3D 打印机等。教师利用互联网资源，拓宽教学空间，让学生有更多动手实践的机会，学会利用大数据技术进行自我评价、自我反思、自我监控，学会正确归因并找到解决问题的方法。二是针对社会实践活动调查的涉及经济生活、城市建设、农村建设、国际形势等问题，让学生通过数据分析、构建模型等方式，得出解决问题的发展性报告，提高学生应用数学知识解决实际问题的能力。三是推出微课程体系，如开设“数学建模”“立体几何进阶”“密码学初步”等拓展性课程，鼓励学生自主学习、合作探究，善于发现问题，敢于提出问题，培养学生的创新精神和实践能力。我们通过实验数据发现，参加数学实验室学习的学生，学业成绩及自我评价能力有了明显提升。

2. 成立数学社团

数学社团以培养学生数学学习兴趣、发展学生应用数学知识解决问题的能力为目标，以开展数学研究性学习活动为主要内容，让学生以数学知识为载体，研究、解决与生活和社会发展息息相关的实际问题，培养学生的责任意识，让学生学会承担社会责任。南宁市第三中学数学社团深受学生欢迎，参加数学社团活动的人数从最初的 53 人，到如今达上千人。学生通过学习研究，得出了许多有意义的研究成果，如“浅谈 IDA* 算法及其估价函数的设计技巧”“美丽广西生态乡村——区域乡村振兴调查研究”等。此外，数学社团成员积极参与学校大型活动项目的策划与设计，如参与设计学校元旦通宵晚会数学游园活动方案，承担“畅想科技，畅想未来”科技节活动中的“圣诞树承重”方案的设计和现场测量、记录、计分等工作。实践证明，数学社团活动是数学学科育人的有效途径。

3. 开展学科奥林匹克竞赛培训

学科奥林匹克竞赛（以下简称“奥赛”）培训是培养创新型人才的一个重要路径。对于在数学学科有良好天赋并有兴趣爱好和一定学习能力水平的学生，教师鼓励他们参加奥赛学习，并有计划、有目标地进行系统培养。同时，邀请国内奥赛知名专家、国家队知名教练走进学校奥赛培训课堂，给予学生指导；注重与发达地区的中学、高校建立紧密联系，让学生在更高的平台上学习交流。另外，学校编制的“函数迭代”“函数方程”“数列与差分探究”“组合数学”等校本课程，可以为学生提供更多的学习指导。学生通过奥赛学习，了解学科发展的前沿知识，感受科学发展的日新月异，树立勇攀科学高峰的目标及报效祖国科学事业的远大理想，锻炼勇于挑战和顽强拼搏的精神。这是学科育人的重要任务之一。从实践效果看，很多参加过奥赛的学生大学毕业后都选择了与国防相关的研究领域，并在工作中做出了突出的成绩。

4. 开展科技创新实践活动

科技创新实践活动是培养学生创新精神和实践能力的重要途径，目的是培养学生基于科学、实事求是的精神，使学生学会用自己的视角观察世界，用自己的判断决定行为。为此，我们开展以爱国主义教育为主题的科技创新活动，如“我爱祖国海疆”海模比赛、火箭制作发射比赛、电子模拟探雷锦标赛等，使学生感受数学应用的魅力，感受科技的发展，感受发展是硬道理的深刻内涵；开展以集体主义教育为主题的科技创新活动，倡导学生在团队中研讨、交流、合作，从中培养学生的集体主义观念；开展以信仰教育为主题的科技创新活动，如“自然怪异现象大讨论”科技活动，帮助学生形成正确的世界观和人生观。

（三）科研保障

要在数学教学中落实育人目标，数学教师队伍的思想观念、专业能力、研究水平至关重要。为此，我们通过高校指导、课题引领、学科基地建设几个方面，在实践中落实立德树人目标，全面提升教师的学术水平（如图 7）。

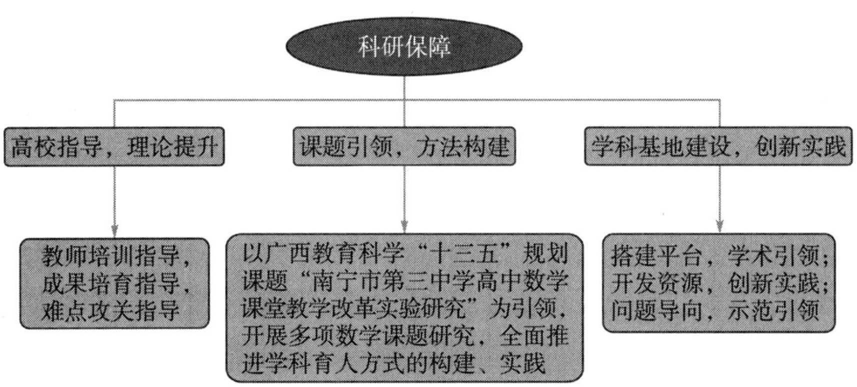

图 7

1. 建立高校指导带动的科研体系

近年来，南宁市第三中学作为北京师范大学、华东师范大学实习基地，北京大学、清华大学等名校优秀生源基地，注重用好广西区内外高校力量到校开展科研工作的培训与指导资源，取得良好成效。同时，依托部分教师担任广西师范大学、南宁师范大学研究员和硕士研究生导师等条件，搭建与专家学习交流的平台，全面提升教师的理论与研究水平。

2. 开展学科育人相关成果培育与课题研究

2016 年，南宁市第三中学申请立项广西教育科学“十三五”规划课题“南宁市第三中学高中数学课堂教学改革实验研究”，全面推进数学课堂学科育人的研究与实践，在广西 10 多所学校和 5 个市（县）支教学校开展实验研究，举行 10 多次全区性教学研讨活动和 100 多节专题研究课。近几年，南宁市第三中学数学组教师开展以数学学科育人方式改革为研究内容的课题 25 个。在 2021 年立项的广西教育科研课题中，南宁市第三中学数学组的课题占 5 个。这些均为数学学科育人模式的构建提供了理论指导。如今，南宁市第三中学与区内外（广东、贵州、四川等）30 余所学校签订了数学“学科育人”研究合作体协议，开展专题讲座、同课异构、研讨交流等活动，共同探索学科育人的新思路、新方法，提高学科育人的实践效益。

3. 发挥学科基地示范引领作用

2015 年，南宁市第三中学获批广西首批普通高中数学学科课程基地，学校以“三课（课题、课程、课堂）推动”为抓手，引领教师开展教学研究与实践，培育了许多促进学科育人深入开展的教学成果，如“‘精准帮扶’贫困地区高中提升教学质量的创新实践”获 2018 年基础教育国家级教学成果二等奖、2017 年广西基础教育教学成果特等奖，“‘三课’联动引领高中育人方式变革的研究与实践”获 2019 年广西基础教育教学成果一等奖。近年来，数学组教师出版学术专著 4 部，发表论文 200 多篇。这些研究实践成果，为学科育人打下了坚实的理论基础。

（四）成果推广

南宁市第三中学致力于构建“校内研究实践—全区辐射引领—省际交流合作”的立体式成果推广体系，引领数学学科育人的研究与实践，推动数学学科育人全面落地（如图 8）。

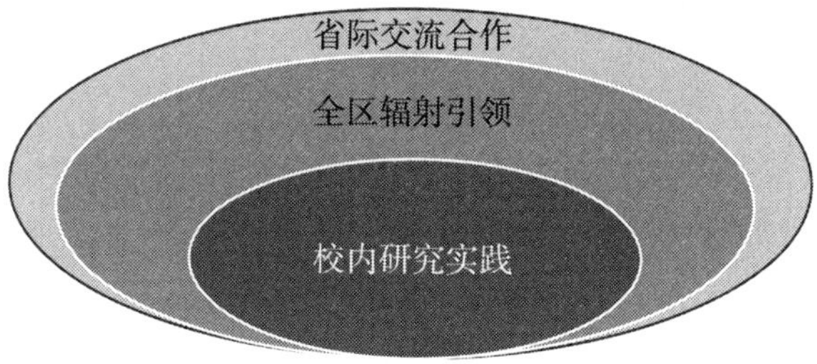

图 8　成果推广体系

1. 校内研究实践

近几年来，南宁市第三中学开展校内数学教师学科育人专题学习 20 余次，研究课近 100 节，专题讲座 10 余场，开发数学校本课程 20 多门，建立学生实践基地 10 余处。数学组教师参与省（市）级课题研究 24 项，发表相关论文 200 多篇，出版专著 4 部。同时，教师大力开展促进学生发展的专项研究，组织学生开展数学实验、数学社团、“美丽广西建设”等丰富多彩的学科育人实践活动。

2. 全区辐射引领

南宁市第三中学注重发挥名校引领作用，与广西 40 多所各级各类学校建立学科育人研究合作体，分层指导，分类推进，开展讲座活动 70 余场，开设研究课 230 多节。合作学校在学校发展、教学创新、教学成果上都取得优异成绩。

3. 省际交流合作

南宁市第三中学积极拓展实践空间，走出广西，先后与广东省罗定中学、广东省吴川市第二中学、贵州省荔波高级中学等学校签订了数学“学科育人”研究合作体协议，开展专题成果讲座、示范课、教师互访交流等活动，为教学成果的立体化推进做出不懈努力，取得良好成效。

三、学科育人成效

南宁市第三中学经过多年的探索实践，学科育人取得明显成效，主要表现在以下几个方面。

（一）学生信念坚定，全面发展

1. 通过实践活动，增强学生爱党、爱国情怀

成立社会主义核心价值观研究社。2016 年 9 月，学生自发成立社会主义核心价值观研究社，通过编写社会主义核心价值观学习读本、创办《求真》社刊、组织开展时政研究和社会调查等方式，引领广大学生学习和践行社会主义核心价值观，培养健康向上的校园文化，收效良好。

开展“传承红色基因，培育时代新人”研学活动。校团委、学生会组织开展丰富多彩的主题教育活动，引导广大师生铭记红色历史，追寻红色足迹，传承红色基因，弘扬革命精神，让红色基因代代相传，永不变色。

开展“国旗班”爱国主义主题实践活动。2016 年 9 月，“国旗班”成立。“国旗班”负责每周星期一及学校各项重大典礼的升国旗任务，增强了学生践行爱国主义的仪式感，学生以能加入“国旗班”为荣。“国旗班”活动还在南宁市电视台专题节目中播出，引起社会强烈反响。

开展“传唱红色经典”爱国主义教育活动。每年 9 月，校团委、学生会组织全校性歌咏比赛和艺术节传统活动，引领全体师生不忘初心、牢记使命。

开展“讲红色故事”爱国主义活动。该活动每年由校团委、学生会组织，旨在弘扬革命传统，继承革命精神。

开展“五四宣讲”爱国主义教育活动。每年举行大型团课活动，强担当，促自信。

2. 通过学科育人，学生在学习能力、创新能力和综合素质上都有明显提升

2014 年至今，南宁市第三中学学生获发明专利 19 项，全国（广西）青少年科技创新大赛奖 26 项，其他类科技大赛奖 9 项。南宁市第三中学学科奥赛成绩领跑广西，学生得到全面发展。2020 年，20 名学生入选广

西（数学、物理、化学、生物学、信息学）奥林匹克代表队（全区共38人），其中，广西数学奥赛队6名队员全部来自南宁市第三中学，周弘毅同学入选数学奥赛国家集训队。在学科育人创新实践探索中，学校注重学生文体艺术等综合素养的全面发展。近年来，南宁市第三中学获得国家级文体艺术奖6项，自治区级文体艺术奖30余项，成为广西学生综合素质全面提升的典型学校。

3. 通过学科育人，学生“为中华民族伟大复兴而读书”的信念更加坚定

通过学科育人，最明显的变化是学生“为中华民族的伟大复兴而读书”的信念更加坚定。“勤奋学习，立志报国”深深刻在学生心中，使他们能从报国的层面鼓励自己学习，更显责任担当，学业成绩不断创新高。

（二）教师师德高尚，学术拔尖

通过学科育人，教师的教育观念、师德水平、专业素养得到了全方位的提升，主要表现在以下几个方面。

1. 争当师德表率、育人先锋

学科育人策略的实施进一步提升了全体教师“为党育人、为国育才”的使命。近年来，南宁市第三中学数学组共46人次获全国模范教师、广西特级教师、正高级教师、南宁市教坛明星、南宁市学科带头人、南宁市教学骨干等荣誉称号，教师专业成长迅速。

2. 高水平教学成果不断涌现

2014年以来，南宁市第三中学数学组教师获基础教育国家级教学成果二等奖2项，广西基础教育自治区级教学成果特等奖1项，一等奖4项，二、三等奖共2项，南宁市基础教育教学成果特等奖、一等奖、二等奖共5项。

3. 教学改革不断取得新突破

近年来，南宁市第三中学数学组教师出版了一批有影响力的学术专著，如《高中数学“问题导学”教学法》《高中数学“问题导学”学习策略》《中学生数学能力的培养途径》等；发表论文200多篇。专著、论文的数量和质量不断提升。

（三）学校跨越发展

近年来，南宁市第三中学不断深化教育教学改革，开展学科育人的创新研究与实践，推进思想政治课一体化建设，探索社会主义核心价值观教育一体化机制，落实立德树人根本任务，探索创新型学生培养模式，推动新时代育人方式改革，落实学术型教师发展名师工程，推进“真·爱”课程体系建设。南宁市第三中学获基础教育国家级教学成果二等奖 4 项，广西基础教育自治区级教学成果特等奖 2 项、一等奖 7 项。其中，2018 年基础教育国家级教学成果二等奖——“高中‘实践型’德育课程十九年改革与探索”，2019 年广西基础教育自治区级教学成果一等奖——“‘三课’联动引领高中育人方式变革的研究与实践”和“立德树人引领下政史地‘三位一体’育人模式十五年探索与实践”等都是“立德树人”目标下取得的优秀成果。学校还先后获得“全国教育系统先进集体”“广西先进基层党组织”“全国文明校园”“广西五一劳动奖状”等荣誉，是首批新课程、新教材实施国家级示范校。

（黄河清）

第 一 章

集合与常用逻辑用语

第一节　集合的基本运算

一、教材分析

本节内容选自人教A版高中数学必修第一册第一章“集合与常用逻辑用语”第三节“集合的基本运算”。在学习本课之前，学生已经学习了集合的概念和基本关系。本节课的主要内容为并集与交集的含义，识记与求解集合的运算，为今后学习函数及不等式的解集奠定基础。

二、教学目标

1. 在探究活动中引导学生自主发现并集与交集概念产生的合理性，提升数学抽象核心素养，达到学科文化育人的目标。

2. 学生能使用Venn图和数轴表达集合的基本运算，提升直观想象核心素养。

3. 在学科活动中培养学生通过相关计算（特别是利用数轴）求解集合的交集、并集的能力，夯实基础知识技能，提升数学运算核心素养。

三、教学设计

本课教学包括新课引入、概念形成、性质研究、例题研究、应用探索五个环节，环环相扣，融合情境教学和问题导学的教学模式，注重培养学生的自主探究能力、逻辑推理能力，提高学生的思维层次，让学生掌握获取知识的方法和途径，真正体现学生在学习过程中的主体地位。

（一）新课引入

情境 1 两个实数除了可以比较大小，还可以进行加法运算，例如 $9+5=14$。类比实数的加法运算，两个集合是否也可以相加？

情境 2 观察下列集合，请说出集合 C 与集合 A，B 之间的关系。

(1) $A=\{1, 2, 3, 4\}$，$B=\{2, 4, 6\}$，$C=\{1, 2, 3, 4, 5, 6\}$；

(2) $A=\{x \mid x$ 是有理数$\}$，$B=\{x \mid x$ 是无理数$\}$，$C=\{x \mid x$ 是实数$\}$。

教师通过情境 1 和情境 2，引导学生探索出集合也有类似于实数加法的运算。那么上述问题中集合 $C=A+B$ 吗？该怎么表述呢？教师引导学生思考、交流，并让学生回答以下问题。

(1) 已知集合 $A=\{1, 2, 3\}$，$B=\{2, 3, 4\}$，写出由集合 A，B 中的所有元素组成的集合 C；

(2) 已知集合 $A=\{x \mid x>1\}$，$B=\{x \mid x<0\}$，在数轴上表示出集合 A，B，并写出由集合 A，B 中的所有元素组成的集合 C。

【设计意图】 类比实数加法，通过对已有的知识经验进一步分析，归纳共性，为引出并集概念做铺垫。

（二）概念形成

问题 1 通过上述情境中集合 A，B 与集合 C 之间的关系，类比实数加法运算，你发现了什么？请同学们思考一下，并分别用自然语言、符号语言、图形语言（Venn 图）描述集合 A，B 与集合 C 之间的关系。你能得出什么结论？

教师总结 集合之间可以相加，但是为了不和实数的运算相混淆，我们将这种运算称为求集合的并集，集合 C 称为集合 A 与集合 B 的并集。

由此引出并集的概念，并用以下三种方式表示。

自然语言 一般地，由所有属于集合 A 或属于集合 B 的元素组成的集合，称为集合 A 与 B 的并集，记作 $A\cup B$（读作“A 并 B”）。

符号语言 $A\cup B=\{x \mid x\in A$，或 $x\in B\}$。

图形语言 如图 1.1-1 所示，图中阴影部分表示集合 A 与 B 的并集。

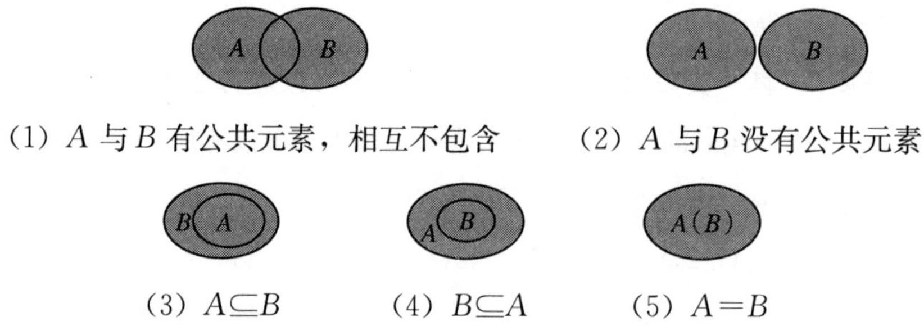

图 1.1－1

由图 1.1－1 可知，无论集合 A，B 是何种关系，$A\cup B$ 均有意义。

问题 2 并集概念中的"或"与生活用语中的"或"的含义是否相同？

提示 不同。生活用语中的"或"是"或此""或彼"只取其一，不兼存；而并集中的"或"则是"或此""或彼""或此彼"，可兼有。如"$x\in A$，或 $x\in B$"包含三种情形：①$x\in A$，但 $x\notin B$；②$x\in B$，但 $x\notin A$；③$x\in A$，且 $x\in B$。

问题 3 求集合的并集是集合间的一种运算，那么集合间还有其他运算吗？

情境 3 请同学们观察下列集合，你能说出集合 A，B 与集合 C 之间的关系吗？

（1）$A=\{2, 4, 6, 8, 10\}$，$B=\{3, 5, 8, 12\}$，$C=\{8\}$；

（2）$A=\{x \mid x$ 是立德中学今年在校的女同学$\}$，$B=\{x \mid x$ 是立德中学今年在校的高一年级同学$\}$，$C=\{x \mid x$ 是立德中学今年在校的高一年级女同学$\}$。

情境 4 请同学们求出下列不等式和不等式组的解集，并观察集合 C 与集合 A，B 的关系。

（1）$2x-1>x+1$，求出其解集，记为集合 A；

（2）$x+8<4x-1$，求出其解集，记为集合 B；

（3）$\begin{cases}2x-1>x+1,\\x+8<4x-1,\end{cases}$ 求出其解集，记为集合 C。

在情境 3 和情境 4 中，集合 C 由所有既属于集合 A 又属于集合 B 的元素组成，与求集合的并集一样，求集合的交集也是集合的一种运算。

由此引出交集的概念，并用以下三种方式表示。

自然语言 一般地，由所有属于集合 A 且属于集合 B 的元素组成的集合，称为集合 A 与 B 的交集，记作 $A\cap B$（读作“A 交 B”）。

符号语言 $A\cap B=\{x\in A，且 x\in B\}$。

图形语言 如图 1.1－2 所示，图中阴影部分表示集合 A 与 B 的交集。

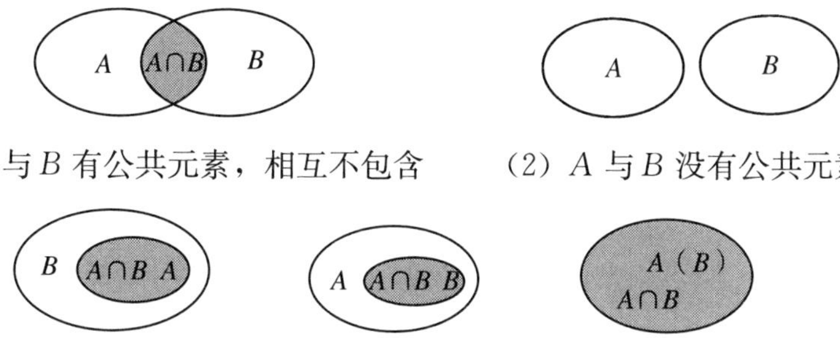

（1）A 与 B 有公共元素，相互不包含　（2）A 与 B 没有公共元素

（3）$A\subseteq B$　（4）$B\subseteq A$　（5）$A=B$

图 1.1－2

问题 4 集合运算中的“且”与生活用语中的“且”的含义相同吗？

提示 相同，均表示“同时”，即“$x\in A$，且 $x\in B$”表示元素 x 既属于集合 A，也属于集合 B。

【设计意图】通过问题和情境，引导学生归纳出并集和交集的概念，并分别用自然语言、符号语言和图形语言加以规范表述，使学生加强对概念的理解。

（三）性质研究

探究并集与交集的性质。

问题 5 （1）对于任意两个集合 A，B，$A\cap B$ 与 A 有什么关系？$A\cup B$ 与 A 又有什么关系？

（2）设 A，B 是两个集合，若已知 $A\cap B=A$，$A\cup B=B$，则集合 A 与 B 有何关系？

【设计意图】教师通过问题 5，让学生理解如何由集合的交并运算结果得到集合的包含关系，这也是集合综合题常见的切入点。

（四）例题研究

例 1 并集运算

（1）设集合 $A=\{1, 2, 3\}$，$B=\{2, 3, 4, 5\}$，求 $A\cup B$。

（2）设集合 $A=\{x \mid -3<x\leqslant 5\}$，$B=\{x \mid 2<x\leqslant 6\}$，求 $A\cup B$。

例 2 交集运算

（1）设集合 $M=\{-1, 0, 1\}$，$N=\{x \mid x^2=x\}$ 则 $M\cap N=$（　　）。

A. $\{-1, 0, 1\}$　　B. $\{0, 1\}$　　C. $\{1\}$　　D. $\{0\}$

（2）若集合 $A=\{x \mid -2\leqslant x\leqslant 3\}$，$B=\{x \mid x<-1$ 或 $x>4\}$，则集合 $A\cap B=$（　　）。

A. $\{x \mid x\leqslant 3$ 或 $x>4\}$　　B. $\{x \mid -1<x\leqslant 3\}$

C. $\{x \mid 3\leqslant x<4\}$　　D. $\{x \mid -2\leqslant x<-1\}$

（3）已知集合 $A=\{(x, y) \mid 4x+y=6\}$，$B=\{(x, y) \mid 3x+2y=7\}$，则 $A\cap B=$________。

例 3 综合运算

（1）设集合 $M=\{x \mid -2<x<5\}$，$N=\{x \mid 2-t<x<2t+1, t\in\mathbf{R}\}$，若 $M\cup N=M$，则实数 t 的取值范围为______________。

（2）设 $A=\{x \mid x^2-2x=0\}$，$B=\{x \mid x^2-2ax+a^2-a=0\}$。

①若 $A\cap B=B$，求 a 的取值范围；

②若 $A\cup B=B$，求 a 的取值。

【设计意图】教师通过设计有梯度的例题，并给出有针对性的分析，引导学生归纳总结，夯实学生集合运算的基本功。

（五）应用探索

练习 某班有 36 名学生参加数学、物理、化学课外探究小组，每名学生至多参加两个小组。已知参加数学、物理、化学小组的人数分别为 26、15、13 人，同时参加数学和物理小组的有 6 人，同时参加物理和化学小组的有 4 人，则同时参加数学和化学小组的有多少人？

【设计意图】在研究集合时，经常遇到有关集合元素个数的问题。本练习从学生熟悉的问题出发，考查学生利用集合的基本运算知识解决实际问题的能力。

四、课例评析

本节课中，教师巧妙设置问题情境，导入概念，进而挖掘性质，探索应用，是一节完整、生动的立足于学科育人视角的创新课堂。教师在教学的各个环节全面融入育人思想，发展学生的数学学科核心素养。从结果看，本节课在学科知识育人、学科活动育人、学科文化育人三个方面都较好地完成了育人目标。

（一）学科知识育人——瞄准学科知识特点，夯实基础知识技能

在学科知识育人中，教师需要做的不是让学生死记硬背学科知识，而是“育其知”——培育学生的认知和感知，借助学科知识“教化”学生从学会走向会学，甚至乐学，让学生从中发现学科知识蕴含的“丰富营养”，提高学生的能力和知识品味。

本节课中，教师主要从两个方面体现学科知识育人。一是加强学生对概念产生的合理性认识。在情境 1 中，教师通过类比实数加法，进行并集概念的导入。学生通过情境 4 回顾了初中学习的求解一元一次不等式（组），在学过集合的概念后，知道可以用集合来表示不等式（组）的所有解。情境 4 用新概念处理老问题，不等式组的解集正是组内不等式的解集的公共部分。如此，交集的概念水到渠成。二是注重思维过程的层层递进。如教师引导学生从文字、符号、Venn 图三个角度来描述相应教学情境问题中的集合关系，从而给出并集、交集概念的严格定义。在“性质研究”环节，教师通过设置问题，引出一个重要的等价关系式：$A\cap B=A\Leftrightarrow A\cup B=B\Leftrightarrow A\subseteq B$。在“应用探索”环节，教师则在集合交并运算的基础上通过一个生活中的例子讲授了集合中元素计算的方法。

（二）学科活动育人——浇灌学科活动之水，实现学生立体成长

学科育人离不开学科活动，没有活动之水的浇灌，就没有育人之花的盛开。学科育人是学生在教师指导下进行的有目的、有计划的认识过程，且这一过程由学科活动串联而成。教师要积极创造活动条件，让学生主动参与学科活动，在活动中获取知识、体悟人生、养成良好品德。

本节课的亮点是问题导学法的应用。问题设计要与学生已有知识相关联，学生愿意解决并且有解决问题的知识基础。同时，问题的解决必

须包含一定程度的创新精神，学生不能“走老路”，必须通过“谱新篇”才能有效解决问题。“新课引入”和“概念形成”两个环节的教学情境和问题设置较好地体现了这个原则。教师设置的问题不是简单的“问话”，而是包括教学情境的巧妙创设、问题的提出、问题的解决、教学的组织、教学的实施等在内的丰富且有序的过程。教师通过系列问题把学生引向独立思考、积极探索、合作学习之路。这是构建新型课堂教学方式的指导思想，很值得借鉴。

（三）学科文化育人——渗透学科思想文化，提高学生的科学素养

学科文化包括专业文化、课堂教学文化、教研文化三个方面。学科文化育人的意蕴，就是凝练学科的专业文化，引领师生共同创造基于学科特性、师生特点和学校实际的课堂教学文化，实现育人目的，同时提升教师的教学研究水平，形成良好的教研文化。

如本节课的“例题研究”环节很好地渗透了学科思想文化，有助于培养学生的逻辑思维，提高学生的科学素养。我们知道，从一个数学问题的提出到解决，应该经历“分析问题—求解问题—归纳提升”的基本环节，教师处理好每一个环节，有助于学生理性思维的形成和科学素养的提高。本节课中，教师在例题的设计上，从两个方面做了充分的思考。一是结构。例题设计注重问题的结构特点，让学生能有效观察它们所蕴含的规律。二是分析。教师对每一个例题都给出了有针对性的分析和归纳，这反映了教师对数学学习规律的深刻理解。另外，应用数轴处理集合的交并运算也渗透着数形结合思想。

综上所述，想要将“为党育人、为国育才”的目标落实在数学学科教学上，教师需要在教学全过程落实学科育人的内容和方法。本节课中，教师设立德育目标，从知识、活动、文化三个层面将学科育人深度融入数学课堂，给一线教师做了很好的示范。我们坚信，只要认真研究课堂，研究教学，不断创新，就能更大程度地发挥课堂教学的学科育人功能，实现“立德树人”的教育目标，回答“培养什么人，怎样培养人，为谁培养人”的时代命题。

（课例设计：陈同科　课例评析：林石元）

第二节　充分条件与必要条件

一、教材分析

本节内容选自人教 A 版高中数学必修第一册第一章“集合与常用逻辑用语”的第四节“充分条件与必要条件”。本节课的主要内容包括充分条件和必要条件的意义，充分条件和必要条件在表达数学内容和论证数学结论中的作用等。

二、教学目标

1. 通过对熟悉命题的条件和结论之间关系的分析，理解充分条件、必要条件的意义。

2. 通过对典型数学命题的条件和结论之间关系的分析，体会数学的重要研究对象可以从不同角度加以描述。

3. 初步学会判断充分条件和必要条件。

4. 初步学会使用常用逻辑用语进行数学表达、论证和交流，提升逻辑推理核心素养。

三、教学设计

（一）创设情境

情境　对于“若 p，则 q”形式的命题，有的是真命题，有的是假命题。请你列举出一些这样的命题，并判断这些命题是真命题还是假命题。

示例　“若球场上的学生是高一（3）班的学生，则球场上的学生是高一年级的学生”是真命题；“若球场上的学生是高一年级的学生，则球场上的学生是高一（3）班的学生”是假命题。

“若 p，则 q”为真命题，是指由 p 通过推理可以得出 q。这时，我们就说，由 p 可以推出 q，记作 $p \Rightarrow q$。如“若 $x>1$，则 $x>0$”为真命题，即 $x>1 \Rightarrow x>0$。

【设计意图】教师带领学生复习初中学过的关于命题、真命题、假命题的概念，让学生认识命题的条件与结论，为本节课的学习做好铺垫。

（二）建构知识

活动 判断下列命题是真命题还是假命题。若是真命题，则改成用符号“$\Rightarrow$”表示的形式。

（1）若小明是南宁人，则小明是广西人；

（2）若平行四边形的对角线互相垂直，则这个平行四边形是菱形；

（3）若两个三角形的周长相等，则这两个三角形全等；

（4）若 $x^2-4x+3=0$，则 $x=1$；

（5）若平面内两条直线 a 和 b 均垂直于直线 l，则 $a /\!/ b$。

上述命题为真命题或假命题的实质是：探究命题中的条件与结论之间的关系。“若 p，则 q”为真命题，由于 p 成立可以推出 q 成立，我们就称 p 是 q 的充分条件（有 p 就行），q 是 p 的必要条件（缺 q 不行）。

定义 一般地，如果有 $p \Rightarrow q$，那么就说 p 是 q 的充分条件，q 是 p 的必要条件。

示例 因为“小明是南宁人$\Rightarrow$小明是广西人”，所以“小明是南宁人”是“小明是广西人”的充分条件，“小明是广西人”是“小明是南宁人”的必要条件。

【设计意图】通过具体例子，让学生熟悉充分条件和必要条件的意义，突破理解必要条件这个难点。同时，通过对过程进行分析，让学生掌握判断充分条件、必要条件的方法。

（三）训练思维

例 1 下列“若 p，则 q”形式的命题中，哪些命题中的 p 是 q 的充分条件？

（1）若四边形的两组对角分别相等，则这个四边形是平行四边形；

（2）若两个三角形的三边成比例，则这两个三角形相似；

（3）若四边形为菱形，则这个四边形的对角线互相垂直；

(4) 若 $x^2=1$，则 $x=1$；

(5) 若 $a=b$，则 $ac=bc$；

(6) 若 x，y 为无理数，则 xy 为无理数。

问题 1 “四边形的两组对角分别相等”是“四边形是平行四边形”的充分条件，是唯一的充分条件吗?

结论 一般地，数学中的每一条判定定理都给出了相应数学结论成立的一个充分条件。

例 2 下列“若 p，则 q”形式的命题中，哪些命题中的 q 是 p 的必要条件?

(1) 若四边形为平行四边形，则这个四边形的两组对角分别相等；

(2) 若两个三角形相似，则这两个三角形的三边成比例；

(3) 若四边形的对角线互相垂直，则这个四边形是菱形；

(4) 若 $x=1$，则 $x^2=1$；

(5) 若 $ac=bc$，则 $a=b$；

(6) 若 xy 为无理数，则 x，y 为无理数。

问题 2 “四边形的两组对角分别相等”是“四边形是平行四边形”的必要条件，这样的必要条件是唯一的吗?

结论 一般地，数学中的每一条性质定理都给出了相应数学结论成立的一个必要条件。

变式 1 《墨子》中有这样一段话：“故：小故，有之不必然，无之必不然。体也，若有端。大故，有之必无然，若见之成见也。”其中，“有之不必然，无之必不然”和“有之必无然，若见之成见也”分别是对什么条件进行描述的?

例 3 填空（填“充分条件”或“必要条件”）。

(1) 已知 p：$P=\{x \mid x>1\}$，q：$Q=\{x \mid x\geqslant 3\}$，则 p 是 q 的__________；

(2) 已知 p：$P=\{x \mid x>1\}$，q：$Q=\{x \mid x>0\}$，则 q 是 p 的__________；

(3) 已知 p：内错角相等，q：两直线平行，则 q 是 p 的__________；

(4) 已知 p：四边形的对角线相等，q：四边形是矩形，则 p 是 q 的__________。

变式 2 填空（写出一个符合题意的条件即可）。

(1)“$abc=0$”的一个充分条件是__________；

(2)“$x>4$”的一个必要条件是__________。

变式 3 已知 $P=\{x \mid x$ 满足条件 $p\}$，$Q=\{x \mid x$ 满足条件 $q\}$，如果 $P \subseteq Q$，那么 p 是 q 的什么条件？q 是 p 的什么条件？

提示 p 是 q 的充分条件，q 是 p 的必要条件，即“小推大，小充分，大必要”。

变式 4 如图 1.2－1 和图 1.2－2 所示，开关 A 闭合作为命题的条件 p，灯泡 B 亮作为命题的结论 q，你能否分别判断出 p 是 q 的什么条件？

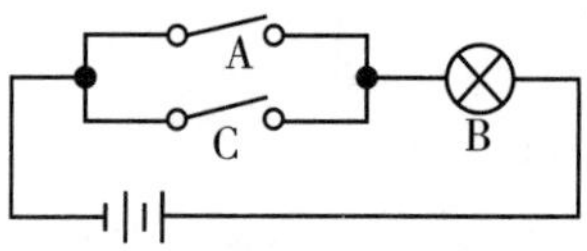

图 1.2－1

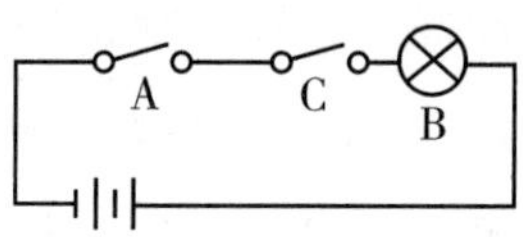

图 1.2－2

【设计意图】一是通过训练，让学生熟练掌握利用判定命题真假来判断充分条件和必要条件的方法。二是通过典型的数学命题，让学生理解判定定理与充分条件的关系及性质定理与必要条件的关系，深化对充分条件和必要条件的理解。三是从数学文化、集合、数学命题，以及物理的串联、并联电路等多角度加深学生对充分条件和必要条件的理解，增强学生的民族自豪感，激发学生的学习兴趣，培养学生的直观想象、数学运算和逻辑推理等核心素养。

（四）总结反思

思考 通过本节课的学习，你学到了什么？

提示 1. 充分条件与必要条件的意义。

2. 从判定定理和性质定理的角度来认识充分条件和必要条件。

3. 从集合的角度来认识和理解充分条件和必要条件。

【设计意图】 让学生通过交流、反思，深化对充分条件和必要条件的认识与理解。

四、课例评析

本课例通过不断地挖掘和深化充分条件与必要条件的概念，让学生形成数学观念，掌握数学方法，提升学生的数学抽象、逻辑推理等核心素养。主要体现在以下几方面。

（一）注重学生的经验及体验，提升学生的数学抽象核心素养

本课例通过创设情境，设置符合学生"最近发展区"的问题，引入新课，通过研究、分析、概括学生所列举的实例，从具体到抽象，构建新知，引导学生以主人翁的态度主动参与、体验知识的形成过程。由于学生对本节课的新知识已有足够认知，教师将课堂还给学生，让学生根据个人经验举例，并安排课堂活动，提升学生的数学抽象核心素养，真正体现了"以生为本"的教育理念。

（二）注重学生数学思维的训练，提升学生的逻辑推理核心素养

本课例中，教师在强化学生思维训练上主要抓好三个关键点。一是深化学生对概念合理性的认识。例如，问题 1 使学生充分感受数学概念的合理性与必然性，问题 2 亦如此。二是充分暴露学生的思维过程。如在"建构知识"环节的"活动"中，教师通过"若小明是南宁人，则小明是广西人"，引导学生思考贴近生活的问题，激发学生的学习兴趣。三是问题导学。问题的设计基于学生的"最近发展区"，能够引导学生认真思考、分析或寻找新的处理方法解决问题。同时，教师引导学生通过"有 p 就行"来理解充分条件，又通过"缺 q 不行"来理解必要条件，通俗易懂，简单明了，促进学生认知水平的提升及逻辑推理核心素养的发展。

（三）注重数学文化的适时渗透，增强学生的民族自豪感

教师深入挖掘教材内容中丰富的史料内容和育人价值，让学生了解数学知识的时代背景、历史条件及数学与人类发展的关系，这对于培养学生实事求是、忠于科学的精神是十分重要的。本课例中，教师在学生

深入理解充分条件和必要条件概念的基础上，适时引入《墨子》中对两个概念的描述，精辟地概括了概念。这不仅加深了学生对概念的理解，而且让学生感受到我国数学文化的博大精深，增强学生的民族自豪感，达到史料育人的效果。

（四）注重数学思想方法的渗透，提升学生的数学运算核心素养

本课例中，教师引导学生从不同角度认识充分条件与必要条件的概念，一是将判定定理和充分条件、性质定理和必要条件联系起来，帮助学生理性地认识概念的本质。二是将充分条件、必要条件与集合建立联系，帮助学生从“数”与“形”的不同维度加深对概念的理解，有效地突出重点和突破难点，有机渗透数学思想方法，提升学生的数学运算、直观想象等核心素养。

（五）注重学生数学的审美教育，开发教学内容的美育功能

审美教育是指培养学生认知美、喜欢美、欣赏美，进而创造美的能力的教育。本课例中，教师主要做到以下两点。一是对称之美。充分条件与必要条件在同一命题中描述一致，通过判定定理得到充分条件，通过性质定理得到必要条件等。在每个问题成功解决后，教师都给出有针对性的分析和启示，引导学生掌握数学学习规律，加深对数学美的理解。二是渗透之美。一方面是学科内渗透，让学生从集合及判定定理和性质定理的角度理解充分条件、必要条件的概念。另一方面是学科外渗透，让学生从物理的串联、并联电路中理解充分条件与必要条件的本质内涵。

本课例中，教师让学生以主人翁的态度主动参与、体验知识的形成过程，通过思维育人、史料育人、审美育人、活动育人四个维度将学科育人深度融入数学课堂，提升学生的数学抽象、逻辑推理、直观想象及数学运算等核心素养，给我们做了一个很好的示范。我们坚信，只要认真研究，不断创新，课堂教学学科育人功能一定能够发挥更大效益，达到“为党育人、为国育才”的目的。

（课例设计：蒲庆涛　课例评析：林日官）

第 二 章

函数概念和基本初等函数

第一节　函数的单调性与最大（小）值

一、教材分析

本节内容选自人教A版高中数学必修第一册第三章“函数的概念与性质”的第二节“函数的基本性质”。本节课的重点是函数单调性的定义，难点是函数单调性的证明与应用。学生突破重难点的关键，首先是理解其含义，其次是要结合具体实例及函数图象的直观意义深化理解。学生在突破重难点的同时，提升直观想象、数学抽象、数学运算等核心素养。

二、教学目标

1. 结合实例，经历从具体的直观描述到抽象的符号表达的过程，加深对函数单调性概念的理解。

2. 理解用符号语言表达数学定义的必要性，掌握这样的定义在讨论函数单调性问题中的作用，并能根据图象的升降特征，划分函数的单调区间。

3. 理解增（减）函数的定义，会证明函数在指定区间上的单调性。

三、教学设计

（一）新课引入

情境　教师出示图2.1－1和图2.1－2，引导学生观察图象的变化趋势，并提问：“你发现了什么?”

教师总结　观察图象的变化趋势可以发现，随着温度的变化，图象分别“从左到右始终保持上升”和“从左到右始终保持下降”。图象在某个区间内保持上升（或下降）是函数的一种重要性质。

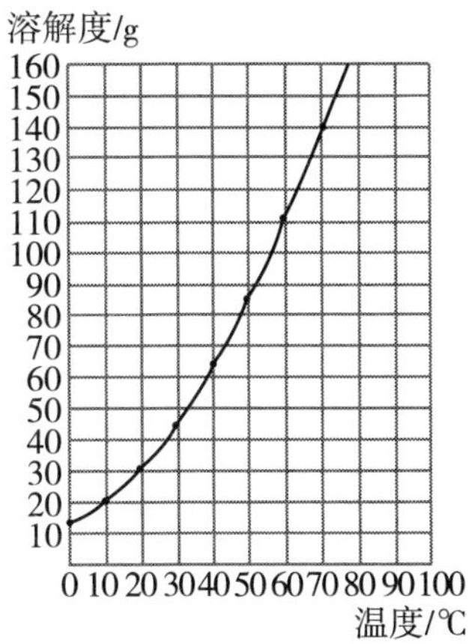

硝酸钾的溶解度曲线

图 2.1－1

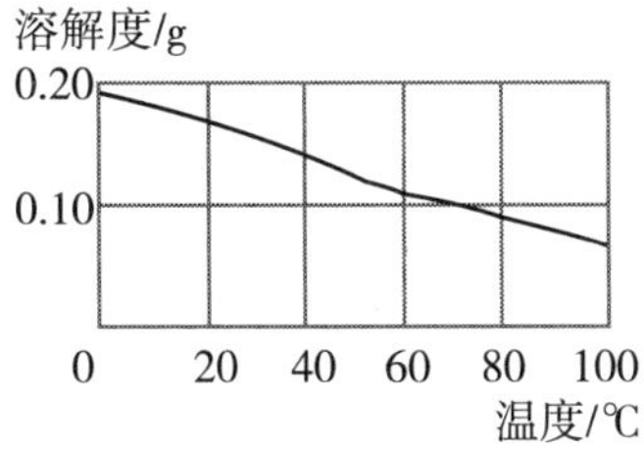

氢氧化钙的溶解度曲线

图 2.1－2

【设计意图】 通过图象，让学生直观认识函数单调性的基本特征。

（二）概念形成

问题 1 从变量之间关系的角度观察图 2.1－1、图 2.1－2，你发现了什么？请用自己的语言描述。

提示 图 2.1－1 和图 2.1－2 反映了溶解度与温度这两个变量之间存在的函数关系。设温度为自变量 x，溶解度为 y，图 2.1－1 表明 y 随 x 的增大而增大，图象从左到右逐渐上升；图 2.1－2 表明 y 随 x 的增大而减小，图象从左到右逐渐下降。

教师总结 推广到已经学过的一般函数，也存在着与上面相同的变化情况。在这节课中，我们从形到数进一步研究函数值的增大或减小这个重要性质。像这样，在自变量变化时，函数值具有这两种变化规律的函数，我们分别称为增函数和减函数。

问题 2 函数 $y=x^2$ 是增函数还是减函数？

提示 函数图象在不同的区间有不同的变化情况，所以要分区间进行讨论。

问题 3 仔细观察函数 $y=x^2$ 的图象，其在哪个区间递增？哪个区间递减？

教师总结 函数 $y=x^2$ 在区间 $[0,+\infty)$ 上递增，在区间 $(-\infty,0)$

上递减。函数的单调性与定义区间密不可分，函数在定义域内不一定是单调函数，但在定义域的某个子集或区间上可以是单调函数。

问题 4 如何用文字语言叙述增函数和减函数？

教师总结 如果函数 $f(x)$ 在某个区间上随自变量 x 的增大，函数值越来越大，则函数在该区间上为增函数；如果函数 $f(x)$ 在某个区间上随自变量 x 的增大，函数值越来越小，则函数在该区间上为减函数。

【设计意图】首先，从图象的角度实现对函数单调性的直观认识，得出不严格的定义，使学生初步理解两个变量之间具有的依赖性关系，完成对函数单调性概念的第一次归纳——从具体情境到图形语言。其次，通过具体函数，让学生理解函数的单调性是对定义域内某个区间而言的，是函数的局部性质。最后，完成了对函数单调性概念的定量归纳（第二次归纳）——从图形语言到文字语言。

（三）概念深化

函数图象在呈现上升或下降的趋势时，有时并不是很明显，大多数函数很难画出图象。那么，能不能从数的角度出发，对函数进行严密、精确的研究，给出一个标准化的“代数定义”来判断函数的单调性呢？

问题 5 你能尝试从数的角度概括函数的单调性吗？如何用符号语言刻画函数 $f(x)=x^2$ 在区间 $[0,+\infty)$ 上为增函数？

回答 1 在给定区间内取两个数，如 $x_1=1$，$x_2=2$，则 $x_1^2<x_2^2$，因此 $f(x)=x^2$ 在区间 $[0,+\infty)$ 上为增函数。

回答 2 取很多组数进行验证均满足，因此 $f(x)=x^2$ 在区间 $[0,+\infty)$ 上为增函数。

回答 3 任取 x_1，$x_2\in[0,+\infty)$，且 $x_1<x_2$，因为 $x_1^2-x_2^2=(x_1+x_2)(x_1-x_2)<0$ 即 $x_1^2<x_2^2$，所以 $f(x)=x^2$ 在区间 $[0,+\infty)$ 上为增函数。

分析 回答 1 和回答 2 显然是错误的。对于学生错误的回答，教师引导学生分别用图形语言和文字语言进行辨析，使学生认识到问题的根源在于自变量不可能被穷举，引导学生应该在给定的区间内任取两个自变量，按照回答 3 的方法刻画增函数。

定义　一般地，设函数 $f(x)$ 的定义域为 I，区间 $D\subseteq I$。如果 $\forall x_1, x_2\in D$，当 $x_1<x_2$ 时，都有 $f(x_1)<f(x_2)$，那么就称函数 $f(x)$ 在区间 D 上单调递增。特别地，当函数 $f(x)$ 在它的定义域上单调递增时，我们就称它是增函数。

问题 6　你能类比增函数的定义给出减函数的定义吗?

问题 7　将水滴进玻璃容器（水滴的速度相同），水的高度随着时间变化的情况如图 2.1－3 所示，请选择匹配的图象与容器。

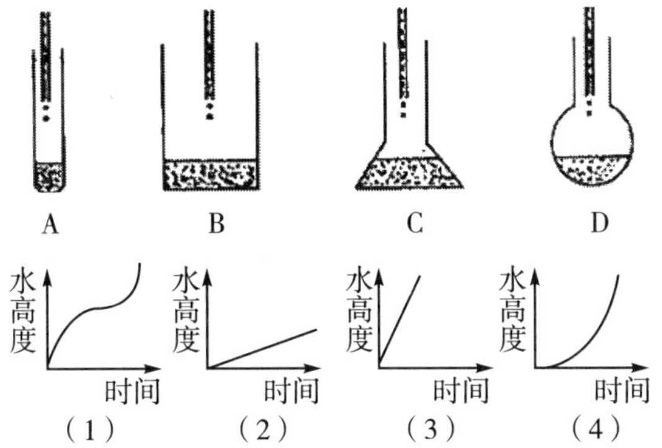

图 2.1－3

提示　A、B 分别对应（3）和（2）。D 的下部为球体，随着水面升高，截面面积越来越大，水面上升的速度会越来越慢，当超过球体的一半时，水面上升的速度会越来越快。当水面到达上部的圆柱体时，水的高度和时间之间呈线性关系，所以 D 对应（1）。C 的下部为下大上小的锥体，随着水面的升高，截面面积越来越小，水面升高的速度会越来越快，当水面到达上部的圆柱体时，水的高度和时间之间呈线性关系，所以 C 对应（4）。

问题 8　结合生活实际，你可以再举出一些符合上面图象的例子吗?

【设计意图】通过阶梯性问题，使学生体会到用数量大小关系严格表述函数单调性的必要性，将函数的单调性研究从图象过渡到解析式。同时，也给出了证明函数单调性的方法，为证明函数单调性做好铺垫，实现从形到数的转换，使学生由感性认识上升到理性认识，完成对概念的第三次归纳——从文字语言到抽象的符号语言的转变。另外，渗透类比数学思想，贴近生活，让学生理解由特殊到一般、由局部到整体等研究问题的方法，培养学生的社会责任感。

（四）应用探索

例 1　判断下列语句是否正确。

(1) 如果函数 $f(x)$ 在区间 $[a, b]$ 上满足 $f(a) > f(b)$，则 $f(x)$ 在区间 $[a, b]$ 上是减函数；

(2) 如果函数 $f(x)$ 在区间 $[a, b]$ 上是增函数，x_1，$x_2 \in [a, b]$，且 $f(x_1) < f(x_2)$，则 $x_1 < x_2$。

例 2　根据定义证明函数 $f(x) = -\frac{1}{x} - 1$ 在区间 $(-\infty, 0)$ 上单调递增。

思考　本节课你学到了什么知识、思想或方法？你最大的感悟是什么？

【设计意图】通过举例引导学生总结出运用定义法判断或证明函数单调性的步骤：取值—作差—变形—定号—下结论。同时，引导学生总结出数形结合的数学思想方法。

四、课例评析

（一）问题导学，启发探究，思维育人

本节课中，教师在概念内涵的处理上创造性地拓展了思维训练的空间，使教学从“学科知识本位”走向“学科思想本位”，提升了思维训练的品质。在课堂教学中，教师设计了环环相扣的问题链，巧妙引导学生探究增函数、减函数的概念。在问题探究中，教师尊重学生思维，启发学生探究，让学生逐渐触及概念的核心与本质，并完成了对函数单调性概念的三次归纳和认识。

第一次归纳是从具体情境到图形语言，引导学生用图形语言描述函数的单调性，在学生心中建立“单调性”的直观形象。第二次归纳是从图形语言到文字语言，建立了初步的“理性”感悟。第三次归纳是从文字语言到抽象的符号语言，引导学生由形到数，由感性到理性探究增函数的概念。教师通过设置问题 5，充分展现学生的思维过程，从任取两个数到取无穷多个数，引导学生用图形语言进行辨析，使学生认识到问题

的根源在于自变量不可能被穷举，启发学生在给定的区间内用“任意”代表所有，完成概念中蕴含的从“无限”到“有限”的转化，突破教学的难点。至此，教师既让学生完整地建立了函数单调性的概念，又让学生深刻领悟数学语言的独特魅力。另外，例 1 中的两道辨析题，让学生学会去伪存真，深刻理解概念的内涵与外延。这样的设计既抓住了知识“生长点”，又紧扣概念的核心，有浓浓的“数学韵味”。

（二）活用教材，有效教学，审美育人

本节课中，教师很好地领悟了教材的教育目标和意图，对概念的外延深入分析，使学生的数学抽象核心素养得到强化和提升。同时，也让学生从对函数单调性的三次归纳中，体会到数学的概念无不蕴藏着美。

首先，教师在教学中利用问题引导学生比较函数值，给了学生灵感，让学生“顿悟”用两个任意值描述函数单调性，解决了概念中的“无限性”，提升学生的数学抽象核心素养。同时，也让学生认识到数学概念在内容上具有的特殊美，如任意两字体现了数学概念的明快、简洁。其次，教师设置了例 1 中两道精巧的辨析题，既让学生深刻领悟函数单调性，也让学生了解数学概念的严谨性，为激发学生思维搭设了平台。这些都是对教材的活化和开发，能够更高层次地达成教学目标，升华教学和育人效果。

（三）设计自然，教学有序，活动育人

本节课中，教师注重将教学内容与生活实际紧密相连，培养学生的社会责任感和爱国情怀。这充分体现了教师学科育人的意识和教学大智慧。

本节课的一大亮点是问题 7 和问题 8。问题 7 很好地拓展了概念的外延，让学生区分几种常见的单调递增函数的形式特征，判断是否属于线性增长类型，如果是非线性增长类型，又可以细分为哪几类。问题 8 引导学生观察身边事物发生的各种变化，举出符合图象的例子，使学生在探索知识时主动构建自己的知识结构，提高学生的数学建模能力。

教师始终渗透学科文化，把育智和育德紧密结合，培养学生的爱国热情，在培养学生成为善于发现问题、解决问题的人的同时，达到了活动育人的目的。

（课例设计：钟慧　课例评析：庞启满）

第二节　函数的奇偶性

一、教材分析

本节内容属于人教A版高中数学必修第一册第三章“函数的概念与性质”的第二节“函数的基本性质”第二课时。在此之前学生已经学习了函数的定义和函数的单调性，函数的奇偶性是以上内容的延伸，同时也为后面学习幂函数、指数函数、对数函数及三角函数等基本初等函数奠定基础。因此，本节课起到了承上启下的作用，教学重点是函数奇偶性的概念及几何意义，教学难点是函数奇偶性概念的数字化提炼过程。

二、教学目标

1. 掌握函数奇偶性的概念及几何意义，学会判断函数奇偶性的方法与步骤。

2. 通过概念的形成过程，培养学生观察、归纳、抽象概括的能力，渗透数形结合和类比的数学思想；通过合作，培养学生与他人沟通、交流及分工合作的能力。

3. 通过函数奇偶性的教学，培养学生由特殊到一般的归纳概括及合作能力，激发学生的求知欲望。

三、教学设计

（一）新课引入

情境　生活中的对称无处不在，如窗户、对联、打开的图书等。小到剪纸，大到形形色色的建筑物，对称美深受大家的认可和喜爱，数学中的对称同样也美轮美奂。请列举出生活中有关对称的例子。

【设计意图】通过生活中的实例，激发学生的求知欲望，让学生感知数学与生活息息相关。

（二）概念形成

1. 偶函数

探究 1 教师引导学生分别从形和数的角度探究二次函数 $f(x)=x^2$ 的图象（如图 2.2－1）。

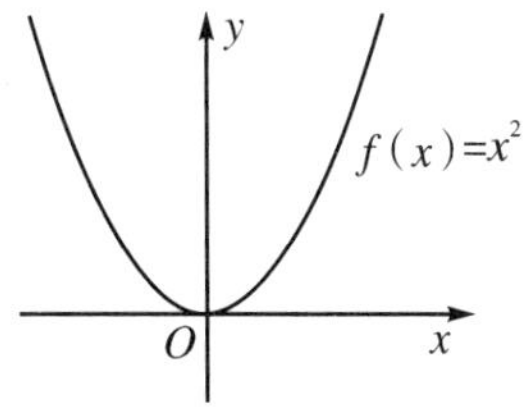

图 2.2－1

结论 从形的角度上看，函数 $f(x)=x^2$ 的图象关于 y 轴对称。从数的角度上看，满足 $f(-x)=f(x)$。

定义 一般地，设函数 $f(x)$ 的定义域为 I，如果 $\forall x\in I$，都有 $-x\in I$，且 $f(-x)=f(x)$，那么函数 $f(x)$ 就叫做偶函数。

定义剖析 （1）整体性：偶函数针对整个定义域而言，具有整体性，而函数的单调性是局部性质；

（2）对称性：定义域关于原点对称，函数图象关于 y 轴对称；

（3）等价性：$f(-x)=f(x)$；

（4）本质：两个互为相反数的自变量所对应的函数值相同。

例 1 证明函数 $f(x)=2x^4-3x^2$ 为偶函数。

2. 奇函数

探究 2 教师让学生分小组讨论类比二次函数 $f(x)=x^2$，研究反比例函数 $f(x)=\dfrac{1}{x}$（如图 2.2－2）。

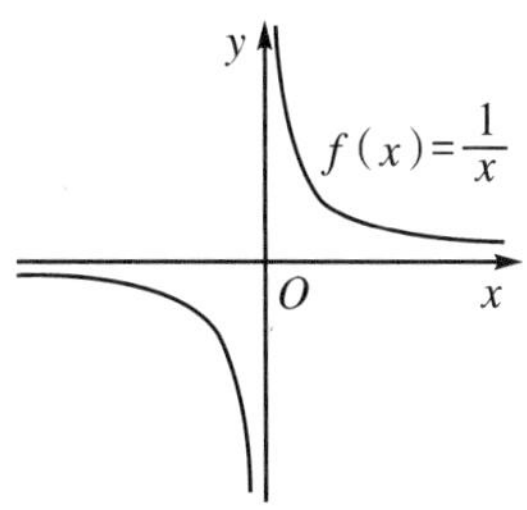

图 2.2－2

结论 从形的角度上看，函数 $f(x)=\dfrac{1}{x}$ 的图象关于原点中心对称。从数的角度上看，满足 $f(-x)=-f(x)$。

定义 一般地，设函数 $f(x)$ 的定义域为 I，如果 $\forall x\in I$，都有 $-x\in I$，且 $f(-x)=-f(x)$，那么函数 $f(x)$ 就叫做奇函数。

定义剖析 （1）整体性：奇函数也针对整个定义域而言，具有整体性；

（2）对称性：定义域关于原点对称，函数图象关于原点中心对称；

(3) 等价性：$f(-x)=-f(x)$；

(4) 本质：两个互为相反数的自变量所对应的函数值相反。

例 2 证明函数 $f(x)=x^3$ 为奇函数。

【设计意图】 由特殊到一般，通过观察、比较、分析，培养学生的抽象概括能力，让学生深刻理解函数的奇偶性。同时，让学生在合作的过程中，培养沟通、交流及分工合作的能力。

(三) 概念深化

问题 1 所有的函数中如果不是奇函数就是偶函数吗？

提示 奇函数与偶函数的定义域都是关于原点对称的，因此，定义域不关于原点对称的函数既不是奇函数也不是偶函数。

问题 2 定义域关于原点对称的函数就一定是奇函数或偶函数吗？

提示 不一定，还需要满足相应的条件。

问题 3 有没有这么一个函数，它既是奇函数又是偶函数？若有，请举出例子。

提示 有。一个函数既是奇函数又是偶函数，需要同时满足 $f(-x)=-f(x)$ 和 $f(-x)=f(x)$，即 $2f(x)=0$，$f(x)=0$。由此可见，当定义域关于原点对称时，$f(x)=0$ 或者可以化为此形式的函数，既是奇函数又是偶函数，且既是奇函数又是偶函数的函数不止一个。

【设计意图】 通过问题串加深学生对概念的认知，加强学生对概念的记忆，实现对概念的深化。

(四) 应用探索

练习 1 判断下列函数的奇偶性，并给予证明。

(1) $f(x)=\dfrac{x^2(x^3-1)}{x-1}$；　　(2) $f(x)=x^3+x^2-1$；

(3) $f(x)=|x-1|+|x+1|$；　　(4) $f(x)=\sqrt{x^2-1}+\sqrt{1-x^2}$。

总结 判断函数奇偶性的步骤为：第一步，求出函数的定义域，并判断定义域是否关于原点对称；第二步：判断 $f(-x)$ 与 $f(x)$ 的关系；第三步：下结论。

练习 2 已知 $f(x)$ 是偶函数，$g(x)$ 是奇函数，试将图 2.2-3、

图 2.2－4 补充完整。

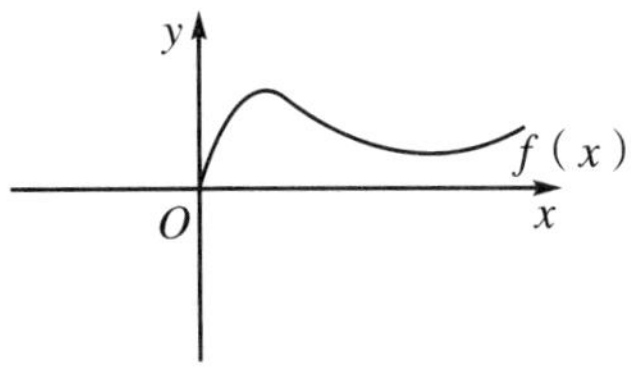

图 2.2－3

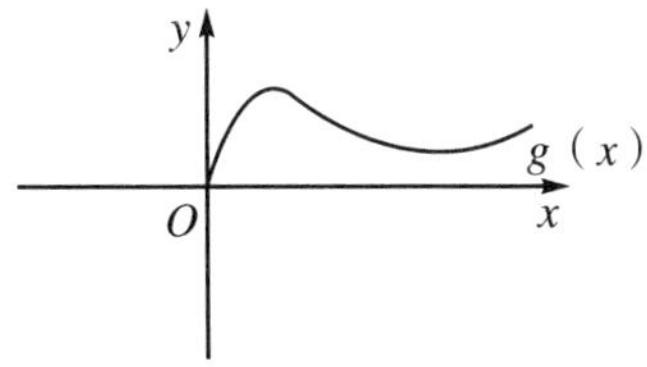

图 2.2－4

【设计意图】以上几道练习题由浅入深，由易到难，充分体现了课程标准中让更多的人在数学上得到不同的发展的教学理念，达到反馈教学、内化知识的效果。

（五）总结归纳

思考 1 通过本节课的学习，你掌握了哪些知识？

提示 根据奇函数与偶函数的定义及其判断方法，以及函数奇偶性的判断方法与步骤进行思考。其中，函数奇偶性的判断方法与步骤可参考图 2.2－5。

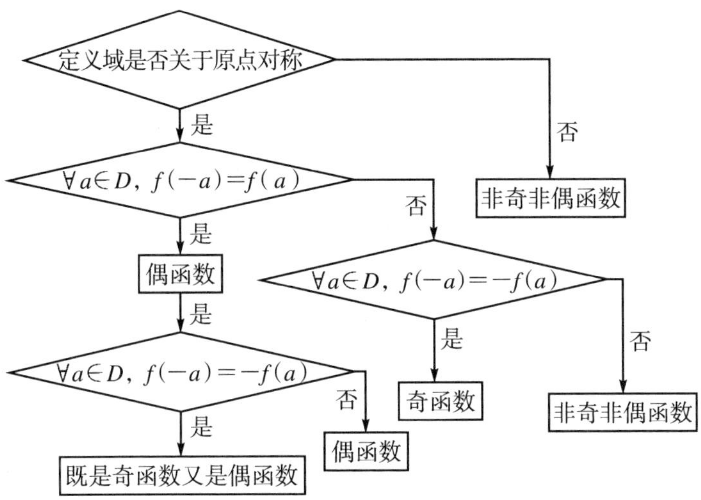

图 2.2－5

思考 2 通过本节课的学习，你学会了哪些数学思想方法？

提示 本节课主要涉及的数学思想方法有数形结合、归纳、类比、由特殊到一般等。

【设计意图】教师引导学生不只是简单地从知识层面对所学内容进行

总结，而是从知识、思想方法方面入手，培养学生自主总结的能力，优化学生的认知结构和完善其知识体系。

四、课例评析

本节课思路清晰，环节紧凑，重难点突出，结构完整，设计合理。课堂上，学生情绪高涨，师生关系融洽，教学目标顺利完成。教师在教学设计时根据学生的认知基础，从学生的角度出发，充分体现了以学生为中心的教学理念。教师在教学过程中循循善诱，充分调动学生的积极性和主动性，发挥教师的主导作用。本节课不仅能很好地完成教学任务，而且在立德树人方面也达到了良好的效果。

（一）培养学生与他人沟通、交流及分工合作的能力

本节课最大的特点是学生分组讨论的环节多，教师给予学生充分的时间和空间，让学生在合作交流中消除困惑。在“概念形成”环节，教师对学生进行分组，大胆放手让学生参与对新知的探究，使学生能够通过观察、讨论、相互补充，抽象地概括出偶函数与奇函数的定义。学生在亲身体验和探索中解决问题，理解和掌握基本的数学知识、技能和方法。在“应用探索”环节，教师也将课堂还给学生，让学生通过小组讨论解决问题，并总结出解决同类问题的步骤与方法，培养学生解决和处理问题的能力、概括的能力、表达的能力以及在团队中与组员之间的沟通和协调能力。课堂中的合作学习不仅培养了学生的集体荣誉感，也给学生提供更多锻炼的机会，让学生学会与他人交流，培养学生的自主性和独立性。

（二）培养学生的审美能力

美在我们的生活中无处不在，审美能力至关重要。拥有较强审美能力的人易形成高尚的情操，保持愉悦的心情，同时能美化心灵和启迪智慧。在“新课引入”环节，教师通过列举生活中存在的对称现象，向学生展示美无处不在，突出对称美，让学生学会欣赏美。同时，让学生自己举例子，鼓励学生观察、发现生活中的美，培养学生发现美的能力。在“概念形成”环节，学生通过画函数图象、观察图象，发现对称性，

同时，通过对奇函数与偶函数两个概念的进一步剖析，发现数学定义中语言的精练美，有效提升发现美的能力。在此过程中，教师引导学生从数与形等多个角度，全方位地发现数学美的存在。在“应用探索”环节，学生通过自己动手画图，培养了创造美的能力。

（三）培养学生的思维能力

在“概念形成”环节，教师引导学生通过对函数 $y=x^2$ 和 $y=\frac{1}{x}$ 图象及数据方面的观察和归纳，得出偶函数与奇函数的定义，培养学生的归纳能力，让学生感知由特殊到一般的数学思想方法。在学生获知偶函数的定义后，教师引导学生通过类比得出奇函数的定义，培养学生类比的能力。为了使学生对奇函数与偶函数的异同加以区分，教师还引导学生对两个概念进行了对比，学生的对比能力得以发展。在整个教学过程中，教师给予学生很多提问的机会，鼓励学生大胆地提出问题，并通过多方努力解决问题，成功地培养学生敢于提出问题、善于解决问题的能力。在“概念深化”环节，教师通过三个问题让学生进行质疑、思考、分析，有效提高学生的辨析能力。在“应用探索”环节，教师通过练习题训练了学生的推理思维和判断思维。思维能力的增强，能够帮助学生在认识事物时做到更客观、更全面，做事更加严谨，使学生在处理问题时，方法灵活多样，不容易钻进“死胡同”，从而更好地面对社会，面对未来。

（课例设计：韦甜成　课例评析：莫凤）

第三节　幂函数

一、教材分析

本节内容选自人教A版高中数学必修第一册第三章“函数的概念与性质”。幂函数是基本初等函数之一，是学生进入高中接触的第一种特殊函数。学生通过学习幂函数的知识，能加强对函数性质的应用能力。从教材的整体安排来看，本节内容能让学生进一步了解研究函数的方法，学会利用这种方法研究其他函数，在整个教材中起到承上启下的作用。

二、教学目标

1. 了解幂函数的概念，通过具体实例研究幂函数的图象和性质，并能初步应用。

2. 培养学生自主探究、归纳及应用数学的能力。

3. 进一步渗透数形结合、化归的数学思想方法，培养学生深入探究问题的良好学习态度。

三、教学设计

（一）新课引入

情境　《现代汉语词典》（第7版）对于“幂”的解释为：①覆盖东西的巾；②覆盖，罩；③表示一个数自乘若干次的形式。也就是说，在数学中，幂表示乘方的结果，通过在数字上加上标的形式来实现，像给一个数“盖上了一块头巾”（如图2.3-1）。

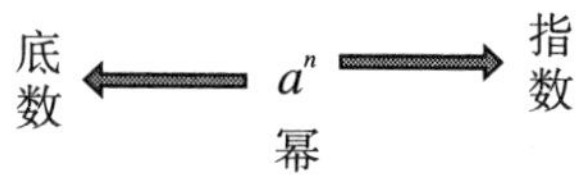

图 2.3－1

问题 1 如果张红以 1 元/kg 的价格购买了某种蔬菜 w kg，那么她需要支付 $p=w$ 元，这里 p 是 w 的函数；如果正方形的边长为 a，那么正方形的面积 $S=a^2$，这里 S 是 a 的函数；如果立方体的棱长为 b，那么立方体的体积 $V=b^3$，这里 V 是 b 的函数；如果一个正方形场地的面积为 S，那么这个正方形的边长 $c=\sqrt{S}$，这里 c 是 S 的函数；如果某人 t s 内骑车行进了 1 km，那么他骑车的平均速度 $v=\frac{1}{t}$ km/s，即 $v=t^{-1}$，这里 v 是 t 的函数。以上这些函数有何共同特征？

提示 这些函数的解析式都是指数式（底数是变量），且都是幂的形式。

【设计意图】从幂的具体内涵帮助学生理解幂，同时，引导学生从具体的生活实例中进行总结，得出幂函数的一般特征，加深对幂的理解。

（二）概念形成

问题 2 怎样研究形如 $y=x^\alpha$（α 是常数）的函数表达式？

引出定义 一般地，函数 $y=x^\alpha$ 叫做幂函数，其中 x 是自变量，α 是常数。

问题 3 你能列举出一些具体的幂函数吗？

教师引导学生举例，比如 $y=x^2$，$y=x^{\frac{1}{3}}$，$y=x^{-\frac{1}{4}}$ 等都是幂函数。

问题 4 下列函数中，哪些是幂函数？

（1）$y=x^{-2}$；（2）$y=2x^2$；（3）$y=x^{\frac{3}{2}}$；（4）$y=2^x$；（5）$y=x^3+2$；（6）$y=(x-1)^3$。

探究 如何判断一个函数是否为幂函数？

教师引导学生进行探究，并得出：幂函数的底数为自变量，指数为常数，系数为 1，项数也为 1。

【设计意图】通过探究、比较，加深学生对幂函数的定义和呈现形式的理解。

高中数学学科育人课例评析

（三）概念深化

问题 5 如何画出以下幂函数的图象？指数不同时，幂函数有何变化规律？

（1）$y=x$；（2）$y=x^2$；（3）$y=x^3$；（4）$y=x^{\frac{1}{2}}$；（5）$y=x^{-1}$。

提示 通过列表、描点、连线等步骤画图，根据图象（如图 2.3－2）研究性质，得出函数性质如表 2.3－1 所示。

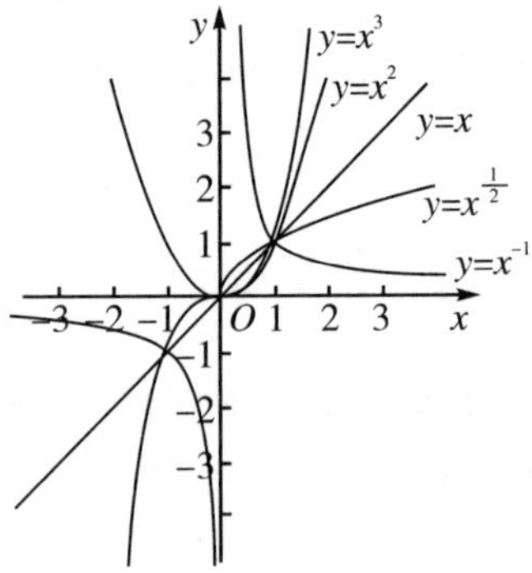

图 2.3－2

表 2.3－1

函数	$y=x$	$y=x^2$	$y=x^3$	$y=x^{\frac{1}{2}}$	$y=x^{-1}$
定义域	**R**	**R**	**R**	$[0,+\infty)$	$(-\infty,0)\cup(0,+\infty)$
值域	**R**	$[0,+\infty)$	**R**	$[0,+\infty)$	$(-\infty,0)\cup(0,+\infty)$
奇偶性	奇	偶	奇	非奇非偶	奇
单调性	在 **R** 上是增函数	在区间 $(-\infty,0)$ 上是减函数；在区间 $[0,+\infty)$ 上是增函数	在 **R** 上是增函数	在区间 $[0,+\infty)$ 上是增函数	在区间 $(-\infty,0)$ 和 $(0,+\infty)$ 上均是减函数
定点	都通过点（1，1）				

问题 6 幂函数的图象分布在哪些象限？

提示 在第一象限都有图象，在第四象限都没有图象。

问题 7 幂函数的图象经过哪些定点？

提示 由于 $1^{x}=1$，因此，幂函数的图象都通过点（1，1）。

问题 8 幂函数的奇偶性是怎样的？

提示 函数 $y=x$，$y=x^{-1}$，$y=x^{3}$ 是奇函数；函数 $y=x^{2}$ 是偶函数。教师引导学生通过小组讨论得出：指数是奇数时幂函数为奇函数，指数是偶数时幂函数是偶函数。

问题 9 幂函数的单调性是怎样的？

提示 在第一象限内，函数 $y=x$，$y=x^{\frac{1}{2}}$，$y=x^{2}$，$y=x^{3}$ 是增函数，函数 $y=x^{-1}$是减函数。教师引导学生通过小组讨论得出：在第一象限内，指数大于零时幂函数是增函数，指数小于零时幂函数是减函数。

问题 10 幂函数 $y=x^{-1}$在第一象限内的图象变化趋势如何？

提示 若幂函数在其他象限有图象，那么可以利用幂函数的什么性质来补全其图象？

【设计意图】教师通过创设问题情境，激发学生思维，渗透数形结合的思想。同时，在新知探究中自然引出幂函数的性质，使学生易于接受和领悟。

（四）应用探索

例 1 求下列幂函数的定义域，并指出其奇偶性、单调性。

（1）$y=x^{5}$；（2）$y=x^{\frac{3}{4}}$；（3）$y=x^{-2}$。

教师引导学生利用幂函数的性质得出结论。

例 2 证明：幂函数 $f(x)=\sqrt{x}$ 在区间 $[0, +\infty)$ 上是增函数。

教师提示学生可以用作差法或作商法证明函数的单调性。

【设计意图】通过典型例子，加强学生对新知的应用能力，加深学生对知识的理解。

（五）总结归纳

思考 本节课的主要内容是什么？你有何感悟？

教师引导学生总结：

（1）幂函数的概念及其表达式与指数函数的区别；

（2）幂函数的图象和性质（以五个代表函数为例）；

（3）研究函数的基本思路和方法。

【设计意图】学生通过总结归纳，深化对幂函数相关知识的理解和掌握。

四、课例评析

本节课中，教师以立德树人为目标，在教学过程中融入学科育人理念，主要体现在文化育人、思维育人、审美育人、活动育人等方面。

（一）文化育人——通过文化感受提高学生的文化素养

数学是人类的一种文化，它的内涵、思想、方法和语言是现代文明的重要组成部分。本节课中，教师在课堂伊始让学生感受“幂”的文化内涵，引导学生感受概念背后的文字深意，既让数学变得有趣和丰富，也让学生感受中国文字的博大精深，提高文化素养。

（二）思维育人——通过精心设计培养学生的思维习惯

数学教学要注重培养学生用数学思维去发现问题、解决问题的习惯。本节课中，教师主要培养学生两种数学思维习惯。一是数形结合的数学思维。在“新课引入”环节，教师通过函数的图象（形），让学生更好地认识函数（数）。在“概念深化”环节，教师引导学生通过画图（形），加深对函数（数）的认识。教师在示范演示 5 个幂函数的图象后，引导学生根据图象（形）写出函数的“三要素”和性质（数），有效培养学生用数形结合的数学思维去思考问题、解决问题，使学生逐渐养成良好的思维习惯。二是“从具体到一般”的归纳数学思维。在“概念形成”环节，教师提出问题：“怎样研究形如 $y=x^{\alpha}$（α 是常数）的函数表达式?”引导学生归纳出一类函数的思考方法。在“概念深化”环节，教师引导学生通过特殊函数归纳出一类函数的性质和图象特征等，培养学生用归纳的思维处理问题的习惯。

（三）审美育人——通过深入探究提升学生的审美能力

数学美是数及数理关系认知物质世界的反映。数学审美过程是将数学内在规律外化的过程，也是将数理逻辑转化为现象感知的过程，是数学中最质朴的审美认知。本节课中，教师主要从两个方面实践审美育人。一是变化与统一。变化与统一是形式美的总法则，是对立统一规律的具体化。在“概念深化”环节，教师引导学生通过 5 个具体的幂函数及其图象概括出幂函数的定义域、值域、单调性、奇偶性等性质，培养学生变化与统一的审美能力。二是系列化。系列化是艺术表现中强化相似性的审美原则，即具有相同基本结构和属性的客体重复出现，起到强化视觉效果，突出内在特质的作用。在“新课引入”环节，教师引导学生由具体的幂函数引出幂函数的概念，不仅较好地体现了教材中把幂函数作为模型来学习的理念，而且让学生体会了系列化的数学美。同时，在“概念深化”环节，教师引导学生通过作图对几个函数图象进行归类，提升了系列化审美的能力。

（四）活动育人——通过数学活动培养学生的良好品质

教育家叶澜教授提出，“新基础教育”的育人目标是培养主动、健康发展的时代新人。在数学教学中，教师要以活动为载体，服务于“育人”这一目的，通过活动来培养学生的良好品质。本节课中，教师主要从三个方面实践活动育人。一是培养学生的团队协作能力。在“概念深化”环节，教师多次组织学生开展小组讨论，锻炼了学生的团队协作能力，让学生在探究数学知识的同时，培养了善于与他人合作的良好品质。二是让学生在成功解决问题的过程中建立克服困难的信心。在“概念深化”环节，学生通过作图，熟悉函数图象，步步深入探究幂函数的性质。学生通过探究式实践活动，认识到幂函数并不陌生、并不可怕，有效化解了对数学的畏难情绪，培养克服困难的信心。三是培养学生严谨的科学态度。教师给予充分的时间，让学生画图、读图，学生一方面掌握了基本技能，另一方面在一次次画图、读图解决问题的过程中培养了细致严谨的科学态度。

综上所述，要落实好立德树人教育目标，教师应在教学设计中搭建学科育人载体，发掘学科育人功能，在数学教学中着眼于学科育人，把课堂转变为学科育人课堂，打造培养德智体美劳全面发展的社会主义建设者和接班人的有效课堂，做到强化学校教育主阵地作用，全面提高教学质量。

（课例设计：龙祥永　课例评析：梁爱萍）

第四节 指数函数及其性质

一、教材分析

指数函数教学的重点是指数函数的图象和性质，难点是指数函数图象和性质的探索与概括过程。本节内容安排在幂函数之后，承接了幂函数研究的方法和依据，同时为后续对数函数的学习奠定基础，在知识系统中起到承上启下的作用。另外，指数函数在实际生活中也有着广泛的应用，能够更好地培养学生的情感、态度与价值观。

二、教学目标

1. 能画出具体指数函数的图象。

2. 会观察指数函数图象，归纳出指数函数的性质，能应用指数函数解决简单的问题。

3. 通过类比，回顾、归纳从图象和解析式这两种不同角度研究函数性质的数学方法，加深对指数函数的认识，在数学活动中感受数学思想方法之美，体会数学思想方法的重要性。

三、教学设计

（一）新课引入

情境 1 国际象棋起源于古印度。相传国王要奖赏国际象棋的发明者，问他想要什么。发明者说：“请在棋盘的第 1 个格子里放上 1 颗麦粒，第 2 个格子里放上 2 颗麦粒，第 3 个格子里放上 4 颗麦粒……依此类推，每个格子里放的麦粒数都是前一个格子里放的麦粒数的 2 倍，直到第 64 个格子。请给我足够的麦粒以实现上述要求。”国王觉得这个要求不高，就欣然同意了。但经过仔细核算才发现，这些麦粒的总数居然是一个天文数字。

情境2 《庄子·天下》中提到："一尺之棰，日取其半，万世不竭。"也就是说，一尺长的木棍，每天截取一半，从理论上说，这根木棍是永远都不会消失的。这一说法和指数的相关知识有着密切的关系。

【设计意图】通过数学史引入本课，运用史料引起学生学习的兴趣。

（二）概念形成

问题1 某种细胞在分裂时，每次能从一个细胞分裂为两个。一个细胞第一次分裂后变为两个，第二次分裂后变为四个……依此类推。设细胞分裂次数为 x，细胞个数为 y，试求 y 与 x 之间的关系式。

提示 y 与 x 之间的关系式为 $y=2^x(x\in\mathbf{N}^*)$。

问题2 假设某一物质的质量为1，该物质在发展过程中不断地衰减，每年都会衰减为上一年的一半。如果该物质的剩余量为 y，时间为 x 年，试求 y 与 x 之间的关系式。

提示 y 与 x 之间的关系式为 $y=\left(\frac{1}{2}\right)^x(x\in\mathbf{N}^*)$。

问题3 上述几个关系式能构成函数吗，应该如何给它们命名呢？可以对这类关系式做出一般性的定义吗？

定义 一般地，函数 $y=a^x$（$a>0$，且 $a\neq1$）叫做指数函数，其中指数 x 是自变量，定义域是 $\mathbf{R}$。

问题4 为什么规定底数 a 的范围为"$a>0$，且 $a\neq1$"？

提示 ①当 $a=1$ 时，$y=1^x=1$，没有研究的必要。

②当 $a<0$ 时，对于 x 的一些数值，可使 a^x 无意义，如 $(-2)^x$，对于 $x=\frac{1}{4}$，$x=\frac{1}{2}$，…这样的函数值不存在。

③当 $a=0$ 时，若 $x>0$，则 $a^x=0$；若 $x\leqslant0$，则 a^x 无意义，如 0^0。因此，规定 $a>0$，且 $a\neq1$。

【设计意图】教师通过灵活设计具体情景，让学生从特殊到一般归纳出指数函数的图象特征，实现对指数函数概念的把握，发展学生的直观想象核心素养。

（三）**概念深化**

问题 5 请判断出以下哪些函数是指数函数。

（1）$y=3^x$；（2）$y=-6^x$；（3）$y=(-6)^x$。

问题 6 请大家先在同一坐标系中分别作出（1）$y=2^x$，$y=\left(\frac{1}{2}\right)^x$；（2）$y=3^x$，$y=\left(\frac{1}{3}\right)^x$ 两组函数的图象，再进行小组合作、讨论，指出指数函数图象的特征。

学生进行小组讨论后，教师利用几何画板显示，当 a 的范围不同时，图象是如何变化的。最后，总结出指数函数的性质如表 2.4－1 所示。

表 2.4－1

a 值范围	$a>1$	$0<a<1$
图象	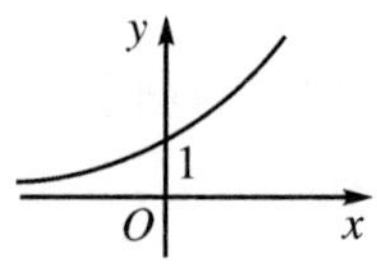	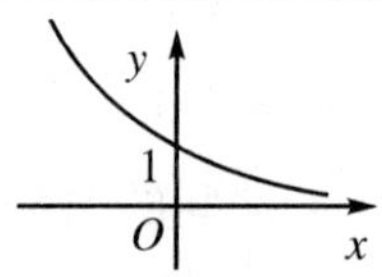
性质	定义域：**R**	
	值域：$(0,+\infty)$	
	图象都过点（0，1）	
	在 **R** 上是增函数	在 **R** 上是减函数

【设计意图】 教师让学生通过对比懂得判断指数函数，通过作图、观察，归纳出指数函数的性质，发展学生的数学抽象、数学建模和逻辑推理等数学学科核心素养。

（四）**应用探索**

例 1 比较下列各组数的大小。

（1）$1.7^{2.5}$，1.7^3；（2）$0.8^{-\frac{2}{3}}$，$0.9^{-\frac{2}{3}}$；（3）$1.7^{0.3}$，$0.9^{3.1}$。

教师先让学生分组讨论，再引导学生归纳出以下内容：

①当底数相同时，可以用函数的单调性比较。

②当指数相同时，可以转化为相同底数进行比较，也可以借助图象进行比较。

③当指数、底数都不同时，可以找中间量进行比较。中间量可以是

"1"，也可以是分数，利用二分法选取。

例 2 如图 2.4－1 是指数函数①$y=a^x$，②$y=b^x$，③$y=c^x$，④$y=d^x$ 的图象，则 a，b，c，d 与 1，0 的大小关系是________。

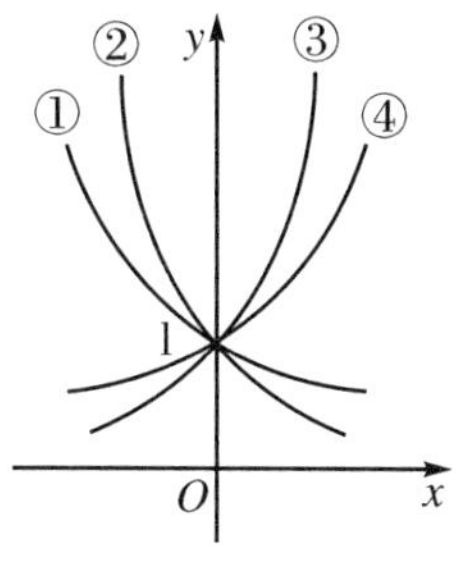

图 2.4－1

【设计意图】通过典型例题的分析，让学生学会运用指数函数的性质解决问题，培养学生分析问题与解决问题的能力，深化学生对指数函数的理解。

（五）总结归纳

练习 比较下列数值的大小。

（1）$1.8^{2.5}$ 和 $1.8^{3.2}$ 哪个数值更大；

（2）$0.6^a>0.6^b$，那么 a 和 b 哪个数值更大；

（3）$a^{0.75}>1$，那么 a 和 1 哪个数值更大。

思考 分别计算 0.99^{365}，1^{365}，1.01^{365}，1.02^{365} 的大小，你能总结出什么生活哲理？

提示 0.99^{365} 约等于 0.03，$1^{365}=1$，1.01^{365} 约等于 37.78，1.02^{365} 约等于 1 377。如果"1"代表每天不进不退，那么 365 天后还是原样；"0.99"代表每天退步一点点，365 天后约等于 0.03；"1.01"代表每天进步一点点，365 天后约等于 37.78；"1.02"代表每天比"1.01"再努力一点点，365 天后约等于 1 377。因此，很多成功不是一两天努力就可以达成的，而是需要每天不断地进步。哪怕每天进步一点点，坚持到最后都会有很大的收获。

【设计意图】通过练习题，强化学生对指数函数的理解，巩固指数函数知识。同时，与生活联系起来，使学生实现知识升华，增强学习信心。

四、课例评析

指数函数及其性质是高中阶段数学教学的重要知识点，在高中数学知识体系中有着承前启后的地位。本节课中，教师以立德树人为目标，在教学过程中融入学科育人理念，主要体现在史料育人、思维育人、活动育人等方面。

（一）史料育人——借助学科发展历史促进品德养成

对于高中阶段的数学教学而言，要想充分提升学生的学习效率，离不开合理的课程引入。本节课中，教师通过国王和国际象棋发明者的故事及《庄子·天下》名句的引入，让学生感受到我们生活中存在这样的模型，方便学生接受指数函数的结果形式，让学生在问题的情境中发现问题。同时，教师引导学生在简单的具体问题中抽象出共同性质，并引入两种常见的指数函数底数（①$a>1$，②$0<a<1$），让学生体验由简单到复杂，从特殊到一般的认知规律。如此，教师借助历史故事引入法，为学生架设从已知到未知的桥梁，引导学生初步认识指数函数，丰富知识的趣味性，提高学生学习的积极主动性。同时，在一定程度上强化学生对传统文化的认识，实现对学生爱国情怀的培养，促进学生的品德养成。

（二）思维育人——强化思维过程的学习，促进思维品质提升

教师通过对学生进行思考和推理训练，可以增强学生的数学思维能力，使学生懂得用数学的思想和方法处理问题，提高数学素养。本节课中，在“概念形成”环节，教师通过问题串对学生进行引导，帮助学生了解指数函数，加速学生对知识的吸收。在“概念深化”环节，教师引导学生判断指数函数，并归纳出指数函数的性质，帮助学生进一步认识指数函数的概念内涵及性质特点，提升学生的数学综合能力。概念辨析是理解和掌握概念的重要一环，对教材进行补充是创造性使用教材的一种方式。教师及时补充判断练习，让学生通过对这些函数的判断，进一步深化对指数函数概念的理解，即指数函数的概念是形式定义，也就是说必须在形式上一模一样。在“应用探索”环节，教师引导学生进行数

据建模，将客观知识和现实生活有机结合起来，不仅深化了学生对指数函数的理解，而且提升了学生学以致用的能力，让学生学会运用指数函数的性质解决问题，培养学生分析问题与解决问题的能力，提升学生的思维品质。

（三）活动育人——让学生在主动探索中提升能力

合作学习可以取长补短，培养学生的竞争意识、合作意识。在“应用探索”环节，教师让学生进行小组合作学习，动手实践，归纳指数函数图象的性质、特点，让学生在看到自己优点的同时，从他人身上认识自己的不足，激发学生学习的积极性。在研究指数函数的图象和性质时，教师让学生自己动手画，并与同学讨论、发现和总结，让学生在作图过程中感受数学的图形之美，激发学生探究问题的兴趣，在主动探索中提升能力。通过活动，学生思维实现深度参与，突破了难点。

（课例设计：孙威　课例评析：罗佼佼）

第五节　对数的概念

一、教材分析

本节内容选自人教A版高中数学必修第一册第四章“指数函数与对数函数”。对数的概念是对数函数的基础，其具有丰富的历史文化背景。教材从对数是指数幂中指数的一种等价表示形式的角度来引入对数，符合学生的认知规律，也为后面学习对数的运算、对数函数做铺垫。本节课的重点是对数的概念，指数式与对数式的互化；难点是指数式与对数式的互化，对数恒等式。

二、教学目标

1. 正确理解对数的概念，能说出对数与指数的关系，能区分指数式和对数式中各个字母的含义，能将指数式和对数式进行互化，提升逻辑推理能力。

2. 学习数学知识发展史，了解数学在人类文明发展中的作用，逐步形成正确的数学观。

三、教学设计

（一）新课引入

问题1　考古学家是怎样确认出土的文物是哪个年份的呢？已知，当生物体死亡后，它机体内原有的碳14含量会按确定的比率衰减（称为衰减率），大约每经过5 730年衰减为原来的一半，这个时间称为“半衰期”。按照上述变化规律，生物死亡x年后，死亡生物体内碳14含量为原始含量的$\left(\frac{1}{2}\right)^{\frac{x}{5\,730}}$倍。湖南长沙马王堆汉墓女尸出土时碳14的残余量约占原始含量的 76.7%，请推算马王堆古墓的年代。

问题 2 已知 $4+x=7$，求 x，则 $x=7-4=3$；

已知 $2x=6$，求 x，则 $x=6\div 2=3$；

已知 $x^3=27$，求 x，则 $x=\sqrt[3]{27}=3$；

已知 $2^x=10$，求 x，则 $x=?$

【设计意图】在实际生活情境下引入对数，由学生熟悉的加减、乘除这两组互为逆运算的运算引出对数，使学生直观感知对数运算是指数运算的逆运算。

（二）概念形成

教师通过对数的发展史引入对数的概念，并得出定义。16、17 世纪之交，苏格兰数学家纳皮尔在研究天文学的过程中，经过对运算体系的多年研究，最终找到了简化大数运算的有效工具，他借助运动学，用几何术语阐述了对数方法。对数发明 20 多年后法国数学家笛卡儿开始使用指数符号。直到 18 世纪，瑞士数学家欧拉才发现指数与对数的互逆关系，他使用 $y=a^x$ 来定义 $x=\log_a y$。

定义 一般地，如果 $a^x=N$（$a>0$，且 $a\neq 1$），那么数 x 叫做以 a 为底 N 的对数，记作 $x=\log_a N$，其中 a 叫做对数的底数，N 叫做真数。

通常，我们将以 10 为底的对数叫做常用对数，并把 $\log_{10} N$ 记为 $\lg N$。另外，在科技、经济以及社会生活中经常使用以无理数 $\mathrm{e}=2.718\ 28\cdots$ 为底数的对数，以 e 为底的对数称为自然对数，并把 $\log_{\mathrm{e}} N$ 记为 $\ln N$。

问题 3 为什么在对数的定义中要限定底数 a 的范围？a 可以小于等于 0，或者等于 1 吗？

问题 4 是不是所有的数都有对数？

问题 5 对数到底是什么？说说你对对数的理解。

【设计意图】引导学生挖掘对数的概念，让学生明白为什么在对数中要限定底数 a 的范围，理解只有正数才有对数。同时，让学生体会对数的三层意义：（1）对数 $\log_a N$ 可看作一种符号，只有在 $a>0$ 且 $a\neq 1$，$N>0$ 时有意义；（2）对数 $\log_a N$ 是指数运算的逆运算；（3）对数 $\log_a N$

是一个确切的数。

（三）概念深化

问题 6 由问题 2 我们可得到 $2^x=10$，则 $x=\log_2 10$。据此，说出 2，x，10 在指数式和对数式里各在什么位置？

问题 7 当 $a>0$，$a\neq 1$ 时，$a^x=N\Leftrightarrow x=\log_a N$，利用这一关系，我们可以实现对数式与指数式之间的互化。完成下列填空，并归纳指数式化为对数式，对数式化为指数式的方法。

由以上关系式可知，________和________没有对数；

指数式化为对数式时，________不变，指数变为________，幂变为________；

对数式化为指数式时，________不变，对数变为________，真数变为________。

问题 8 是不是所有的指数式都可以化为对数式？

【设计意图】学生通过分析、讨论，掌握指数式与对数式的互化，同时，懂得抓住指数式与对数式互化的细节条件。

（四）应用探索

例 1 把下列指数式化为对数式，对数式化为指数式。

（1）$5^4=625$；（2）$2^{-6}=\frac{1}{64}$；（3）$\left(\frac{1}{3}\right)^m=5.73$；（4）$\log_{\frac{1}{2}}16=-4$；（5）$\lg 0.01=-2$；（6）$\ln 10=2.303$。

例 2 求下列各式中 x 的值。

（1）$\log_{64}x=-\frac{2}{3}$；（2）$\log_x 8=6$；（3）$\lg 100=x$；（4）$-\ln e^2=x$。

练习 1 根据例 2 的解题过程，结合例 1，谈谈你是如何求解其中的未知数 x 的？依据是什么？

练习 2 试求出 $\log_2 1$，$\log_3 1$，$\log_7 1$，$\lg 1$ 的值，你发现有什么规律？可以证明你的结论吗？

练习 3 试求出 $\log_2 2$，$\log_3 3$，$\log_7 7$，$\lg 10$ 的值，你发现有什么规律？可以证明你的结论吗？

【设计意图】运用指数式与对数式的互化求解真数、底数、对数，由

特殊到一般推导出 $\log_a 1=0$ 和 $\log_a a=1$ 这两个对数恒等式。

（五）拓展延伸

问题 9 阅读课本 P128“阅读与思考”中的材料“对数的发明”，了解对数的发明史，请你谈谈什么是对数的思想方法？

问题 10 计算 32×256，你是否有好的计算方法？

教师引导学生通过观察表 2.5－1 中数字的对应关系，利用指数运算快速求解，即 $32\times256=2^5\times2^8=2^{13}=8\ 192$。

表 2.5－1

x	1	2	3	4	5	6	7	8	9	10	11	12	13
2^x	2	4	8	16	32	64	128	256	512	1 024	2 048	4 096	8 192

【设计意图】通过资料，让学生进一步了解对数的发展历程，也为后面学习对数的运算做铺垫。

（六）总结归纳

1. 对数的定义。

2. 指数式与对数式的互化。

3. 对数的性质。

4. 对数在科学上的贡献：在化学中，表示酸碱度的 pH 就是用以 10 为底的常用对数进行定义的，即 pH＝－lg（氢离子物质的量浓度）。此外，以自然常数 e 为底的自然对数被广泛应用于科学领域，如火箭运动过程、生物学过程等。

【设计意图】教师引导学生梳理本节课的知识内容，介绍对数在科学上的贡献，让数学更贴近生活。

四、课例评析

（一）合理设置问题情境，激发学生的思维火花

高中数学课程应注重提高学生的数学思维能力，这是数学教育的基本目标之一。本节课中，教师通过六个模块的细致设计，让教学课堂形象生动。在“新课引入”环节，教师有目的地创设有趣的问题情境，设置贴合生活实际的问题，激发学生的思维火花和求知欲望，引导学生使

用熟悉的数学知识和方法来解决问题。问题 1 关注现实生活中考古带来的数学问题，问题 2 通过数的运算发展让学生思考指数运算的逆运算是什么，这两个问题有效地激发了学生的兴趣，引导学生快速进入问题情境。在“概念形成”和“概念深化”环节，教师用问题导学法，以问题串的形式引导学生了解对数的概念，加深学生对对数概念的理解，进一步挖掘对数的内涵。学生在接触和学习数学知识的过程中，不断经历直觉感知、观察发现、合情推理、抽象概括、演绎证明等过程。这些都是数学思维能力的具体体现，有利于学生在客观事物中建立数学模型，抽象概括出数学问题，经过推理和演算得到问题的答案，进而形成数学思维和理性思维。

（二）尊重知识发展的过程，体现教学的逻辑层次

本节课中，教师在引入概念时，由学生熟悉的加减、乘除、乘方开方这些互为逆运算的运算引出对数，使学生直观感知对数运算是指数运算的逆运算，尊重知识发展的过程，强调了对数的本质。由新课引入到概念的形成和深化，由浅入深讲解知识，体现教学的逻辑层次，使学生通过自身实践体会数学中各种概念逐步形成的过程，明白课本中的结论从何而来，回溯数学这门学科在历史中的发展足迹，最终把数学的学术形态转化为学生易于接受的教育形态。在“拓展延伸”环节，教师让学生阅读课本的“阅读与思考”及提供表 2.5－1，使学生切身感受对数的发展进程和对数思想的生命力，同时，让学生理解对数的引入其实是把乘方和乘法运算分别转化为乘法和加法运算，为下一节“对数的运算”做铺垫。

（三）注重思想方法的渗透，发展数学应用意识

本节课中，教师在精选典型例题和习题的基础上，挖掘概念的外延，让学生可以依据对数的概念将对数式化为指数式，将对数问题转化为熟悉的指数问题，加强学生对指数式与对数式互化的运用意识，渗透数学思想方法，培养学生的应用思维和不断钻研的能力。另外，教师提供了对数应用的实际背景，如问题 1 中的碳 14 含量追踪确认年份，“总结归纳”环节介绍了对数在科学领域中的贡献，将天文学、物理、化学等其他学科与数学有机结合，让学生体会到数学在我们现实生活中无处不在，帮助学生逐步形成和发展数学应用意识，提高实践能力。

（四）讲好学科背后的故事，体现数学文化价值

本节课中，教师注重挖掘史料，让学生了解数学知识的时代背景和历史意义，感受知识发展的过程，体现了数学的文化价值。数学课既要着眼历史，回顾数学发展脉络，又要着眼未来，关注数学发展趋势。本节课帮助学生了解了数学在人类文明发展中的作用，让学生逐步形成正确的数学观。

（课例设计：罗佼佼　课例评析：孙威）

第六节　对数函数的概念

一、教材分析

本节内容选自人教A版高中数学必修第一册第四章“指数函数与对数函数”。本节课主要通过演绎推理得到对数函数的概念，教学重点是对数函数的概念，教学难点是从不同的问题情境中归纳对数函数的定义域，帮助学生养成自主学习、合作交流、归纳总结的学习习惯。

二、教学目标

1. 通过具体实例感受对数函数的实际背景，感悟对数函数概念引入的必然性，强化提出问题、分析问题、解决问题的能力。

2. 通过经历对数函数概念的构建过程，学会研究函数的方法，理解对数函数的概念，体会数形结合、类比、特殊到一般、具体到抽象的数学思想方法，促进演绎法、归纳法的内化，渗透逻辑推理、数学抽象、直观想象等核心素养。

3. 掌握对数函数解析式及对数型函数定义域的求解方法，感悟指数函数、对数函数是从不同角度研究同一类问题变化规律的两大基本初等函数。

三、教学设计

（一）温故知新，明确目标

回顾1　指数函数的定义：一般地，函数 $y=a^x$（$a>0$，且 $a\neq1$）叫做指数函数，其中指数 x 是自变量，定义域是 $\mathbf{R}$。

回顾2　对数与指数之间的互化（如图2.6－1）。

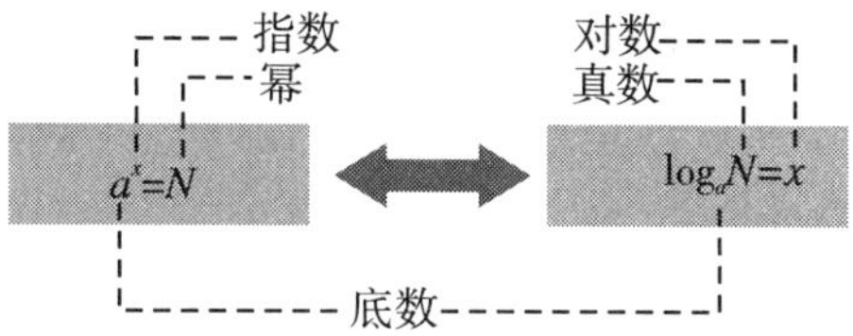

图 2.6－1

【设计意图】 明确本节课研究的内容，以及和前面课程的关系。

（二）创设情境，引发思考

情境 通过测定化石碳 14 含量可推算化石年代。师生一起复习生物体内碳 14 含量 y 与生物死亡年数 x 的关系式：$y=\left(\frac{1}{2}\right)^{\frac{x}{5\,730}}$，$x\in[0,+\infty)$，$y\in(0,1]$。

问题 1 考古学家如何反过来利用这个函数由碳 14 含量推算化石年代？

问题 2 如果测得 y 为$\frac{1}{2}$，$\frac{1}{3}$，$\frac{1}{5}$，那么相应的 x 分别为多少？从这 3 组数据中可以直观感受到：碳 14 含量 y 越小，死亡时间 x 就越大。若增加一些不同的数据，它们是否也满足该函数关系式？能否通过计算所有 y 对应的 x 来验证？

教师总结 给定一个数 y，代入指数函数，可算得一个相应的 $x=\log_{\sqrt[5\,730]{\frac{1}{2}}}y$，$y$ 和 x 的数值见表 2.6－1（教师借助 Excel 得出）。

表 2.6－1

y	**x**	**y**	**x**	**y**	**x**
0.355	8 561.245	0.255	11 296.3	0.155	15 411.75
0.344	8 821.447	0.244	11 660.82	0.144	16 020.27
0.333	9 090.106	0.233	12 042.16	0.133	16 677.18
0.322	9 367.79	0.222	12 441.94	0.122	17 390.82
0.311	9 655.127	0.211	12 862.05	0.111	18 171.94
0.3	9 955.813	0.2	13 304.65	…	…

【设计意图】 通过回顾碳 14 含量变化的情境，得出新的函数模型，让学生产生思考的动力，并借助 Excel 计算出 y 与 x 的关系，从特殊到一般对函数的性质进行归纳推理。

（三）演绎推理，形成概念

问题 3 死亡年数 x 是碳 14 含量 y 的函数吗？函数的定义是什么？

问题 4 问题 3 中的 y 和 x 对应的集合 A，B 分别是什么？依据是什么？从集合 $A=(0，1]$ 到集合 $B=[0，+\infty)$ 的对应关系是什么？

问题 5 如何判定对于集合 A 中任意一个数 y，按照对应关系 $x=\log_{\sqrt[5730]{\frac{1}{2}}}y$ 在集合 B 中都有唯一确定的数 x 与之对应？又如何用图象来刻画？

师生利用几何画板作图（如图 2.6－2）一起检验函数定义的三个要点，论证死亡年数 x 是碳 14 含量 y 的函数。

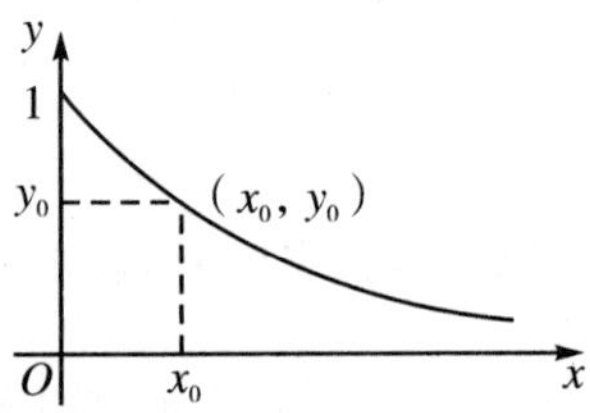

图 2.6－2

问题 6 类比指数函数的定义，能否归纳出对数函数的定义？底数 a 有限制吗？自变量和函数值各是哪个字母？是否符合函数的表示习惯？对数函数的定义域是什么？

定义 一般地，函数 $y=\log_a x$（$a>0$，且 $a\neq1$）叫做对数函数，其中 x 是自变量，定义域是 $(0，+\infty)$。

【设计意图】 通过验证死亡年数 x 与碳 14 含量 y 满足函数定义的三个要点，演绎推理出死亡年数 x 是碳 14 含量 y 的函数。同时，由问题引发学生思考对数函数的定义，以及已知自变量和对应关系是否满足函数的定义等，凸显学习新概念的必要性，培养学生的数学抽象核心素养。

（四）讲练结合，学以致用

例 1 指出下列函数中哪些是对数函数。

(1) $y=\log_a\sqrt{x}$（$a>0$，且 $a\neq1$）；(2) $y=\log_2 x-1$；

(3) $y=2\log_7 x$；(4) $y=\log_x a$（$x>0$，且 $x\neq1$）；(5) $y=\log_5 x$。

练习 1 若函数 $y=\log_{(2a-1)}x+(a^2-5a+4)$ 是对数函数，则 a 的

值为____________。

例 2 求下列函数的定义域。

（1）$y=\log_a(3-x)+\log_a(3+x)$（$a>0$，且 $a\neq1$）；

（2）$y=\log_2(16-4x)$。

练习 2 求下列函数的定义域。

（1）$y=\log_{(x+1)}(16-4x)$；　　（2）$y=\sqrt{\dfrac{6-5x-x^2}{\lg(x+3)}}$。

例 3 已知 $f(x)=\log_3\dfrac{1-x}{1+x}$。

（1）求 $f\left(\dfrac{1}{2}\right)$，$f\left(-\dfrac{1}{2}\right)$；

（2）求 $f\left(\dfrac{1}{2\,019}\right)+f\left(-\dfrac{1}{2\,019}\right)$；

（3）求 $f(a)+f(-a)$ 的值，$a\in(-1,1)$。

练习 3 设函数 $f(x)=\begin{cases}1+\log_2(2-x), & x<1,\\ 2^{x-1}, & x\geqslant1,\end{cases}$ 则 $f(-2)+f(\log_2 12)=$（　　）。

A. 3　　B. 6　　C. 9　　D. 12

【设计意图】 通过对数的相关例题和练习，使学生正确认识对数函数的定义，以及对数函数定义中底数和定义域的限制条件等，加深对对数函数的理解。

（五）课堂小结，巩固提升

1. 知识性总结：对数函数的概念、定义域、函数值等。

2. 通过这节课，你学到了什么知识？

3. 在解决问题时，用到了哪些数学思想方法？

【设计意图】 课堂小结有利于学生将本节内容形成知识网络，内化为自己的知识体系。

四、课例评析

本节课中，教师以立德树人为目标，采用探究性教学的模式，在教学中贯彻启发性原则，通过提问不断启发学生，引导学生自主探索和思考。整个教学过程融入了学科育人理念，主要体现为思维育人、审美育人、活动育人三个方面。

（一）思维育人——抽象问题具体化，提高思维的能力

哲学家柏拉图说过，思维是灵魂的自我谈话。由此可见思维的重要性。数学在形成人的理性思维、科学精神和促进个人智力发展的过程中发挥着不可替代的作用。因此，在数学教育中要秉承立德树人根本任务，发展素质教育，促进学生思维能力、实践能力和创新意识的发展，增强学生的社会责任感。本节课中，教师在培养学生的数学思维上做了以下几点。

一是渗透数学抽象思维。教师通过实际问题创设教学情境，让学生感受对数函数的实际背景，并建立对数函数与指数函数的联系，引导学生从另一个角度研究同一问题的变化规律，让学生学会用数学的眼光看世界。同时，通过具体数据运算的局限性，引出用函数刻画死亡年数 x 与碳 14 含量 y 之间关系的必要性，体现引入对数函数的必然性，为抽象概括对数函数做准备，培养学生的数学抽象思维。

二是渗透演绎推理的数学思维。问题 3 中，大部分学生没有经过严谨的思考，下意识地回答死亡年数 x 是碳 14 含量 y 的函数。因此，基于已学函数的定义和对数的概念，教师采取概念同化的教学方式，通过验证对数式中死亡年数 x 与碳 14 含量 y 满足函数定义的三个要点，让学生演绎推理出死亡年数 x 与碳 14 含量 y 的函数。

三是渗透类比的数学思维。教师通过引导，由浅入深，由通俗到严谨，让学生从特殊到一般抽象概括出对数函数的一般表达，同时类比指数函数给出对数函数的定义，渗透类比的数学思维，培养学生类比、分析、归纳的能力。

（二）审美育人——参与数学创造，培养审美的能力

数学是理性思维和想象的结合，它的发展建立在社会的需求上，于是有了数学美。数学美包括结构美和方法美，而方法美主要体现为结果的精确性、推理论证的严密性、构造的巧妙性。

本节课体现的主要是方法美，即数学是精确又严谨的。在“创设情境，引发思考”环节中，学生通过计算得出相应的 x，教师借助 Excel 计算出对数的具体数值以及师生利用信息技术作图一起检验函数定义的三个要点，论证死亡年数 x 是碳 14 含量 y 的函数，体现了结果的精确性和推理论证的严密性。

（三）活动育人——课堂生活相关联，体会育人的价值

在新教材、新课程、新高考的“三新”背景下，全面落实立德树人根本任务，全员育人是一个不可回避的时代课题。“新基础教育”研究提出要通过教学实现学科对于学生发展的独特价值，这一目标与任务是高远又平实的。高远在于最终要让学生建立起独特的思维方式，平实在于这样的思维方式需要通过每节课教学的渗透才能得以建立。本节课中，教师主要从以下几点进行活动育人。

其一，在“创设情境，引发思考”环节中，教师通过数学知识创生和发展的过程，让学生了解对数函数的来龙去脉，感受数学的基本思想方法及数学思维方式的力量，并逐渐建立起独特的发现方法和理性的思维策略，形成基本的数学素养。

其二，在“演绎推理，形成概念”环节中，教师通过数学所特有的语言系统和逻辑系统，让学生学会抽象的思考方法，提升准确、严谨的表达能力，引出对数函数的概念。同时，提供学生认识事物数量、数形关系及转换的不同路径和独特的视角，使学生具有数学的眼光和头脑。

其三，在教学中，教师通过数学知识与生活世界的广泛联系，实现数学知识与学生经验的沟通，使学生在利用数学知识不断发现和提出问题、分析和解决问题的过程中，产生主动探究的欲望，形成学习数学的内驱力，同时产生丰富的体验，形成有意义的认识。

综上所述，在数学教学中，教师要以活动为载体，以育人为宗旨，落实好立德树人的目标。

（课例设计：尤桂香　课例评析：赵智玮）

第七节 指数函数与对数函数

一、教材分析

本节课是前面已学习的幂函数、指数函数、对数函数的综合应用，教师可以让学生结合对投资回报和选择奖励模型两个问题的分析，通过比较指数函数、对数函数、线性函数等函数模型的增长速度的差异，进一步理解“直线上升”“指数爆炸”“对数增长”的含义，并依此选择合适的函数类型构建数学模型、刻画现实问题的变化规律。本节课的教学重点是选择合适的函数类型构建数学模型，让学生体会建立数学模型解决实际问题的一般过程；教学难点是如何选择合适的函数类型建立解决实际问题的数学模型。

二、教学目标

1. 能明确例题中的数量关系，指出每个方案的函数模型，为将实际问题抽象为数学问题并化归为函数模型做准备。

2. 能从例题条件出发，根据“直线上升”“指数爆炸”“对数增长”的含义，利用数形结合来辨别三种函数的增长差异，懂得选择不同的函数模型。

3. 在选择或建立函数模型解决实际问题的过程中，提升数学抽象和数学建模核心素养。

三、教学设计

（一）新课引入，激发兴趣

播放嘉宾与樊登读书创始人樊登对话的视频。根据视频，在一定时间内，樊登读书实现了从创立分会、发展用户到营收呈爆炸性增长，由一个城市仅有两三个用户快速发展到一个城市有几百万用户。发展用户的模式很简单，就是给每个用户一个邀请码，让用户邀请朋友体验，两人均得到回馈。最后创始人樊登感慨：是幂次法则起了作用，2 的 n 次方是没法想象的！

问题 1 生活中的增长现象比比皆是，在我们学过的函数中也有许多呈增长态势发展。你能列举出以前学习过的增长型函数吗？

【设计意图】通过生活中的例子，让学生体会函数与现实生活的密切联系，感受建立函数模型解决实际问题的必要性，激发学生的学习内驱力。

（二）组织探究，经历过程

例 1 假设你有一笔资金用于投资，现有三种投资方案供你选择，这三种方案的回报如下。

方案一：每天回报 40 元；

方案二：第一天回报 10 元，以后每天比前一天多回报 10 元；

方案三：第一天回报 0.4 元，以后每天的回报比前一天翻一番。

请问，你会选择哪种投资方案？

问题 2 你能分析例 1 中的常量、变量及其相互关系，并建立三种对应的函数模型吗？

探究活动 1 例 1 中涉及哪些数量关系？如何用函数描述这些数量关系？分析、比较模型并给予解答。

探究活动 2 根据课本提供的信息，打开 Excel 文档“三种方案每天回报情况”（见表 2.7－1），并在指定区域填写数据。

问题 3 根据表 2.7－1，你对三种方案分别表现出的回报资金的增长差异有什么认识？

表 2.7－1

x	方案一		方案二		方案三	
	y	增加量/元	y	增加量/元	y	增加量/元
1	40	—	10	—	0.4	—
2	40	0	20	10	0.8	0.4
3	40	0	30	10	1.6	0.8

续表

x	方案一		方案二		方案三	
	y	增加量/元	y	增加量/元	y	增加量/元
4	40	0	40	10	3.2	1.6
5	40	0	50	10	6.4	3.2
6	40	0	60	10	12.8	6.4
7	40	0	70	10	25.6	12.8
8	40	0	80	10	51.2	25.6
9	40	0	90	10	102.4	51.2
10	40	0	100	10	204.8	102.4
…	…	…	…	…	…	…
30	40	0	300	10	214 748 364.8	107 374 182.4

探究活动 3　各小组画出三个函数的图象（如图 2.7－1），并通过图象描述三种方案的特点。根据以上分析，你认为应做出何种选择？

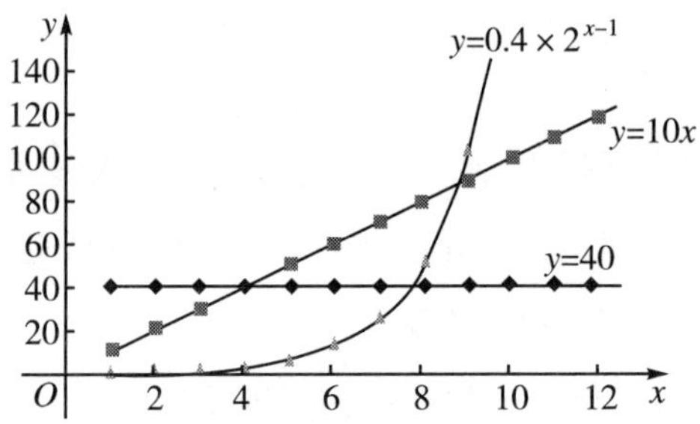

图 2.7－1

问题 4　仅分析每天的回报数就能准确做出选择吗？请结合表 2.7－1 和图 2.7－1 进一步思考：关于三种投资方案的选择，你应当如何判断？

追问　根据投资天数做出不同的选择，划分天数的标准是什么？这种划分合理吗？

提示　计算每月回报的增加量是对数据的基本处理方法，从表 2.7－1 和图 2.7－1 都可以直观看出三种函数模型的增长差异，但要具体到投资的天数，回报的增加量还不足以作为选择投资方案的依据。

【设计意图】创设问题情境，引导学生进行探究活动，能够激发学生的学习热情，激活学生思维。教师通过引导学生分析本例中的数量关系，让学生思考应当选择怎样的函数模型来描述，引导学生分析影响方案选择的因素，使学生认识到要做出正确选择除了考虑每天的收益，还要考虑一段时间内的总收益。

（三）深化探究，尝试应用

例 2 某公司为了实现 1 000 万元利润的目标，准备制定一个激励销售人员的奖励方案：在销售利润达到 10 万元时，按销售利润进行奖励，且奖金 y（单位：万元）随销售利润 x（单位：万元）的增加而增加，但奖金总数不超过 5 万元，同时奖金不超过利润的 25%。现有三个奖励模型：$y=0.25x$，$y=\log_7 x+1$，$y=1.002^x$，其中哪个模型能符合公司的要求？

问题 5 公司提出的要求与函数的什么性质有关？这对选择函数模型有什么帮助？

问题 6 函数图象能直观反映函数的性质特征，从而可以直观判断函数模型是否符合公司的要求。为此，你能否画出函数图象，并通过观察图象作出初步判断？

探究活动 4 请利用 GeoGebra 软件，绘制下列函数的图象。

$y=0.25x$，$y=\log_7 x+1$，$y=1.002^x$。

讨论 例 2 中涉及哪几类函数模型？其实质是什么？你能根据例题中的数据，判断所给的奖励模型是否符合公司要求吗？请重点分析、讲解构造思想的体现并通过对三个函数模型增长差异的比较，写出例 2 的解答过程。

问题 7 观察图象（如图 2.7－2），你认为哪个奖励模型符合公司的要求？

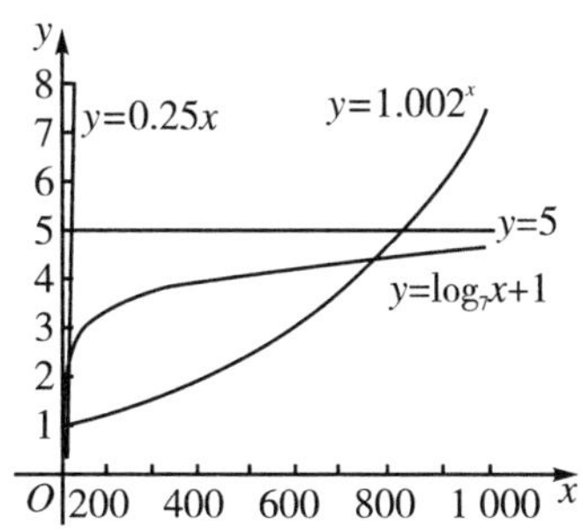

图 2.7－2

【设计意图】 通过对具体问题的分析、建模、解模过程，发展学生数学建模、数据分析、逻辑推理等核心素养。

（四）回顾反思，归纳提升

探究活动5 运用GeoGebra软件探究指数函数、对数函数、幂函数图象的增长差异。

$y=a^x$（$a>1$）；$y=\log_a x$（$a>1$）；$y=x^n$（$x>0$，$n>0$）。

思考 经历了例1和例2的解答，你能归纳出建立函数模型解决实际问题的基本过程吗？

提示 一是根据实际问题的条件建立等量关系，将实际问题抽象为数学问题；二是分别从数和形的角度出发，定性和定量地分析实际问题的变化规律，选择合适的函数模型。另外，可以使用信息技术进行复杂的运算求解，运用多种方式表示数学对象并分析问题。

结束语 $1.01^{365}\approx 37.78$，每天进步一点点，一年后将有质的飞跃！

$0.99^{365}\approx 0.03$，每天退步一点点，一年后就不剩下多少了！

【设计意图】根据具体问题，归纳总结出一般情况，结合信息技术作图和求解，使学生对指数函数、对数函数、幂函数图象有更深层次的认识，有利于将来解决一些实际问题。同时，用两个指数式作为结束语，让学生深刻认识数学中蕴含的人生哲理，体会数学的应用美。

四、课例评析

这是一节通过信息技术与数学课堂教学深度融合达成学科育人的优秀课例。教师在引入真实生活情境后，学生通过小组合作、动手实践、分析讨论，较好地达成了教学目标，体现了“教—学—评”一致性。同时，以“爱”和“美”为主线突出了数学学科“抽象”和“模型”等育人价值内容。

（一）以“爱”为源，超越自我

爱因斯坦曾说，兴趣是最好的老师。学生会主动去探求与实践自己感兴趣的新知，并产生愉悦的情绪和体验。这种由兴趣产生的对学科的“爱”，让学科教学与学生原有的认知自觉地产生意义关联，促使学生积极主动探索，因知成智，达成学科育人的效果。

首先，教师从一开始引入的视频中看到了学生的震撼，让学生深切感受数学的无穷魅力，加深对生活的热爱和激发对“指数爆炸”等新知的兴趣，唤醒学生对知识的渴望，让学生充满求知的欲望。

然后，两个生活情境例题模型进一步提升了学生对生活、对数学的热爱。学生在经历探究的过程中深刻感受到数学对生活的重要作用，进一步理解“直线上升”“指数爆炸”“对数增长”的含义，体验小组团结协作的力量，享受决策之“爱”。

最后，整节课以问题串纵贯，设置的问题及追问标准明确、环环相扣、指向性强，探究活动适时、适度，设置的相关问题体现了教师对单元教学设计理念的准确把握和对问题导学的深刻理解。另外，教师在课程最后展示并解读了结束语，让学生体会到教师满满的“爱”与鼓励。学生通过活动将实际问题化归为函数问题，提升数学抽象、数学建模等核心素养。

（二）以“美”育人，追求不止

“美”是学科育人的最高境界。教师应争做“美”的典范，以学科之美唤起学生心灵之美。一方面，教师要勇于探求学科之美，如数学学科的内容美、结构美、对称美、简约美、和谐美、方法美等，以“美”教化人。另一方面，教学设计要有利于学生发现和追求学科“美”，可打破学科界限，实现跨学科之美的融合，以学科之美浸润学生。本节课的育人之美主要体现在以下两点。

1. 内容的育人价值之美

一是知识的育人价值之美。本节课主要通过建立函数模型解决实际问题，沟通了幂函数、指数函数、对数函数三大函数间的关系，体现了函数应用的广泛性、数学内容的整体性和教学的连贯性，让学生感悟到数学知识既彼此联系，又相互转化。

二是生活的育人价值之美。本节课的引入和例题均以生活情境为背景，通俗而亲近，易与学生产生共鸣，让学生深刻感受到数学源于生活又服务于生活，学好数学大有可为。

三是技能的育人价值之美。本节课将信息技术与数学课堂教学进行深度融合。教师示范性地使用各种媒体技术，学生利用平板电脑和 Geo-

Gebra 软件等来完成合作探究，掌握了相关技能，为今后的持续研究学习打下了基础。

四是思维的育人价值之美。教师引导学生将实际问题化归为函数问题，通过分析函数图象及数据了解不同函数的变化差异，选择合适的函数模型解决实际问题，培养和提升了数学抽象和数学建模等核心素养。

五是合作的育人价值之美。探究活动能提高学生的学习效率，增强学生的责任意识，让学生学会与人沟通。

2. 课堂活动的设计之美

一是合适的情景设计。采用生活化情景设计让学生倍感亲近，减轻学生的认知负担。

二是适度的活动设计。本课一共设计了多个循序渐进的探究活动，增加了学生的认知体验。

三是明确的问题设计。本课所设问题指向高阶认知，能够启发学生思考。教师在反问和反驳中影响学生思考，通过问题导学训练了学生的思维。

四是持续性反馈评价。教师对学生活动及问题串的解决反馈做出评价，不断调整和改进教学方法。

五是可视化成果展示。学生通过探究活动成果展示，提升了学习信心，巩固了学习兴趣和研究方法。

由此可见，学科教学与学科育人是不可分割的融合体，所有的学科教学都应具有学科育人的功能。教师需要不断深入研究各种课堂教学模式及教学方法，充分运用现代信息技术，勇于实践，大胆创新，更好地把握学科育人价值的基本内容，不断优化学科育人的实践路径，拓展学科丰富的育人价值，完成时代赋予教育者的使命。

（课例设计：韦建志　课例评析：李俊强）

第 三 章

导数

第一节　导数的运算

一、教材分析

本节课是在学生学习了导数的定义，用导数的定义求简单函数的导数后的一节新授课。通过前面课程的学习，学生经历了由平均变化率到瞬时变化率刻画现实问题的过程，理解了导数的概念，积累了一定的求导问题的基本活动经验，感受到导数在解决数学问题与实际问题中的作用和思想方法，具备了继续学习初等函数求导公式的基础知识。

本节课是整章内容运算的基础，学生求导的准确性与熟练程度会影响用导数研究函数的性质、微积分等知识的进一步学习。本节课的教学重点是基本初等函数的导数公式和导数的四则运算法则，教学难点是基本初等函数的导数公式和导数的四则运算法则在求解复杂函数的导数中的应用。

二、教学目标

1. 熟悉基本初等函数的导数公式和导数的四则运算法则。

2. 能够运用基本初等函数的导数公式和导数的四则运算法则求解一些复杂函数的导数。

三、教学设计

（一）新课引入

情境　牛顿是伟大的物理学家，也是伟大的数学家，他在第一篇有关微积分的论文中，研究了用导数求方程的近似解的方法。通过前面课程的学习，我们已经理解了导数的概念，感受到导数在解决实际问题中的作用，同时还学习了通过导数的定义求解一些常用函数的导数，例如求解 $y=x$，$y=x^2$ 等简单的幂函数的导数。

问题 1 一般的幂函数 $y=x^\alpha$ 的导数如何计算呢?

问题 2 已经学习过的指数函数、对数函数和三角函数的导数又如何计算呢?

【设计意图】 教师通过复习引入新课，让学生重温亲身经历的一些有关导数的思考、探索、发现结论的基本活动，并在此基础上提出新问题，在解决新问题的过程中积累数学活动经验，进行创新性学习。

（二）概念形成

引入 很早以前，数学家就已经解决了函数的求导问题，为方便应用，我们把这些函数的导数公式列表如下（见表 3.1－1）。

表 3.1－1 基本初等函数的导数公式

函数	导数	函数	导数
$f(x)=c$（c 为常数）	$f'(x)=0$	$f(x)=x^\alpha$（$\alpha\in\mathbf{R}$，且 $\alpha\neq0$）	$f'(x)=\alpha x^{\alpha-1}$
$f(x)=\sin x$	$f'(x)=\cos x$	$f(x)=\cos x$	$f'(x)=-\sin x$
$f(x)=a^x$（$a>0$，且 $a\neq1$）	$f'(x)=a^x\ln a$	$f(x)=\mathrm{e}^x$	$f'(x)=\mathrm{e}^x$
$f(x)=\log_a x$（$a>0$，且 $a\neq1$）	$f'(x)=\frac{1}{x\ln a}$	$f(x)=\ln x$	$f'(x)=\frac{1}{x}$

【设计意图】 教师用书中明确指出，教科书直接给出了基本初等函数的导数公式和导数运算法则，不需要对这些公式和法则进行推导。因此，教师直接给出公式即可，不必对学生做过多要求。

（三）概念深化

1. 基本初等函数的导数

(1) 若 $f(x)=c$（c 为常数），则 $f'(x)=0$。

分析 例如 $f(x)=-2$，则 $f'(x)=0$。反之需要注意，若 $f'(x)=0$，则 $f(x)$ 是一个常数函数，可以是任意的常数，函数不唯一。这在后续学习构造函数、求解积分等问题时尤为重要。

(2) 若 $f(x)=x^\alpha$（$\alpha\in\mathbf{R}$，且 $\alpha\neq0$），则 $f'(x)=\alpha x^{\alpha-1}$。

分析 首先需要注意幂指数 α 的取值范围是 $\alpha\in\mathbf{R}$，且 $\alpha\neq0$，其次需要注意幂函数求导的结构 $f'(x)=\alpha x^{\alpha-1}$，当幂指数为分数或负数时，初学者容易计算错误。以下取 α 的一些数值来具体看一下求导结果。

当 $\alpha=2$ 时，$f(x)=x^2$，$f'(x)=2x^{2-1}=2x$；当 $\alpha=\frac{1}{2}$时，$f(x)=x^{\frac{1}{2}}$，$f'(x)=\frac{1}{2}x^{\frac{1}{2}-1}=\frac{1}{2\sqrt{x}}$。

用导数的定义求解 $y=f(x)=\sqrt{x}$ 的导数的过程为

$$\frac{\Delta y}{\Delta x}=\frac{f(x+\Delta x)-f(x)}{\Delta x}=\frac{\sqrt{x+\Delta x}-\sqrt{x}}{\Delta x}=\frac{(\sqrt{x+\Delta x}-\sqrt{x})(\sqrt{x+\Delta x}+\sqrt{x})}{\Delta x(\sqrt{x+\Delta x}+\sqrt{x})}$$

$$=\frac{1}{\sqrt{x+\Delta x}+\sqrt{x}}。$$

所以，$y'=\lim\limits_{\Delta x\to0}\frac{\Delta y}{\Delta x}=\lim\limits_{\Delta x\to0}\frac{1}{\sqrt{x+\Delta x}+\sqrt{x}}=\frac{1}{2\sqrt{x}}$。

通过比较两种求导方法，让学生感受用公式求导比用定义求导更加快捷和便利。

说明 对于幂函数导数公式的教学不能只是给出公式和一道例题。虽然不需要学生对公式进行推导证明，但学生第一次接触公式，教师需要带着学生一步步挖掘公式的内涵和外延。教师可以从幂指数分别为正整数、分数、负数等逐一分析讲解，并与用定义求导过程比较，让学生进一步感受学习导数公式的必要性，提升学生的数学运算核心素养。

(3) 若 $f(x)=\sin x$，则 $f'(x)=\cos x$；若 $f(x)=\cos x$，则 $f'(x)=-\sin x$。

分析 这组求导公式中需要学生注意余弦函数 $f(x)=\cos x$，其中 $f'(x)=-\sin x\neq\sin x$。

(4) 若 $f(x)=a^x$（$a>0$，且 $a\neq1$），则 $f'(x)=a^x\ln a$。

分析 学生需要准确记忆指数函数的导数公式，否则容易与接下来学习的对数函数的导数公式混淆。特别地，当 $a=\mathrm{e}$ 时，$f(x)=\mathrm{e}^x$，$f'(x)=\mathrm{e}^x$。

(5) 若 $f(x)=\log_a x$（$a>0$，且 $a\neq1$），则 $f'(x)=\frac{1}{x\ln a}$。

分析 学生需要和指数函数的导数公式比较记忆，特别地，当 $a=\mathrm{e}$ 时，$f(x)=\ln x$，$f'(x)=\dfrac{1}{x}$。

说明 (3)(4)(5) 这三组导数公式比较抽象，学生容易记错，教师需要从公式的结构形式引导学生记忆。

例 1 假设某地在 20 年间的年均通货膨胀率为 5%，物价 p（单位：元）与时间 t（单位：年）之间的关系为 $p(t)=p_0(1+0.05)^t$，其中 p_0 为 $t=0$ 时的物价。假定某种商品的 $p_0=1$，那么在第 10 个年头，这种商品的价格上涨的速度大约是多少（精确到 0.01 元/年）?

问题 3 如果例 1 中某种商品的 $p_0=5$，那么在第 10 个年头，这种商品的价格上涨的速度大约是多少?

说明 例 1 是一个指数型函数的实际问题，教师通过这个例题展示了导数公式的应用，让学生进一步理解导数的内涵，体会导数的应用性。同时，为引入导数的运算法则做好铺垫。

2. 导数的四则运算法则

法则 1 $[f(x)\pm g(x)]'=f'(x)\pm g'(x)$。[两个函数和（差）的导数等于这两个函数导数的和（差）]。

问题 4 三个或更多函数和（差）的导数计算，又该如何表示呢?

提示 $[f_1(x)\pm f_2(x)\pm\cdots\pm f_n(x)]'=f'_1(x)\pm f'_2(x)\pm\cdots\pm f'_n(x)$。

法则 2 $[f(x)g(x)]'=f'(x)g(x)+f(x)g'(x)$。

说明 两个函数积的导数并不等于导数的积，即 $[f(x)g(x)]'\neq f'(x)g'(x)$。学生需要将其与两个函数和（差）的导数公式比较记忆。

问题 5 请同学们结合法则 2 求 $y=cf(x)$ 的导数。

法则 3 $\left[\dfrac{f(x)}{g(x)}\right]'=\dfrac{f'(x)g(x)-f(x)g'(x)}{[g(x)]^2}$ $(g(x)\neq 0)$。

说明 这里需要注意，两个函数商的求导结果的结构特征容易与两个函数积的求导结果混淆，教师要引导学生从式子结构学习两个函数商的导数运算法则的内涵和外延。

问题 6　请同学们结合法则 3 求 $y=\frac{1}{f(x)}$ 的导数。

【设计意图】 基本初等函数的导数公式和导数运算法则对于后面的学习、应用都很重要，教师引导学生从公式结构特点入手，挖掘公式的内涵，以问题为引领挖掘公式的外延，让学生更好地掌握公式，懂得公式之间的转化关系，活学活用。

（四）应用探索

例 2　求下列函数的导数。

（1）$y=x^2\mathrm{e}^x$；（2）$y=\frac{\sin x}{x}$。

说明　两个函数和（差）的导数运算法则易于掌握，学生在今后的学习中会逐渐熟练。对初学者而言，两个函数积（商）的导数运算法则容易出错，其内涵深刻、外延广泛，需要在新课学习中重点练习。教师在教学中要讲述函数求导过程每一步的依据，让学生养成准确求导运算的习惯。另外，题目要有适当的联系与变化。例如，函数 $y=x^2\mathrm{e}^x$ 是由两个基本初等函数 $f(x)=x^2$ 与 $g(x)=\mathrm{e}^x$ 的乘积构成，教师可以改变任何一个函数，组成新的乘积函数，还可以组合出类似 $y=x^2\mathrm{e}^x+\frac{\sin x}{x}$ 这样更复杂的函数，让学生在联系与变化中巩固导数的运算法则，提升学生的数学运算核心素养。

例 3　求下列函数的导数。

（1）$f(x)=x^2(\ln x+\sin x)$；（2）$y=\frac{\cos x-x}{x^2}$。

说明　在例 2 的基础上让学生进一步巩固基本初等函数的导数公式，熟悉导数的运算法则。例 3 较例 2 更复杂，旨在引领学生掌握导数运算法则的内涵，不论函数结构形式怎样变化，只要牢牢抓住求导原理，问题便迎刃而解。同时，例 3 的教学还可以更开放，教师可以在授课中引导学生对题目做各种函数和运算的变化，在联系和变化中提升学生解决数学问题的能力，培育学生的数学运算核心素养。

练习 1　求下列函数的导数。

（1）$y=\tan x$；（2）$y=\left(\frac{1}{2}\right)^{x}+2\sin x$。

练习 2　已知 $f(x)=\frac{1-\sqrt{x}}{1+\sqrt{x}}+2^{x}\ln x$，求函数 $f(x)$ 的导数。

说明　练习 1 面向全体学生，但并不是简单的重复，而是旨在考查学生熟悉的正切函数 $y=\tan x$ 的导数，略有难度。学生稍加思索，便可以发现 $\tan x=\frac{\cos x}{\sin x}$，问题转化为求两个基本初等函数商的导数。像这样鼓励学生把新的问题转化为熟悉的问题来求解，可以很大程度上促进学生学习数学的热情和自信心。练习 2 是本课内容的综合应用，既能给学有余力的学生带来挑战综合题成功的喜悦，又能给其他学生以提醒，让学生明白，数学的学习远不止记住公式、法则那么简单，使数学教学向数学教育发展。

【设计意图】教学设计需要体现出检测性、评价性、提升性，教师通过设计有梯度的例题和习题，让学生更好地巩固知识点，提升解决数学问题的能力和数学运算核心素养。

（五）总结归纳

教师带领学生总结归纳本节内容（如图 3.1 - 1）。

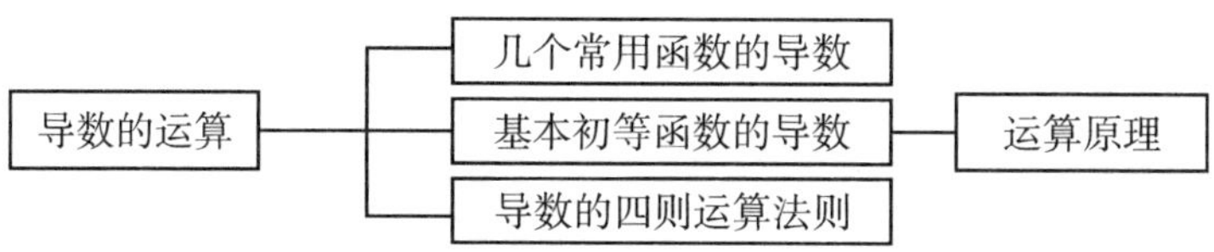

图 3.1 - 1

【设计意图】教师引导学生通过回顾总结知识点，巩固所学，更好地达成教学目标。

四、课例评析

本节课是高中数学教学中最为常见的概念课。这样的课看似枯燥乏味，细细品来却能润物细无声，育人于无形。本节课中，教师通过数学史引入新课，结合公式法则的严谨性、导数公式不一样的美、学生的活动等育人于无形中，是一节从概念出发达到学科育人的优秀课例。

（一）精巧设计——激发学生学习的兴趣

1. 史料引入，激发兴趣

如何将数学史和数学文化融入高中数学教学是教育领域的一个重要课题，通过数学概念和思想方法的发生、发展过程，一方面可以使学生感受丰富多彩的数学文化，激发学生学习数学的热情；另一方面可以更好地帮助学生理解数学概念的本质。本节课中，教师从牛顿用导数的方法求解方程引入新课，让学生知道学习导数法则的必要性，感受在微积分发展过程中数学家做出的重要贡献，培养学生学习数学的兴趣和坚定的信念。

2. 问题设置有梯度，培养自信

问题的设置，例题、习题的选取对于培养学生学习数学的信心至关重要，过于简单或太难都不利于学生学习。本节课中，教师通过研读教材，品读教材中例题、习题编排的用意，使得课例中例题和习题的设计层层递进，设置的梯度恰到好处，满足了各个阶层学生的需求，更好地激发学生探索的兴趣和信心，驱动学生对问题由浅入深地认知探究，使数学教学走向数学教育。

（二）合理引导——培养学生的审美情趣，积淀人文素养

法国数学家庞加莱说，科学家之所以研究自然，不是因为这样做很有用，而是因为能从中得到乐趣，他们能够得到乐趣是因为它美。数学本身也具有美的本质属性，许多数学家不仅从逻辑的角度，也从美的角度审视数学结论。

纵观整节课，教师将美育融入了各个环节。首先是结构美。整个教学过程采用“问题导学”教学法，各个环节衔接紧密，过渡自然，整节课主线突出，节奏感鲜明，让学生处在身心愉悦的教与学的环境中。其次是结论美。如$(e^x)'=e^x$，$(\sin x)'=\cos x$，$(\cos x)'=-\sin x$，教师引导学生分析原函数和导数的联系，并让学生谈谈对这一发现的感受，或者从美的视角谈谈今天学的这几个导数公式，培养学生发现美、欣赏美的能力。最后是简洁美。简洁的数学表达能增强人们的自信心，增加人们认识世界的深度和广度，给人“会当凌绝顶，一览众山小”的感受。本节课中，教师引导学生比较用导数公式求导与用定义求导的过程，让学生发现导数公式运算的简洁美，在学生美的感受中推进教学。

（三）思维活动——培育学生理性精神，践行立德树人

本节课是整章内容运算的基础，学生求导的准确性与熟练程度会影响用导数研究函数的性质、微积分等知识的进一步学习。教师在教学设计中突出对学生理性精神的培养，新课伊始就不断比较、分析各个导数公式之间的联系与区别。如函数 $y=\sin x$ 的导数与 $y=\cos x$ 的导数结构对称，但正负号不同；又如函数 $y=a^x$ 与 $y=\log_a x$ 的导数形式容易记混淆；再如两个函数积的导数并不等于导数的积，即 $[f(x)g(x)]'\neq f'(x)g'(x)$，要与两个函数和（差）的导数公式比较记忆。这样的思辨分析贯穿整个课堂，培养了学生严谨的逻辑思维，达到了培育学生理性精神，践行立德树人的教学效果。

（课例设计：栾功　课例评析：陈东）

第二节　函数的单调性

一、教材分析

本节内容选自人教A版高中数学选择性必修第二册第五章“一元函数的导数及其应用”的第三节“导数在研究函数中的应用”。单调性作为函数的主要性质之一，主要用来刻画变量的变化趋势。必修第一册重点学习了函数单调性的概念和证明方法，以及借助函数图象特征和单调性的定义来研究简单函数的单调性。本节课主要探讨导数与函数单调性的关系，为研究函数单调性提供了更一般的方法，为后面学习函数的极值及最值提供了知识铺垫、能力基础和方法指导。本节课的教学重点是导数与函数单调性的关系，利用导数研究函数的单调性；教学难点是发现和揭示导数与函数单调性的关系。

二、教学目标

1. 借助几何直观，通过实例归纳导数与函数单调性的关系。

2. 理解并掌握利用导数判断函数单调性的方法，会利用导数求函数单调区间。

三、教学设计

(一) 新课引入

情境　在本章前两节中，我们已经学习了导数的概念和运算，知道导数是关于瞬时变化率的数学表达，它定量地刻画了函数的局部变化。能否利用导数更加精确地研究函数的性质呢？观看一段视频，观察汽车的灯光变化（如图3.2－1），你有什么发现？

问题 1 能不能从这个动画中看出数学问题？尝试抽象出数学模型。

教师利用生活中常见的汽车上下坡时灯光的变化情况，引导学生发现道路可以抽象成函数的图象，灯光可以抽象为切线。即山坡可以看作是函数 $y=f(x)$ 在某区间 D 上的图象，汽车可以抽象为图象上一点，汽车灯光可看作是过这一点的切线（如图 3.2－2)。

图 3.2－1

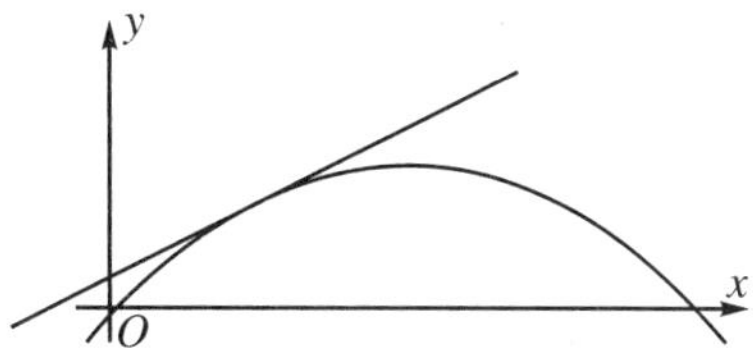

图 3.2－2

问题 2 当汽车在上坡的过程中，汽车灯光变化对应的函数有怎样的性质?

教师引导学生利用图象提取关键信息，将实际问题与数学问题对应，完成数学建模过程（如图 3.2－3)，并引导学生发现函数图象上每一点处切线斜率的正负，即函数 $f(x)$ 在该点处的导数的正负与函数的单调性有关。

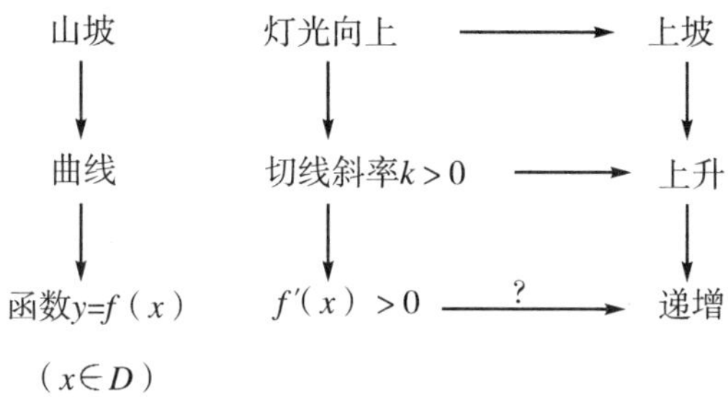

图 3.2－3

【设计意图】利用生活中常见的汽车上下坡时灯光的变化情况，将问题转化为切线斜率正负与函数增减之间的联系，高效引入课题，成功激发学生的求知欲，体现数学源自生活的理念。

（二）概念形成

问题 3 导数与函数的单调性有什么关系呢?

教师利用几何画板动态演示，引导学生发现，在函数的增区间上，每一点处的切线的倾斜角均为锐角，斜率大于0，导数 $f'(x)>0$，函数单调递增；在减区间上，每一点处的切线的倾斜角均为钝角，斜率小于0，导数 $f'(x)<0$，函数单调递减。

猜想结论 函数 $f(x)$ 的单调性与导函数 $f'(x)$ 的正负关系如下：

在某个区间 (a, b) 上，如果 $f'(x)>0$，那么函数 $y=f(x)$ 在区间 (a, b) 上单调递增；

在某个区间 (a, b) 上，如果 $f'(x)<0$，那么函数 $y=f(x)$ 在区间 (a, b) 上单调递减。

【设计意图】利用信息技术进行动态演示，从“形”的角度观察、猜想、归纳、总结，让学生体验知识的发生、发展过程，抓住导数和函数单调性定义之间的关系来提炼一般性的结论，让学生体会知识产生的过程，真正实现学科育人。

（三）概念深化

问题4 将实际问题抽象为数学问题是了解世界的常用方法，前面通过观察得出的结论是否具有一般性？如何探究这个结论是否正确？

提示 函数的单调性是“形”上的特性，最直接的是用几个不同的函数进行验证。更进一步需要从“数”的角度，从导数和函数单调性的定义之间的关系来推导一般性的结论。

活动1 请同学们列举出几个常见的函数，然后与同桌探究导数与函数单调性之间的关系，验证猜想的结论是否正确。

提示 从特殊到一般，再从一般到特殊，这既是认识事物的基本规律，也是数学重要的思想方法。

活动2 从导数和函数单调性的定义出发，进行小组探究。

分析 函数 $y=f(x)$ 在区间 (a, b) 上单调递增，等价于 $\forall x_1, x_2\in(a, b)$，$f(x)$ 在 x_1 与 x_2 之间函数的平均变化率恒为正，即 $\forall x_1, x_2\in(a, b)$，恒有 $\frac{\Delta y}{\Delta x}=\frac{f(x_2)-f(x_1)}{x_2-x_1}>0$，该式的几何意义是经过点 $A(x_1, f(x_1))$，$B(x_2, f(x_2))$ 的割线 AB 的斜率。

由于 $f(x)$ 在区间 (a, b) 上处处有导数，所以函数 $y=f(x)$ 的图

象在区间 (a, b) 上处处有切线。$\forall x_1, x_2 \in (a, b)$，不妨设 $x_1 < x_2$，当 x 在区间 (x_1, x_2) 上从左端点 x_1 变化到右端点 x_2 时，函数图象的切线也会随之变化。从直观上看，能找到一点 $T(x_0, f(x_0))$，使函数 $y=f(x)$ 的图象在点 T 处的切线与直线 AB 平行。因此，存在 $x_0 \in (x_1, x_2)$，使得 $\frac{\Delta y}{\Delta x}=f'(x_0)>0$，从而函数 $y=f(x)$ 在区间 (a, b) 上单调递增。

于是，从“数”“形”两方面我们都可以得出，在某个区间上导数恒大于 0，则函数在该区间单调递增。同理，在某个区间上导数恒小于 0，则函数在该区间单调递减。

问题 5 如果在某个区间 I 上恒有 $f'(x)=0$，那么函数 $f(x)$ 有什么特性?

分析 如果在某个区间 I 上恒有 $f'(x)=0$，那么对于区间 I 上任意一点 x_0，函数 $y=f(x)$ 的图象在点 $(x_0, f(x_0))$ 处的切线的斜率为 0，从而函数图象在该点处的切线平行于 x 轴，在 $(x_0, f(x_0))$ 附近几乎没有升降。由于 x_0 是区间 I 上任意一点，所以函数 $y=f(x)$ 的图象在任意一点 $(x_0, f(x_0))$，$x_0 \in I$ 附近几乎没有升降，从而函数 $y=f(x)$ 在区间 I 上为常数函数，即 $f(x)=c$（c 为常数）。

【设计意图】教师先引导学生验证学过的常见函数，深化对所得结论的理解，再从“形”回到“数”，进一步引导学生经历从特殊到一般的过程，抓住导数和函数单调性的定义之间的关系来证明一般性的结论，由学生自主探究、分组展示、互相点评，深化对知识的理解。

（四）应用探索

例 1 利用导数判断下列函数的单调性。

(1) $f(x)=x^3+3x$； (2) $f(x)=\sin x-x$，$x\in(0, \pi)$；

(3) $f(x)=\frac{x-1}{x}$； (4) $f(x)=e^x-x$。

活动 3 用几何画板画出以上四个函数的图象，观察、验证得到的结论。

总结 一般情况下，可以通过如下步骤判断函数 $y=f(x)$ 的单调性：

第 1 步，确定函数的定义域；

第 2 步，求出 $f'(x)$ 的零点；

第 3 步，用 $f'(x)$ 的零点将 $f(x)$ 的定义域划分为若干个区间，列表给出 $f'(x)$ 在各个区间上的正负，由此得出函数 $y=f(x)$ 在定义域内的单调性。

例 2 已知导函数 $f'(x)$ 的下列信息：

当 $1<x<4$ 时，$f'(x)>0$；

当 $x<1$，或 $x>4$ 时，$f'(x)<0$；

当 $x=1$，或 $x=4$ 时，$f'(x)=0$。

试画出函数 $f(x)$ 图象的大致形状。

【设计意图】 例 1 利用导数法判断函数的单调性，并画出图象检验，同时规范了利用导数研究函数单调性的书写。例 2 从图象上感知原函数与导函数的关系，体现了导数法研究函数单调性的优越性。两个例题强化了导数法解决函数单调性的问题，加强了学生对结论的理解和应用。

（五）总结归纳

问题 6 通过本节课的学习，你学到了什么知识？能解决哪些问题？你的收获与感受是什么？

教师小结 本节课从曲线切线斜率与函数单调性的联系入手，研究了导数与函数单调性的关系。可以通过判断 $f'(x)$ 的正负判断函数 $f(x)$ 的单调性，以及确定单调区间。研究的过程经历了数学建模、由形到数、由数到形，体会了数形结合的重要数学思想。

【设计意图】 培养学生学习—总结—学习—反思的良好习惯，让学生通过自我评价来获得成功的快乐，提高学生学习的自信心。

四、课例评析

育人是教育的最终目标，是教师的职责，也是课堂教学的价值所在。本节课的各个环节充分体现数学学科育人的特点，从知识育人、技能育人、活动育人、思想育人、生活育人五个方面入手，凸显以学科核心素养为使命的育人取向。

（一）知识育人——传授学科知识，形成学科语言

学科教学最基本的任务是传授学科知识。本节课中，教师从实际问题出发，让学生通过观察，发现函数的单调性与函数图象的切线斜率有关，进一步发现导数与函数的单调性有关。从而自然提出问题 3，解决了为什么要学习本节内容的问题，激发学生求知的主动性和自觉性。同时，借助几何画板动态演示，引导学生观察得出结论，但不能确保结论具有一般性，由此，教师提出问题 4，让学生判断问题 3 得出的结论是否具有一般性。学生用已经学习的平均变化率、瞬时变化率、导数的定义和几何意义等知识，可以很容易回答问题 4。另外，本节内容也为后面学习函数的极值、最值做铺垫。教师适当的安排让知识之间建立了联系，让学科知识有了前后依托，给学生形成学科语言提供了基础条件。

（二）技能育人——习得专业技能，发展学生能力

“授人以鱼不如授人以渔”，对数学学科教学而言，教师不仅要传授给学生知识的方法和技巧，还要教会学生学科的专业技能。本节课中，教师基本遵从研究数学问题的一般思路：实际问题—抽象建模—实例验证—证明结论—应用探索—回顾反思，内容设计层层递进。通过本节课的学习，学生能了解研究问题的步骤和方法，解决问题的能力也得到提升。如“应用探索”环节的设计体现了对学生学科专业技能的培养。例 1 的第（1）和第（2）问都可以得出导数符号不变的结论，从而可以直接利用导数的正负判断函数的单调性，并求出单调区间。例 1 的第（4）问通过简单分段，也能判断导数的正负，或者借助几何画板画出函数的图象，用图象直观验证，得到结论。同时，教师引导学生总结解题步骤，强化学生利用导数判断函数 $y=f(x)$ 单调性的能力。例 2 要求学生依据导函数$f'(x)$的正负信息分析原函数$f(x)$的图象特征，并画出图象的大致形状，相当于从结论的反面入手，强化了解题技能。教师差异化设置问题，让学生从多个角度理解导数与函数单调性的关系，使学生习得了技能，发展了能力。

（三）活动育人——参与实践活动，体验学习过程

学科教学本质上是一种认识的过程，这个过程是由一系列活动串联起来的，学生在教师的引导下，有计划、有目的地参与活动，从而获取知识、体悟人生。本节课中，教师从学生的认识水平出发，给学生提供课堂参与机会，让学生在动手操作和尝试探索中验证猜想、掌握方法、体会思想、形成技能。如在“概念形成”环节，教师通过几何画板，让学生从一个实例发现问题，并猜想得出结论。再如，在“概念深化”环节，教师根据认知规律及数学研究的思路设计了两个活动来验证猜想。活动 1 中，教师引导学生经历从特殊到一般的过程，让学生自主探究，符合学生认知水平，再通过小组讨论，强调合作学习，体现了学科活动的实践性、探究性、综合性和协作性。活动 2 从导数和函数单调性的定义出发研究两者的关系，抽象性强，要求较高。教师设计小组讨论，让学生体会“劳动”才能出“硕果”。学生在与同伴的协作中，懂得尊重他人和改变自己，实现“自我育人”“同伴育人”“环境育人”。

（四）思想育人——重视思维培养，滋养生命成长

本节课中，教师以实际情境引入，引导学生实现从实际问题抽象到数学问题的过程，体现了数学课堂教学对培养学生数学建模核心素养的要求。另外，利用图表精练问题中的核心要素，建立导数与函数单调性的联系，体现了数学课堂对培养学生数学抽象核心素养的要求。在“概念深化”环节，问题 4 强调由特例得出的结论不具有一般性，因此必须验证结论是否普遍适应。教师为此设置的两个活动，分别从“形”与“数”的角度深化研究问题，渗透了数形结合的思想，将特殊化推广到一般性，符合数学学科的严谨性。从特殊到一般，再从一般到特殊，这是认识事物的基本规律，也是数学重要的思想方法。在“应用探索”环节，例 1 和例 2 体现了导数法在研究函数单调性中的一般性和有效性，由形到数，由数到形，数形结合思想贯穿始终。教师通过典型例题的教学，由浅入深，逐层递进，让学生进行比较、分析、归纳，帮助学生在解题和反思中领悟数学思想方法在数学学习中的作用。

（五）生活育人——提炼生活经验，解决实际问题

数学知识除了来源于数学本身的逻辑推理，很大一部分是人们生活经验的积淀和提炼，学科教学恰好是逆过程。因此，教师应通过教学，将数学知识、技能、思想转化为学生的生活经验，以达到解决实际问题的目的。本节课中，在“新课引入”环节，教师通过视频引导学生观察汽车上下坡时灯光的变化情况，既吸引学生的注意力，又为实际问题的数学建模铺设了道路，激发了学生的求知欲望。教师在教学中注意提炼生活经验，在数学思想的指导下，设计合理的活动，让学生掌握数学知识和技能，提升核心素养，在面对生活难题时有胆量、有办法，体现了数学学科育人的价值。

（课例设计：钟锐　课例评析：王学建）

第 四 章

平面向量

第一节　平面向量的概念

一、教材分析

本节内容选自人教 A 版高中数学必修第二册第六章“平面向量及其应用”，是向量知识体系的起始内容。一方面，它能为其他向量知识的学习奠定基础。学生通过了解向量的实际背景，理解向量的含义及几何表示等内容，奠定学习向量的线性运算、平面向量的基本定理及坐标表示和平面向量数量积的知识基础。另一方面，它能为学习新的数学对象奠定基础。学生通过认识向量，经历向量相关概念形成的过程，可以获得认识其他数学对象的基本方法和途径，为学习和研究其他数学对象奠定方法基础。

二、教学目标

1. 理解向量的实际背景、向量的概念和向量的几何表示，掌握向量的模、零向量、单位向量、平行向量等概念。

2. 通过对向量的概念、向量的几何表示及特殊向量的研究，感受类比的思想和联系的观点，培养提出问题、研究问题的能力。

3. 经历借助有向线段表示向量的操作过程，体会数学的实用性，感受数学表达的简洁美。

三、教学设计

（一）新课引入

情境 1　通过视频呈现成语“南辕北辙”的故事。

情境 2　甲、乙两车分别以 $v_1=40$ km/h，$v_2=60$ km/h 的速度从同

一个地点出发。若甲、乙两车都向北行驶，1小时后，它们相距多少？若甲车向北，乙车向南，1小时后，它们相距多少？为什么前后两种情况，两车的速度（大小）和行驶时间相同，两车间距离却相差这么大？

情境3　甲地与乙地、丙地的距离均为10千米，一只鸟想从甲地飞到乙地，如果它从甲地出发，随意飞行10千米能否到达乙地？

教师通过三个情境引导学生了解位移和距离的联系与区别，并展示物理上的弹力、推力等图片，引导学生了解力和位移不仅与大小有关，还和方向有关。如果仅用一个数比如5 N表示力，显然不够清楚，因为不知道这个力的方向。因此有必要引入一个新的量，这就是向量。

【设计意图】 通过具体情境及学生熟悉的物理量，自然引出向量，激发学生学习的兴趣。

（二）概念形成

概念　数学中，我们把既有大小又有方向的量叫做向量，而把只有大小没有方向的量称为数量。

教师引导学生了解向量概念中的关键词：大小和方向，并与已经学习过的数量做比较。

【设计意图】 引入向量的概念，让学生理解向量与数量的区别。

（三）概念深化

问题1　结合已有经验，你打算怎样表示向量呢？

学生活动　给向量概念取名和设计符号。

说明　表示向量时，既要考虑大小，又要兼顾方向，这是一个难点。教师先给予学生充足的时间思考，再通过类比数量用数轴上的点表示，以及物理学中力的表示方法，引导学生总结向量的表示方法。

总结　向量的表示方式有以下几种。

（1）几何表示法：常用一条有向线段表示向量（如图4.1－1）。

图4.1－1

（2）符号表示法：以A为起点、B为终点的有向线段，记作$\overrightarrow{AB}$（注意起点和终点的顺序）。（思考：$\overrightarrow{AB}$与$\overrightarrow{BA}$相同吗？）

(3) 字母表示法：可将$\overrightarrow{AB}$表示为$\boldsymbol{a}$（注意规范书写，印刷用黑体$\boldsymbol{a}$，书写用$\vec{a}$）。

(4) 向量$\overrightarrow{AB}$的大小，即向量$\overrightarrow{AB}$的长度（或称为向量的模），记作$|\overrightarrow{AB}|$。

同时，教师播放一段有关向量由来及向量符号演变的视频，学生感叹不已。

问题 2 数量中有“0”“1”等，向量中有没有与之相似的量？如果有，又怎样定义这些特殊的量呢？

说明 教师先引导学生类比实数，从实数的认知经验出发，引入零向量、单位向量；再引导学生从大小、方向两个角度去理解零向量和单位向量。同时，让学生找出一些长度为 0 的向量，加深对零向量的理解。

问题 3 指出图 4.1－2 中各个向量的模，规定小方格的边长为 0.5，其中有没有单位向量，有几个？

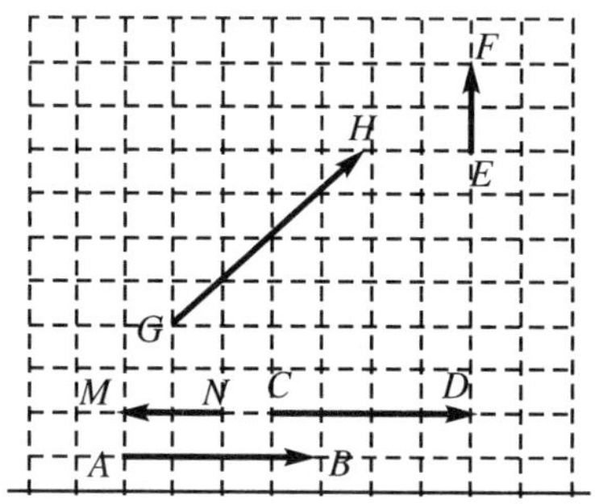

图 4.1－2

问题 4 从方向上看，图 4.1－2 中向量与向量之间形成了怎样的特殊关系？

说明 引入平行向量（共线向量），并比较它们之间的大小。

【设计意图】 教师设置问题让学生自主思考并适当引导，使学生深入理解向量的概念和表示方法。学生通过练习反馈所学内容，加深对向量的模、单位向量的理解。同时，引入平行向量（共线向量），加深学生对向量的大小和方向两个要素的认识。

（四）应用探索

例 1 下列说法中正确的个数有几个？（　　）

①身高是一个向量；②$\angle AOB$ 的两条边都是向量；③温度包含零上温度和零下温度，所以温度是向量；④物理学中的加速度是向量。

A. 0　　B. 1　　C. 2　　D. 3

例 2　一辆汽车从 A 点出发向西行驶 100 km 到达 B 点，然后改变方向向西偏北 50°走 200 km 到达 C 点，最后又改变方向，向东行驶 100 km 到达 D 点。

(1) 作出向量$\overrightarrow{AB}$，$\overrightarrow{BC}$，$\overrightarrow{CD}$；(2) 求$|\overrightarrow{AD}|$。

【设计意图】通过例题，加深学生对向量概念和向量的几何表示的理解。同时，教师做进一步的延伸，指出向量可以用坐标表示，从而将“数”与“形”有机地结合在一起，实现用向量这个工具处理距离、角度等几何问题，为后续的学习做铺垫。

（五）总结归纳

思考　这节课我们对现实世界中既有大小，又有方向的一种量（向量）进行了数学归纳、抽象和定义，并围绕这个基本概念，探究了它的表示方式，学习了特殊向量等知识。实际上，今天我们不仅仅是在探究向量体系，也经历了建立一个数学知识体系的过程，即抽象定义、形象表示、关注特殊元、认识两元关系。请同学们继续用类比的思想、联系的观点，以及延续本节课研究向量的基本方法，思考接下来研究向量的哪些内容。

【设计意图】本节课用了较大的精力去抽象定义、形象表示、认识特殊。一方面，希望学生认识到探索过程的价值；另一方面，希望学生通过这节课，经历多个数学概念的形成过程，体会其中蕴涵的合理的思维方式和数学思想，从而得到研究新事物的基本方法。同时，检查学生对本节内容的理解水平，以及激发与保护学生的探索兴趣。

四、课例评析

平面向量既是联系几何与代数的桥梁，也是数学的工具性知识。本节课中，教师利用了故事活动、问题串活动、几何画板引领教学，将学科育人渗透到教学环节中。

（一）故事活动——学科育人的有效载体

故事活动是指以故事的形式阐释数学知识，渗透数学思想，领悟数学道理，品味数学文化的数学活动。好的故事和学习探究过程，能起到激趣、至善、孕思、审美、联结的作用，它是学科育人的一个有效载体。

本节课中，教师用视频的方式呈现成语“南辕北辙”的故事进行新课引入，绚丽的画面一下子抓住学生的眼球，再加上故事内容中人物的对话，诸如“楚国在南方，你的马车往北方走，能走得到吗?”等，学生不知不觉沉浸其中，自发探究其中的奥秘。教师再适当点拨，使学生意识到问题的关键就是方向，从而引出现实生活中存在着既有大小又有方向的量，体现了数学知识来源与应用的广泛性。此外，这个故事中的商人不听劝告，一意孤行，最终吃了不少苦头，由此告诉学生应该虚心听取他人意见。如此，将“理”蕴藏在故事中，让学生在智慧探索的过程中明白道理，养成良好的品质。

在“概念深化”环节，教师设计了“给向量概念取名和设计符号”的学生活动及向学生讲述向量发展的历史故事。这一套“组合拳”为学生打开了一扇门，开阔学生眼界，使学生明白他们对向量符号设计的困惑，数学家们也经历过。历史故事中数学家在遇到困难时是如何思考问题，最终又是如何解决问题的，这些过程都有利于培养学生正确的数学思维和数学观念，体现了史料育人的功能。

（二）问题串活动——学科育人的有效途径

学科育人目的是让学生能够像学科专家那样思考、解决问题。如何才能达到这种效果呢？设置问题串是一个有效的途径。好的问题能够促进学生获得主动发现的机会。从建构主义的观点看，问题是为知识系统和认知结构的建构准备的素材，而活动是建构的操作过程。学生通过探索、发现和创造，即自我建构，达到获取知识和形成能力的目的。因此，教师可以设计一些问题串，以问导学，引领学生经历学科活动的全过程，形成相应的思维方式。

本节课涉及向量、数量、有向线段等概念，概念较多，容易混淆。教师通过四个问题激活学生已有的相关经验和知识，如彩线串珠般地把这些概念串联起来。如问题 2 由实数中的特殊元素“0”和“1”，类比得到特殊向量——零向量和单位向量。再如问题 4 通过观察坐标方格中向量的关系，引导学生给出平行向量、相等向量和共线向量的有关概念。这种从特殊到一般，逐步抽象的思维过程，有利于提高学生的抽象思维能力。

（三）几何画板——学科育人的有力工具

几何画板是一款动态几何工具，适用于数学的分析、作图等，它有强大的作图、动画演示等功能。几何画板技术与数学课堂教学深度融合，能使静态的数学图形运动起来，展示数学的动态之美、直观之美、图形之美、逻辑之美，激发学生学习数学的兴趣，有助于发展学生的数学学科核心素养，打开学科育人的另一扇窗。

零向量对学生而言看不见、摸不着。本节课中，教师利用几何画板的动态效果让学生“看见”零向量，充分理解零向量的方向是任意的。

总而言之，在数学教学过程中，教师要以学生发展为本，落实立德树人根本任务，将知识传授与育人有机结合，达到润物细无声的教育效果，帮助学生树立正确的世界观、人生观和价值观，明确自身目标，成为德才兼备的人。

（课例设计：谭淇尹　课例评析：梁竹）

第二节　平面向量的减法运算

一、教材分析

本节内容选自人教 A 版高中数学必修第二册第六章“平面向量及其应用”。向量在数学和物理中应用广泛。学生已经了解了向量的加法运算，本节课接触向量的另一种运算——减法。本节课主要学习相反向量和向量减法的三角形法则。学生通过类比数的减法，得到向量的减法及其几何意义，锻炼了化归思想和数形结合思想。本节课不仅加深了学生对向量加法运算及其几何意义的理解，也为后面学习向量的数乘运算及其几何意义提供了指导性思想。

二、教学目标

1. 掌握相反向量的概念及其在向量减法中的意义，培养数学抽象核心素养。

2. 掌握向量的减法，并理解其几何含义，培养数学运算、直观想象等核心素养。

3. 培养类比思想、数形结合思想及化归思想。

三、教学设计

（一）复习旧知

问题 1　在上一节课中，我们学习了向量加法的什么法则？它们有什么特点？

【设计意图】复习旧知，引起学生注意，使学生迅速集中思维；铺设桥梁，衔接新知与旧知，为本节课的学习做铺垫。

（二）提出问题

没有运算的向量只能起到路标作用，有了运算的向量力量无穷。学生通过向量加法的学习，已经感受到运算赋予向量加法的力量。在此基础上继续学习向量的减法。

问题 2 如何定义向量的减法法则？用怎样的符号表示？如何理解向量的减法及其几何意义？

问题 3 在数的运算中，减去一个数等于加上这个数的相反数。类比数的减法，在学习向量的减法时，是否也有这样相反的向量呢？

问题 4 一架飞机由南宁飞往北京，再由北京返回南宁。飞机的两次位移用向量如何表示？

问题 5 物理学中作用力与反作用力是如何定义的呢？它们具有怎样的关系？

问题 6 结合作用力与反作用力的特点，你能否在一个正六边形中，找到具有这种特点的两个量？

问题 7 满足如作用力与反作用力特点的两个量互为相反向量，可以用怎样的数学符号表示呢？

提示 我们规定，与向量$\boldsymbol{a}$长度相等，方向相反的向量，叫做$\boldsymbol{a}$的相反向量。

【设计意图】结合生活经验创设学习情境，通过问题实现向量加法到向量减法的过渡，符合学生的认知规律。类比数的减法，为学生自主研究向量的减法提供了思考的角度，渗透类比等数学思想，引入由特殊到一般、由局部到整体等研究问题的一般方法。同时从实际生活引入新知，激发学生学习的兴趣。

（三）探究法则

问题 8 在数的运算中，有 $a-b=a+(-b)$，向量的减法是否也有类似的运算呢？

由学生进行小组探究得到向量的减法法则：$\boldsymbol{a}-\boldsymbol{b}=\boldsymbol{a}+(-\boldsymbol{b})$，即减去一个向量相当于加上这个向量的相反向量。

问题 9 小组探究，对于已知的非零向量 $\boldsymbol{a}$，$\boldsymbol{b}$，如何作图得到 $\boldsymbol{a}-\boldsymbol{b}$？

学生进行小组探究后，教师让学生代表进行实物投影展示做法，使学生体会向量的减法可以转化为向量的加法来运算。

问题 10 设$\overrightarrow{OA}=\boldsymbol{a}$，$\overrightarrow{OB}=\boldsymbol{b}$，能否直接求出$\boldsymbol{a}-\boldsymbol{b}$?

学生完成问题 10 后，教师引导学生总结作图的具体步骤及应用口诀。

【设计意图】 引导学生将问题转化为学习任务，视学习任务的综合程度、能力要求配置自主或合作的探究方式。学生通过交流展示、讨论辨析、质疑反思，加深对向量减法概念、原理的理解，形成有逻辑的知识结构。同时，强化了学生活动，让学生经历从自我发现到动手体会向量减法的过程，体现了数学学习中学生的主体地位。

（四）巩固基础

例 1 如图 4.2-1，已知向量$\boldsymbol{a}$，$\boldsymbol{b}$，$\boldsymbol{c}$，$\boldsymbol{d}$，求作向量$\boldsymbol{a}-\boldsymbol{b}$，$\boldsymbol{c}-\boldsymbol{d}$。

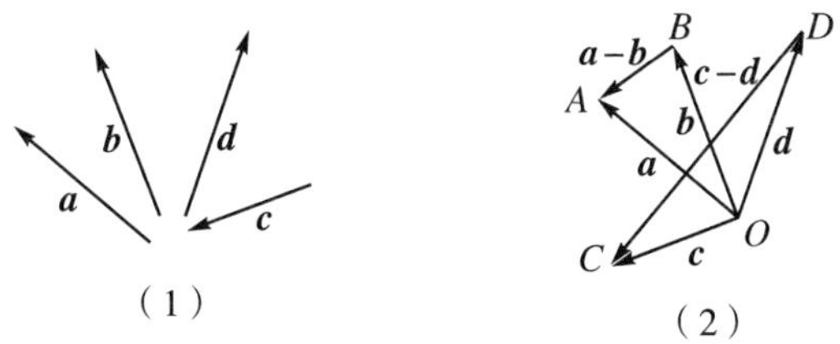

图 4.2-1

练习 如图 4.2-2，已知$\boldsymbol{a}$，$\boldsymbol{b}$，分别求作$\boldsymbol{a}-\boldsymbol{b}$。

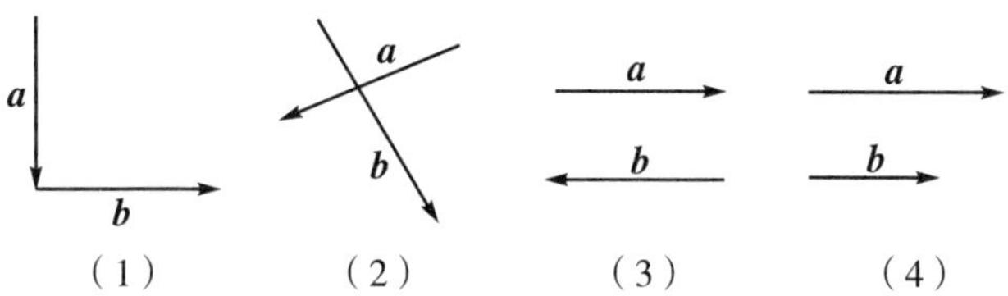

图 4.2-2

例 2 如图 4.2-3，在▱$ABCD$中，$\overrightarrow{AB}=\boldsymbol{a}$，$\overrightarrow{AD}=\boldsymbol{b}$，你能用$\boldsymbol{a}$，$\boldsymbol{b}$表示向量$\overrightarrow{AC}$，$\overrightarrow{DB}$吗?

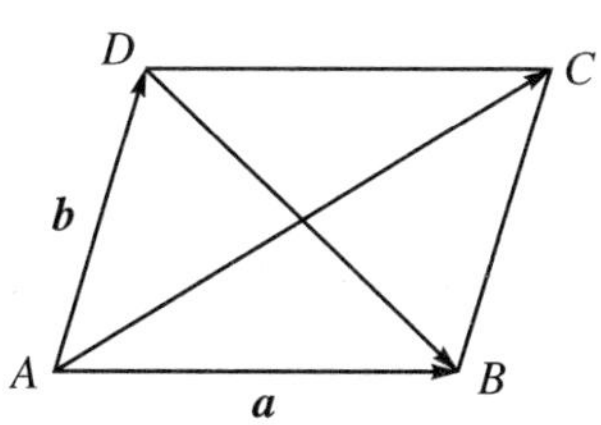

图 4.2-3

【设计意图】对向量减法定义的理解是本节课的难点，教师通过例题的层层深入设置，将难点化解在问题解决中，使学生及时巩固新知识，熟悉求两个向量的差的几何作图技能，并通过例题总结向量作差的方法和技巧。

（五）知识运用

例 3 化简：(1) $\overrightarrow{AB}-\overrightarrow{DC}+\overrightarrow{BC}=$________；(2) $(\overrightarrow{MA}+\overrightarrow{BN})-(\overrightarrow{CA}+\overrightarrow{CB})=$________；(3) $\overrightarrow{BA}-(\overrightarrow{BD}-\overrightarrow{AC})-\overrightarrow{CD}=$________。

提示 借助向量加法中的首尾相接，减法共起点的口诀，以及相反向量的知识，实现向量加法与减法之间的灵活转化。

例 4 已知点 O 是四边形 $ABCD$ 所在平面的任意一点，且满足$\overrightarrow{OA}+\overrightarrow{OC}=\overrightarrow{OD}+\overrightarrow{OB}$，判断四边形 $ABCD$ 的形状。

【设计意图】巩固所学知识，进一步完善认知结构，同时让学生对自己的学习进行自我评价。

（六）总结归纳

思考 今天我们探究了哪些数学知识？体验了哪些数学思想方法？

【设计意图】设置开放性问题，让学生通过回顾、反思，将知识条理化、系统化，同时也让本节课的主题得到升华。

四、课例评析

本节课中，教师以问题链的方式引领学生探究，用类比的方法引导学生发现和发展知识，培养和发展学生的数学运算、直观想象、逻辑推理等核心素养，有效地实现了数学学科育人的目的。

（一）回归本体，思维育人

回归本体有两层含义，一是回归数学知识本体，二是回归学生本体。问题设在学生的最近发展区，结合学生现有的认知水平，层层递进，由简到繁。问题链抛出后，由学生自主探究、交流、分享，教师再点拨、评析。这样生生互助互学，充分体现合作学习和探究学习的精神。

本节课渗透了类比、特殊与一般、分类讨论和数形结合的思想。教师类比数的运算得出向量的运算法则，将向量减法分共线和不共线，共线分同向和反向来讨论。在有序思维的引导下，学生能够主动将新旧知识进行类比和整理，将已学过的知识串联成数学知识系统，每增加一项新知识，能够自动归档并消化。这对于帮助学生提高数学能力、内化新知识具有重要的意义。

（二）聚焦学科，活动育人

本节课中，教师整合教材内容，重点发展学生的直观想象、逻辑推理和数学抽象核心素养。如位移的减法及作图验证运算律都充分发展了学生的直观想象核心素养。为探究向量的减法法则，建立了三角形模型，类比实数的减法运算猜想向量的减法运算，发展了学生的逻辑推理核心素养。用位移求和给向量的减法下定义，发展了学生的数学抽象核心素养。同时，教师引导学生进行多角度、多方位、多层次探究，创设主动探究的学习情境，透过现象看本质，开发学生思维的延展性，通过活动育人。

（三）享受数学，审美育人

本节课中，教师语言精练，富有启发性和激励性，在题目讲解中紧扣概念、定理，注重逻辑，达到优化学生数学思维、减少非智力因素干扰、提升学生信心和勇气的目的。教师在学生完成答题后，进行总结，提炼重要结论和方法，形成知识结构系统，让学生融会贯通。如让学生感受实数减法运算与向量减法运算，位移、力的合成与向量减法运算法则的规律、和谐之美。学生通过探究后每解决一个问题就获得一次成功的体验。尤其像教师“这个方法我也没想到”这样的示弱，可以进一步提升学生的成就感，让学生享受探究数学的喜悦，激发学生学习数学的兴趣。

教师充分发挥学生的主体作用，使学生从被动接收变为主动建构，提高学生的综合能力，加深学生对数学思想和核心素养的感悟。教师站在数学体系、数学思想、核心素养、立德树人的高度上对学生进行指导，让知识结构形成联系、具有逻辑，使学生实现从无意识记忆向有意识记忆、从机械识记到意义识记（理解识记）的过渡。

（课例设计：梁竹　课例评析：谭淇尹）

第三节　平面向量的数量积

一、教材分析

本节内容选自人教A版高中数学必修第二册第六章“平面向量及其应用”第二节“平面向量的运算”。学生在学习本节内容之前，已熟知实数的运算体系，掌握向量的概念及其线性运算和“功”等物理知识，并且初步体会了研究向量运算的一般方法。本节课的主要内容是向量的数量积的定义及运算律，让学生了解由特殊到一般再由一般到特殊的认识规律和体会概念法则的学习过程。

二、教学目标

1. 了解平面向量数量积的物理背景，理解其含义及意义。

2. 体会平面向量的数量积与向量投影的关系，掌握平面向量数量积的性质和运算律，并能运用性质和运算律进行相关的判断和运算。

3. 体会类比的数学思想方法，进一步培养学生抽象概括、推理论证的能力。

三、教学设计

（一）温故知新，明确方向

问题1　请同学们回顾一下，我们已经研究了向量的哪些运算？这些运算的结果是向量还是数量？

提示　前面研究了向量的加法、减法及数乘运算，这些运算的结果还是向量。

问题2　向量的加法运算是如何引入的？又是按照怎样的顺序研究这

种运算的？

提示　物理模型→概念→性质→运算律→应用。

新课引入　本节课我们仍然按照这种研究思路来研究向量的另外一种运算——平面向量的数量积。

【设计意图】通过回顾旧知，让学生明白新旧知识的联系，以及明确研究平面向量数量积的途径。

（二）探究新知，明晰概念

情境　如图 4.3－1 所示，一物体在力 $\boldsymbol{F}$ 的作用下产生位移 $\boldsymbol{s}$，那么力 $\boldsymbol{F}$ 所做的功 $W=|\boldsymbol{F}||\boldsymbol{s}|\cos\theta$（其中 $\boldsymbol{F}$ 和 $\boldsymbol{s}$ 是向量，θ 是 $\boldsymbol{F}$ 与 $\boldsymbol{s}$ 的夹角，功是数量）。

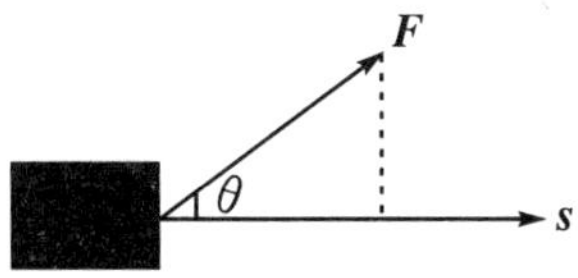

图 4.3－1

问题 3　如果我们将公式中的力与位移推广到一般向量，其结果又该如何表述？

问题 4　两个向量的夹角指的是什么？（展示课件）

定义　已知两个非零向量 $\boldsymbol{a}$ 与 $\boldsymbol{b}$，它们的夹角为 θ，我们把数量 $|\boldsymbol{a}||\boldsymbol{b}|\cos\theta$ 叫做向量 $\boldsymbol{a}$ 与 $\boldsymbol{b}$ 的数量积（或内积），记作 $\boldsymbol{a}\cdot\boldsymbol{b}$，即 $\boldsymbol{a}\cdot\boldsymbol{b}=|\boldsymbol{a}||\boldsymbol{b}|\cos\theta$。其中，把 $|\boldsymbol{b}|\cos\theta$ 叫做向量 $\boldsymbol{b}$ 在向量 $\boldsymbol{a}$ 方向上的投影。

问题 5　向量 $\boldsymbol{b}$ 在向量 $\boldsymbol{a}$ 方向上的投影是一个什么量（向量或数量）？它与向量 $\boldsymbol{a}$ 在向量 $\boldsymbol{b}$ 方向上的投影是否相同？

提示　向量 $\boldsymbol{b}$ 在向量 $\boldsymbol{a}$ 方向上的投影是一个数量，它与 $|\boldsymbol{b}|$ 和两个向量的夹角有关，与向量 $\boldsymbol{a}$ 在向量 $\boldsymbol{b}$ 方向上的投影是不一样的，但它们的值可能会相同。

问题 6　$\boldsymbol{a}\cdot\boldsymbol{b}$ 与 $\boldsymbol{b}\cdot\boldsymbol{a}$ 的运算结果是否一样？

提示　$\boldsymbol{a}\cdot\boldsymbol{b}$ 与 $\boldsymbol{b}\cdot\boldsymbol{a}$ 的运算结果一样，因为 $\boldsymbol{a}\cdot\boldsymbol{b}=|\boldsymbol{a}||\boldsymbol{b}|\cos\theta$，$\boldsymbol{b}\cdot\boldsymbol{a}=|\boldsymbol{b}||\boldsymbol{a}|\cos\theta$。

问题 7　$\boldsymbol{a}\cdot\boldsymbol{b}$ 与 $|\boldsymbol{a}||\boldsymbol{b}|$ 有何区别和联系？

提示 它们的运算结果都是一个实数，但意义不同。$\boldsymbol{a}\cdot\boldsymbol{b}$ 是两个向量的数量积，$|\boldsymbol{a}||\boldsymbol{b}|$ 是两个向量的模的乘积，其结果满足 $\boldsymbol{a}\cdot\boldsymbol{b}\leqslant|\boldsymbol{a}||\boldsymbol{b}|$，因为 $-1\leqslant\cos\theta\leqslant1$。

规定 零向量与任一向量的数量积为 0。

注意 ①两个向量的数量积结果是一个数量，符号由夹角决定。②$\boldsymbol{a}\cdot\boldsymbol{b}$ 中间的“·”不能省略，且 $\boldsymbol{a}\cdot\boldsymbol{b}$ 不能写成 $\boldsymbol{a}\times\boldsymbol{b}$，因为 $\boldsymbol{a}\times\boldsymbol{b}$ 表示向量的另一种运算，$\boldsymbol{a}\times\boldsymbol{b}=|\boldsymbol{a}||\boldsymbol{b}|\sin\langle\boldsymbol{a},\boldsymbol{b}\rangle$。

【设计意图】通过材料展示，让学生认识向量的数量积的实际背景，使学生在形式上认识向量数量积的定义。另外，从数学和物理两个角度创设问题情境，使学生明白为什么要研究这种运算，从而产生强烈的求知欲望。

（三）探究运算，掌握性质

问题 8 向量数量积的性质有哪些？先独立思考再进行小组讨论。

提示 设 $\boldsymbol{a}$ 和 $\boldsymbol{b}$ 都是非零向量，则：

（1）θ 为锐角 $\Leftrightarrow\boldsymbol{a}\cdot\boldsymbol{b}>0$，$\theta$ 为钝角 $\Leftrightarrow\boldsymbol{a}\cdot\boldsymbol{b}<0$。

（2）$\boldsymbol{a}\perp\boldsymbol{b}\Leftrightarrow\boldsymbol{a}\cdot\boldsymbol{b}=0$（这是判断两个向量垂直的重要依据）。

（3）当 $\boldsymbol{a}$ 与 $\boldsymbol{b}$ 同向时，$\boldsymbol{a}\cdot\boldsymbol{b}=|\boldsymbol{a}||\boldsymbol{b}|>0$；当 $\boldsymbol{a}$ 与 $\boldsymbol{b}$ 反向时，$\boldsymbol{a}\cdot\boldsymbol{b}=-|\boldsymbol{a}||\boldsymbol{b}|<0$。特别地，$\boldsymbol{a}\cdot\boldsymbol{a}=|\boldsymbol{a}|^2$ 或 $|\boldsymbol{a}|=\sqrt{|\boldsymbol{a}|^2}=\sqrt{\boldsymbol{a}\cdot\boldsymbol{a}}=\sqrt{\boldsymbol{a}^2}$。

（4）$\cos\theta=\dfrac{\boldsymbol{a}\cdot\boldsymbol{b}}{|\boldsymbol{a}||\boldsymbol{b}|}$（这是计算两个向量夹角的一个重要方法）。

（5）$\boldsymbol{a}\cdot\boldsymbol{b}=\boldsymbol{b}\cdot\boldsymbol{a}$，$\boldsymbol{a}\cdot\boldsymbol{b}\leqslant|\boldsymbol{a}||\boldsymbol{b}|$。

（6）对于向量 $\boldsymbol{a}$，$\boldsymbol{b}$，$\boldsymbol{c}$ 和实数 λ，$(\lambda\boldsymbol{a})\cdot\boldsymbol{b}=\boldsymbol{a}\cdot(\lambda\boldsymbol{b})=\lambda(\boldsymbol{a}\cdot\boldsymbol{b})$，$(\boldsymbol{a}+\boldsymbol{b})\cdot\boldsymbol{c}=\boldsymbol{a}\cdot\boldsymbol{c}+\boldsymbol{b}\cdot\boldsymbol{c}$。

【设计意图】教师引导学生由前面问题的结论推理得到向量数量积的运算性质，培养学生由特殊到一般的思维方法和类比创新的意识。

（四）规范解题，形成习惯

例 1 （1）已知 $|\boldsymbol{a}|=5$，$|\boldsymbol{b}|=4$，$\boldsymbol{a}$ 与 $\boldsymbol{b}$ 的夹角为 60°，求 $\boldsymbol{a}\cdot\boldsymbol{b}$；（2）已知等边三角形 ABC 的边长为 $\sqrt{3}$，求 $\overrightarrow{AB}\cdot\overrightarrow{BC}$。

练习 设 $|\boldsymbol{a}|=12$，$|\boldsymbol{b}|=9$，$\boldsymbol{a}\cdot\boldsymbol{b}=-54\sqrt{2}$，求 $\boldsymbol{a}$ 与 $\boldsymbol{b}$ 的夹角。

例 2 已知 $|\boldsymbol{a}|=6$，$|\boldsymbol{b}|=4$，$\boldsymbol{a}$ 与 $\boldsymbol{b}$ 的夹角为 60°，求：

(1) $(\boldsymbol{a}+2\boldsymbol{b})\cdot(\boldsymbol{a}-3\boldsymbol{b})$;

(2) $|\boldsymbol{a}|+|\boldsymbol{b}|$。

例3 已知$|\boldsymbol{a}|=3$，$|\boldsymbol{b}|=4$，且$\boldsymbol{a}$与$\boldsymbol{b}$不共线。当k为何值时，向量$\boldsymbol{a}+k\boldsymbol{b}$与$\boldsymbol{a}-k\boldsymbol{b}$互相垂直?

【设计意图】 通过典型例题和练习，明确两个向量的夹角决定它们的数量积的符号，让学生进一步从细节上理解向量数量积的定义，同时通过计算巩固对向量数量积定义的理解，提升数学学科核心素养。

(五) 回顾所学，提炼总结

总结 1. 向量的数量积的物理模型是力做功。

2. 向量的数量积的定义及应用。

3. 利用向量数量积的性质和运算可以求两个向量的夹角、向量的模等。

【设计意图】 通过讨论总结，加强学生对向量的数量积概念的理解和掌握，让学生体会整个内容的研究过程，理解学习这些内容的作用和意义等。

四、课例评析

平面向量的数量积是继向量的线性运算之后的又一重要运算，也是高中数学的一个重要概念，在数学、物理等学科中应用广泛。本节课中，教师结合物理学科“功”的计算，引入平面向量数量积的运算，体现了学科间的有机融合，让学生明白学科知识之间的联系，探索相关知识的新内涵。教师较好地落实了“物理模型→概念→性质→运算律→应用”主线，课堂中始终贯穿培养思维，落实立德树人这一教育目标。

(一) 活动育人——让学生在主动探索中提升能力

教师在引入新知识时，以物理学科“功”的计算为切入点，引导学生思考向量的运算是否也有相应的结论，同时，注意到特殊条件和具体情境，与学生一起不断发现和研究，让学生把这些感悟融入自己的知识结构中，形成善于思考的习惯，激发学生探究的兴趣。教师在教学过程中较好地通过学科活动对学生进行思维迁移训练，从物理学科的力、位移、功等矢量与标量间的关系迁移到数学学科的向量与数量间的关系，让学生寻找学科间相关知识的内在联系，激发学生学习数学的兴趣，养成探索钻研的精神。

（二）审美育人——让学生发现数学美，提升审美能力

审美教育是培养学生认知美、喜欢美、欣赏美，进而创造美的能力的教育。本节课中，教师不断让学生去发现公式中的结构、形式以及它们内在的关系，让学生形成良好的审美情趣。很多公式、结论的得来无不体现着结构、形式之美，如由公式 $\boldsymbol{a}\cdot\boldsymbol{b}=|\boldsymbol{a}||\boldsymbol{b}|\cos\langle\boldsymbol{a},\boldsymbol{b}\rangle$，可以发现 $\boldsymbol{a}\cdot\boldsymbol{b}=\boldsymbol{b}\cdot\boldsymbol{a}$，$|\boldsymbol{a}||\boldsymbol{b}|=|\boldsymbol{b}||\boldsymbol{a}|$，$\langle\boldsymbol{a}\cdot\boldsymbol{b}\rangle=\langle\boldsymbol{b}\cdot\boldsymbol{a}\rangle$，充分展现了对称之美。教师通过深刻的剖析，让学生发现知识的本质，使学生能够运用相关知识解决实际问题，提升知识运用能力和审美能力。

（三）思维育人——强化数学学习的特点，促进学生思维品质提升

数学学科是思维的学科，对思维的要求很强。在教学过程中，教师应注重培养学生的思维，并持之以恒，学生将会收获巨大，受益终身。本节课中，教师从“数”和“形”上对向量的数量积进行深度挖掘，这是一个有效的教学过程，让学生能很好地发现知识的来龙去脉，形成知识网络。但对于向量的数量积公式 $\boldsymbol{a}\cdot\boldsymbol{b}=|\boldsymbol{a}||\boldsymbol{b}|\cos\langle\boldsymbol{a},\boldsymbol{b}\rangle$，为什么不是定义成 $\boldsymbol{a}\cdot\boldsymbol{b}=|\boldsymbol{a}||\boldsymbol{b}|\sin\langle\boldsymbol{a}\cdot\boldsymbol{b}\rangle$，教材和教师都没有提到。教师是不是可以提出这样的问题让学生思考，也许会收到一些意想不到的惊喜。长此以往，学生也将会慢慢地提出一些小问题并进行思考。这是教学的变革，教师不是教育变革实践的操作者，而是有创生能力的变革者。“新基础教育”很长时间没有操作手册，就是希望教师去研究，而不是去操作。“新基础教育”现有的经验，就是希望教师去深思，而不是去照搬，因为转型是在研究变革实践的创生中完成的。

（四）本节课可优化的地方

教材中关于向量 $\boldsymbol{a}$ 在向量 $\boldsymbol{b}$ 方向上的投影的概念（把 $|\boldsymbol{b}|\cos\langle\boldsymbol{a},\boldsymbol{b}\rangle$ 称为向量 $\boldsymbol{b}$ 在向量 $\boldsymbol{a}$ 方向上的投影），教师在教学中可以将其作为一个重点来讲，这也是解决向量中的最值与范围问题的有力工具。比如图形中出现与所求向量数量积有关的垂直条件，尤其是垂足确定的条件，或者是从模的角度出发，在解决数量积的范围问题时，如果所求向量数量积中有一个向量的模是定值，那么用投影解决将会收到奇效。当然，在一节概念课中，教师也很难面面俱到，很难把每一个知识点和解题技巧都

渗透，但作为一线教师，应当有深挖教材的意识，这也是培养学生钻研精神的良好机会。

另外，教师在教学过程中急于进行应用教学，忽略了对概念的挖掘，且本节课的例题与练习对相关知识的应用过于功利化。其实教师在一节课的教学中，不可能也不需要面面俱到。如果教师能在一节课中把有关的概念讲清楚，充分挖掘概念的内涵，突出重点，突破难点，尽力做到“有知识、有方法、有生活、有境界”，那么这就是一堂难得的好课。

（课例设计：宁海钰　课例评析：张忠武）

第四节　平面向量的应用

一、教材分析

本节课的教学重点是利用向量的方法解决平面几何中的相关问题，掌握用向量方法解决几何问题的“三步曲”；教学难点是将平面几何问题转化为向量问题的化归思想，深切体会向量的工具性这一特点。

二、教学目标

1. 掌握向量在平面几何中的初步运用，会用向量知识解决平面几何问题。

2. 通过一系列问题的思考，利用联系的观点、类比的思想引导学生结合已有知识与数学基本活动经验，探索向量在平面几何中的初步运用，培养学生的知识迁移能力。

3. 通过探究活动进行学科活动育人，激活学生思维，助推逻辑推理核心素养的培育。

三、教学设计

（一）新课引入

复习以下公式。

（1）两个向量的数量积：$\boldsymbol{a}\cdot\boldsymbol{b}=|\boldsymbol{a}||\boldsymbol{b}|\cos\theta$；

（2）两个向量的数量积的坐标表示：$\boldsymbol{a}\cdot\boldsymbol{b}=x_1x_2+y_1y_2$；

（3）向量平行与垂直的判定：$\boldsymbol{a}/\!/\boldsymbol{b}\Leftrightarrow x_1y_2-x_2y_1=0$，$\boldsymbol{a}\perp\boldsymbol{b}\Leftrightarrow x_1x_2+y_1y_2=0$；

（4）平面内两点间的距离公式：$|AB|=\sqrt{(x_1-x_2)^2+(y_1-y_2)^2}$；

（5）求模：$|\boldsymbol{a}|=\sqrt{\boldsymbol{a}\cdot\boldsymbol{a}}$，$|\boldsymbol{a}|=\sqrt{x^2+y^2}$，$|\boldsymbol{a}|=\sqrt{(x_1-x_2)^2+(y_1-y_2)^2}$。

问题 1 由于向量的线性运算和数量积运算具有鲜明的几何背景，平面几何图形的许多性质，如平移、全等、相似、长度、夹角等都可以由向量的线性运算及数量积表示出来，你能将表 4.4－1 中的平面几何元素及其表示转化为向量及其运算吗？（师生共同回忆完成）

表 4.4－1

平面几何元素及其表示	向量及其运算
点 A	$\overrightarrow{OA}$
线段 AB，A，B 两点之间的距离	$\overrightarrow{AB}$，$\lvert\overrightarrow{AB}\rvert^2=\overrightarrow{AB}^2$
$\angle AOB$	$\cos\angle AOB=\dfrac{\overrightarrow{OA}\cdot\overrightarrow{OB}}{\lvert\overrightarrow{OA}\rvert\lvert\overrightarrow{OB}\rvert}$
直线 $a\parallel b$	$\boldsymbol{a}\parallel\boldsymbol{b}$，$\boldsymbol{a}=\lambda\boldsymbol{b}$
A，B，C 三点共线	$\overrightarrow{AB}=\lambda\overrightarrow{AC}$
直线 $a\perp b$	$\boldsymbol{a}\perp\boldsymbol{b}$，$\boldsymbol{a}\cdot\boldsymbol{b}=0$

【设计意图】通过复习公式，让学生更好更快地进入学习状态。同时，将平面几何元素与向量联系起来，为向量在平面几何中的应用提供理论依据。

（二）概念形成

例 1 思考矩形（如图 4.4－1）的两条对角线与两条邻边的长度之间的关系。

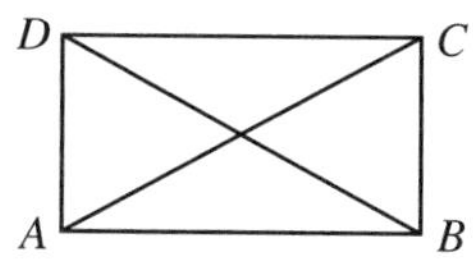

图 4.4－1

教师引导学生回忆初中学过的知识。

例 2 平行四边形是表示向量加法与减法的几何模型。如图 4.4－2，$\overrightarrow{AC}=\overrightarrow{AB}+\overrightarrow{AD}$，$\overrightarrow{DB}=\overrightarrow{AB}-\overrightarrow{AD}$，思考平行四边形两条对角线的长度与两条邻边的长度之间的关系。你能用文字叙述这个关系式的意义吗？

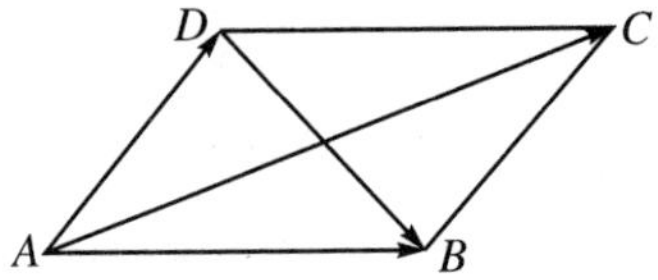

图 4.4-2

教师引导学生总结：平行四边形两条对角线的平方和等于两条邻边平方和的两倍。

【设计意图】教师给予学生充足的时间进行猜想—发现—验证—分享—感悟，让学生初步体验向量在证明和寻找某些平面几何关系上有突出的作用，体会向量作为一种解题工具的魅力，重点培养学生乐于动手、敢于动手、勤于动手的学习精神。

（三）概念深化

问题 2 通过上述例题的解答，请大家总结用向量方法解决平面几何问题可以分哪几个步骤？

师生活动归纳总结用向量方法解决平面几何问题的“三步曲”：

（1）建立平面几何与向量的联系，用向量表示问题中涉及的几何元素，将平面几何问题转化为向量问题；

（2）通过向量运算，研究几何元素之间的关系，如距离、夹角等问题；

（3）把运算结果“翻译”成几何关系。

【设计意图】教师引导学生归纳总结，让学生体会用向量解决几何问题可以按一定的运算程序进行操作，使学生明确用向量方法解决平面几何问题的“三步曲”，从而使所学知识系统化、条理化。

（四）应用探索

例 3 已知 AD，BE，CF 是$\triangle ABC$ 的三条中线，求证：AD，BE，CF 交于一点。

变式 1 已知$\triangle ABC$ 的三个顶点 $A(x_1,y_1)$，$B(x_2,y_2)$，$C(x_3,y_3)$，则重心 G 的坐标为__________。

例 4 证明圆的直径所对的圆周角是直角。即已知 AB 为圆 O 的一条直径，$\angle ACB$ 为圆周角，求证：$\angle ACB=90°$。(用向量方法证明)

变式 2 已知 A，B，C 为圆 O 上的三点，若$\overrightarrow{AO}=\frac{1}{2}(\overrightarrow{AB}+\overrightarrow{AC})$，

则$\overrightarrow{AB}$与$\overrightarrow{AC}$的夹角为__________。

练习 1 用向量方法证明三角形中位线定理。

练习 2 如图 4.4－3，在▱$ABCD$ 中，点 E，F 分别是 AD，DC 边的中点，BE，BF 分别与 AC 交于 R，T 两点，请探索 AR，RT，TC 之间的关系。

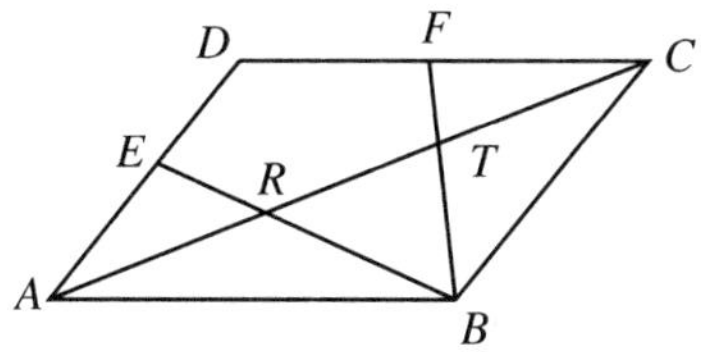

图 4.4－3

【设计意图】教师引导学生主动使用向量方法解决一些简单的平面几何问题，进一步突破本节课的难点，让学生体会命题的切入点，知道如何应用所学知识进行迁移应用。

（五）总结归纳

1. 师生一起回忆用向量方法解决平面几何问题的“三步曲”。

2. 拓展题：

（1）O 是△ABC 的重心⇔$\overrightarrow{OA}+\overrightarrow{OB}+\overrightarrow{OC}=0$；

（2）O 是△ABC 的垂心⇔$\overrightarrow{OA}\cdot\overrightarrow{OB}=\overrightarrow{OB}\cdot\overrightarrow{OC}=\overrightarrow{OC}\cdot\overrightarrow{OA}$；

（3）O 是△ABC 的外心⇔$|\overrightarrow{OA}|=|\overrightarrow{OB}|=|\overrightarrow{OC}|$（或$\overrightarrow{OA}^2=\overrightarrow{OB}^2=\overrightarrow{OC}^2$）。

【设计意图】在教学的最后阶段，教师引导学生进行课堂小结，让学生深化对知识的理解，完善知识结构，培养学生知识归纳能力，使学生养成学习阶段小结的习惯。同时，设置拓展题，因材施教，分层教学，让不同的学生得到不同的发展，培养学生学习兴趣的同时又解决了一部分学生“吃不饱”的问题。

四、课例评析

学科育人包括学科知识育人、学科技能育人、学科活动育人、学科思想育人、学科文化育人和学科生活育人六个方面，分别侧重“育其知”

“育其能”“育其行”“育其心”“育其根”和“育其活”。育人是教育的根本使命，是教师的根本职责，是学科教学的根本价值。基于核心素养背景下的学科教学要凸显以学科核心素养为使命的育人取向。在数学教学中渗透德育是一个重要且需要进一步研究和探索的课题，以下根据学科育人的六个方面的落实情况来评析本节课。

（一）学科知识育人

在学科知识育人中，教师需要做的不是让学生死记硬背学科知识，而是“育其知”，培养学生的认知和感知能力，借助学科知识“教化”学生从学会走向会学，甚至乐学，从而提高他们的能力和核心素养。

运用向量知识解决几何问题，需要有一定的知识迁移、语言转换能力。本节课中，教师通过复习引入新课，让学生更好更快地进入学习情境中，同时为向量在平面几何中的应用提供理论依据。例 1 与例 2 遵从由易到难的原则。例 1 中矩形是特殊的平行四边形，学生很容易得出结论，例 2 中研究平行四边形特征，用向量来解决几何问题，将几何的思辨数学转化为向量的算法数学。教师通过平行四边形这个几何模型，带领学生归纳总结出用向量方法解决平面几何问题的“三步曲”，基本上完成了学科知识育人的教学要求。

（二）学科技能育人

学生的成长和发展不仅需要习得学科知识，也要学会获取学科知识的方法和掌握各学科相关的专业技能。学科教学的主要目的是在传授知识的同时，灵活地发展学生的智力，培养他们的能力，特别是学科能力和学科技能。学科技能的习得，既要根植于学科的系统知识，又要厚植于日常教学的有效训练。

本节课中，教师在例题讲评中通过对新方法的探索，渗透教学内容中普遍存在相互关系、相互转化的观点，注重培养学生的创新意识，提高转化和化归的能力。同时，教师引导学生主动使用向量解决一些简单的平面几何问题，进一步突破本节课的难点，使学生能将平面几何问题化归为向量问题，提高学生的数学运算和逻辑思维能力。

（三）学科活动育人

学科教学是学生在教师指导下进行的有目的、有计划的认识过程，这一过程由学科活动串联而成。学生在实践活动中获取知识、体悟人生、养成良好品德。教师要积极创造活动条件，让学生主动参与学科教学活动，在活动中发现自我、成长自我和超越自我，从而形成正确的人生观、价值观和世界观，养成高尚的品质和完善的人格。

本节课中，教师利用现代教育技术更好地服务教学，在教学中培养学生的动手实践、自主探索、合作交流的能力。教师通过问题情境的设置不断引导学生学会学习，充分发挥学生在学习中的主体作用，调动学生学习的主动性和积极性，激发学生强烈的求知欲望，鼓励学生开展积极的思维活动，让学生通过一题多解，了解、对比不同方法之间的优劣，对知识本身产生兴趣，真正达到本节课预设的教学目标。

（四）学科思想育人

学科思想是各学科固有的本质属性，能够反映学科知识本质、学科思维特点和学科学习规律，是各学科的重要支撑，也是指导学科教学的核心理论基础，还是灵活应用学科知识和学科技能的“指南”。教师要让学生把握学科思想，使学科学习思维化和系统化，这样才能让学科教学更有效、更优质。

本节课中，教师引导学生领悟直观想象等核心素养，建立数与形的联系，让学生进一步发展几何直观和空间想象能力，增强运用图形和空间想象思考问题的意识，提升数形结合的能力。数形结合是沟通代数和几何的桥梁，因此在解决相关综合问题上的工具特征非常明显。而利用向量知识解题具有许多优越性：思路直观、运算简便、能把数和形有机地结合起来。如例 1 的设计为学生的下一步探究奠定基础，让学生发现向量的“秘密”，体验特殊到一般、归纳推理的数学思想。

（五）学科文化育人

学科文化是指在学科知识与学科组织的发展过程中形成独特的知识理论体系、思维方式、价值观念、学科传统、伦理规范、学科制度和行为习惯等的总和。通过学科文化的路径来培育学生，实质就是“育其根”。教师追求学科文化育人的境界，通过文化的力量来焕发学生自我约束的自律力、自我反思的成长力和自我成长的生命力。

本节课中，教师带领学生进行课堂小结，同时设置拓展题，不仅做到因材施教、分层教学，让不同的学生得到不同的发展，而且可以让学生在知识探索中融入数学文化，引导学生经历数学家的探索历程，还原与再现数学知识的发现过程，让学生在领会数学家思考问题方式的同时深入理解知识，了解知识的前因后果，体会其中的数学思想，感受数学的博大精深。

（六）学科生活育人

学科生活育人既包括学科生活化教学，又包括生活学科化。教师通过学科生活化的教学思路和教学策略，可以帮助学生实现生活学科化，同时引导学生汲取学科精粹，让学科核心素养铸强学生的生活脊梁，使学生过上有意义、有意思、有品质的学科生活化人生。

数学与实际生活密切相关且服务于实际生活。本节教学内容是在学生学习平面向量相关知识的基础上，展示向量在平面几何中的应用，旨在引导学生真正喜欢数学、热爱数学，并能在平时的数学学习中主动应用数学知识和数学思想解决一些简单的生活问题。教师引导学生学会用学科的眼光观察世界，用学科的思维思考世界，用学科的语言表达世界。本节课具有知识容量大、思维含量高、学生参与度广等特点。在教学中，教师更多地关注由“给出知识”向“合作探究”的转变，由“完成教学任务”向“促进学生发展”的转变。

（课例设计：陈可欣　课例评析：崔朝杰）

第 五 章

数列

第一节　等差数列的概念

一、教材分析

本节内容选自人教 A 版高中数学选择性必修第二册第四章“数列”的第二节“等差数列”。本节课通过归纳总结得到等差数列的概念，发展学生的数学抽象、数学运算、数学建模等核心素养。教学重点是等差数列概念的理解，等差数列通项公式的应用，培养学生的数学抽象核心素养。教学难点是等差数列通项公式的推导及等差数列的判定，帮助学生养成自主学习、合作交流、归纳总结的学习习惯。

二、教学目标

1. 通过解决具体实例中的数字问题，感受等差数列的实际背景，感悟等差数列概念引入的必然性，强化提出问题、分析问题、解决问题的能力。

2. 通过经历等差数列概念的构建过程，学会研究数列的方法，理解等差数列的概念，掌握等差数列的通项公式和等差中项的概念，培养观察、分析、归纳、推理的能力，渗透由特殊到一般的思想。

3. 通过逐步灵活应用等差数列的概念和通项公式解决问题，渗透数学建模、数学运算等核心素养。

三、教学设计

（一）新课引入

情境 1　姚明刚进入美国职业篮球联赛（NBA）时，一周训练罚球的个数（单位：个）如下。

第一天：6000，第二天：6500，第三天：7000，第四天：7500，第五天：8000，第六天：8500，第七天：9000。

得到数列：6000，6500，7000，7500，8000，8500，9000。

情境 2　北京天坛圜丘坛的地面由石板铺成，最中间是圆形的天心石，围绕天心石的是 9 圈扇环形的石板，从内到外各圈的石板数依次为 9，18，27，36，45，54，63，72，81。

情境 3　S，M，L，XL，XXL，XXXL 型号的女装上衣对应的尺码分别是 38，40，42，44，46，48。

情境 4　测量某地垂直地面方向上海拔 500 米以下的大气温度，得到从距离地面 20 米起每升高 100 米处的大气温度（单位:℃）依次为 25，24，23，22，21。

情境 5　某人向银行贷款 a 万元，贷款时间为 n 年。如果个人贷款月利率为 r，那么按照等额本金方式还款，他从某月开始，每月应还本金 $b\left(=\frac{a}{12n}\right)$元，每月支付给银行的利息（单位：元）依次为 ar，$ar-br$，$ar-2br$，$ar-3br$，…。

观察以上式子，请说出它们有什么共同特点。

【设计意图】通过生活中的实例和史料知识引入，激发学生的求知欲望，让学生感知数学与生活息息相关，使学生发现等差数列的规律，从而抽象出等差数列的概念。

（二）概念形成

教师引导学生通过上面的情境归纳出数据。

1. 6000，6500，7000，7500，8000，8500，9000。

2. 9，18，27，36，45，54，63，72，81。

3. 38，40，42，44，46，48。

4. 25，24，23，22，21。

5. ar，$ar-br$，$ar-2br$，$ar-3br$，…。

问题 1　你能说出以上数列有什么共同特点吗?

教师引导学生进行观察，并得出概念：一般地，如果一个数列从第 2

项起，每一项与它的前一项的差都等于同一个常数，那么这个数列就叫做等差数列，这个常数叫做等差数列的公差，公差通常用字母 d 表示。

问题2 由三个数 a，A，b 组成的等差数列可以看成是最简单的等差数列。这时，A 叫做 a 与 b 的等差中项。根据等差数列的定义，三个数 a，A，b 的关系如何呢?

提示 由等差数列的定义有 $A-a=d$，$b-A=d$，则 $2A=a+b$。

思考 请同学们举出一些等差数列的例子，并把所举例子的数据写下来，然后请同桌来说一说它们为什么是等差数列。

【设计意图】 教师引导学生通过对日常生活实际问题的分析、对比，建立等差数列模型，进行探究、解答问题，体验数学的发现和创造过程，发挥学生的自主性，培养学生的归纳总结能力。同时，引导学生思考、寻找等差数列的规律性，让学生认识到运算对于发现规律的作用。

（三）概念深化

问题3 你能根据等差数列的定义推导出它的通项公式吗?

提示 设一个等差数列 $\{a_n\}$ 的首项为 a_1，公差为 d。根据等差数列的定义，可得 $a_{n+1}-a_n=d$，所以 $a_2-a_1=d$，$a_3-a_2=d$，$a_4-a_3=d$，…。

于是 $a_2=a_1+d$，

$a_3=a_2+d=(a_1+d)+d=a_1+2d$，

$a_4=a_3+d=(a_1+2d)+d=a_1+3d$，

……

归纳可得 $a_n=a_1+(n-1)d(n\geqslant 2)$。

当 $n=1$ 时，上式为 $a_1=a_1+(1-1)d=a_1$。也就是说，当 $n=1$ 时，上式也成立。因此，首项为 a_1，公差为 d 的等差数列 $\{a_n\}$ 的通项公式为 $a_n=a_1+(n-1)d$。

问题4 观察等差数列的通项公式，你认为它与我们熟悉的哪一类函数有关?

提示 由于 $a_n=a_1+(n-1)d=dn+(a_1-d)$，所以当 $d\neq 0$ 时，等差数列 $\{a_n\}$ 的第 n 项 a_n 是一次函数 $f(x)=dx+(a_1-d)(x\in\mathbf{R})$ 当 $x=n$ 时的函数值，即 $a_n=f(n)$。

如图 5.1-1，在平面直角坐标系中画出函数 $f(x)=dx+(a_1-d)$的图象，得到一条斜率为 d，截距为 a_1-d 的直线。在这条直线上描出点（1，$f(1)$），（2，$f(2)$），…，（n，$f(n)$），…，得到等差数列$\{a_n\}$的图象。事实上，公差 $d\neq0$ 的等差数列$\{a_n\}$的图象是点（n，a_n）组成的集合，这些点均匀分布在直线 $f(x)=dx+(a_1-d)$上。

反之，任给一次函数 $f(x)=kx+b(k,b$ 为常数)，则 $f(1)=k+b$，$f(2)=2k+b$，…，$f(n)=nk+b$，… 构成一个等差数列$\{nk+b\}$，其首项为（$k+b$），公差为 k。

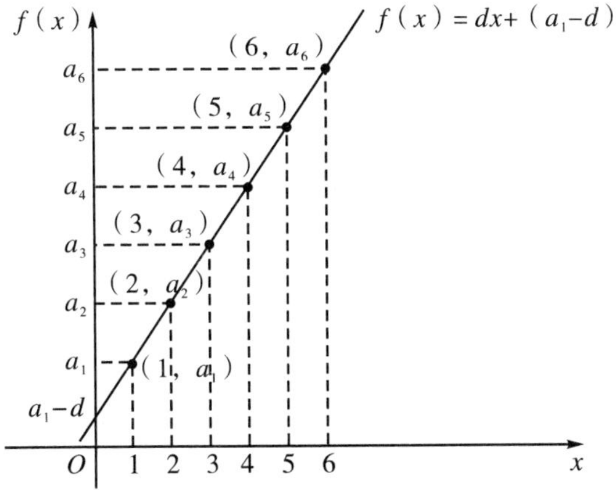

图 5.1-1

【设计意图】通过问题，引导学生思考、推导等差数列的通项公式，同时将等差数列的通项公式与函数联系起来，加深学生对等差数列通项公式的认识，了解等差数列的特征。

（四）应用探索

例 1　（1）已知等差数列$\{a_n\}$的通项公式为 $a_n=5-2n$，求$\{a_n\}$的公差和首项；

（2）求等差数列 8，5，2，… 的第 20 项。

提示　（1）已知等差数列的通项公式，只要根据等差数列的定义，由 $a_n-a_{n-1}=d$ 即可求出公差 d。当 $n\geqslant2$ 时，由$\{a_n\}$的通项公式$a_n=5-2n$，可得 $a_{n-1}=5-2(n-1)=7-2n$，于是 $d=a_n-a_{n-1}=(5-2n)-(7-2n)=-2$。把 $n=1$ 代入通项公式 $a_n=5-2n$，得 $a_1=5-2\times1=3$。所以，

$\{a_n\}$的公差为-2，首项为3。

(2) 可以先根据数列的两个已知项求出通项公式，再利用通项公式求数列的第20项。

问题5 请同学们观察、思考，例1 (1) 求公差还有其他方法吗？

提示 把$n=1$代入等差数列通项公式$a_n=5-2n$，得$a_1=5-2\times1=3$。把$n=2$代入通项公式$a_n=5-2n$，得$a_2=5-2\times2=1$。公差$d=a_2-a_1=1-3=-2$，所以，$\{a_n\}$的公差为-2，首项为3。

问题6 由等差数列的通项公式$a_n=a_1+(n-1)d=dn+(a_1-d)$，我们知道等差数列第$n$项$a_n$是一次函数$f(x)=dx+(a_1-d)(x\in\mathbf{R})$当$x=n$时的函数值，$n$的系数是公差。对于 (1) $a_n=5-2n$，(2) $a_n=11-3n$，它们的公差分别为多少？

学生分析解题思路，教师给出解答示范。

练习1 (1) 在等差数列$\{a_n\}$中，已知$a_5=10$，$a_{12}=31$，求首项a_1与公差d；

(2) 已知数列$\{a_n\}$为等差数列，$a_{15}=8$，$a_{60}=20$，求a_{75}。

例2 -401是不是等差数列-5，-9，-13，… 的项？如果是，是第几项？

提示 先求出数列的通项公式，它是一个关于n的方程，再看-401是否能使这个方程有正整数解。

练习2 已知$\{a_n\}$是一个等差数列，请在表5.1-1中的空格处填入适当的数。

表5.1-1

a_1	a_3	a_5	a_7	d
-7		8		
	2			-6.5

【设计意图】 通过具体例题和练习，让学生熟练掌握利用等差数列通项公式求出基本量或数列中的某一项，提升公式逆向使用的能力，提高学生的数学运算、逻辑推理核心素养。

（五）**总结归纳**

问题7 本节课你学到了什么知识或思想方法？你的感悟是什么？

教师引导学生回顾本节课知识：等差数列的概念；等差数列的通项公式；等差数列的通项为一次函数，图象是孤立的点均匀分布在一条直线上。

【设计意图】 引导学生从知识、思想方法方面进行课堂小结，优化学生的认知结构，完善学生的知识体系，使学生深化对等差数列相关知识的理解和掌握。

四、课例评析

本节课是在学生学习了等差数列的有关概念和求等差数列的两种方法——通项公式和递推公式的基础上，对数列进一步深化和拓展。教师在整个教学设计过程中融入了学科育人理念，主要体现在史料育人、思维育人、审美育人、活动育人等方面。

（一）史料育人——促进学生品德和科学素养的形成

课堂教学是学生道德认知、道德情感培养的主要途径，教师不仅要传授知识与技能，还要适时地就地取材，培养学生的道德认知、道德情感。本节课中，教师十分注重挖掘史料内容。例如，通过引入北京天坛圜丘坛地面的石板，既弘扬了传统文化，又让学生感受到中华民族的伟大；通过中国篮球运动员姚明，让学生感受体育健儿努力为国争光的精神，培养学生的道德情操，既能达到立德树人，又能体现史料育人的功能。

（二）思维育人——培养学生的数学思维习惯

数学教学应培养学生用数学思维发现问题、解决问题的习惯。本节课中，教师在培养学生数学思维习惯上主要做了以下两点。一是渗透从具体到一般的归纳总结数学思维。在“新课引入”环节，为了让学生充满趣味地认识等差数列，教师展示了涉及史料及与生活息息相关的5个情境，让学生通过观察数据规律，归纳出等差数列的概念，培养学生用归纳总结的数学思维去思考问题、解决问题，从而逐渐形成良好的数学思维习惯。二是用问题导学。在“概念深化”环节，教师指导学生一步步推导等差数列的通项公式，加深学生对等差数列的认识。在得出通项公式后引导学生联系函数得出等差数列的通项对应的是一次函数。通过问题导学对等差数列通项公式进行研究，使学生明白公差就是一次函数的系数，发展学生的数学抽象、逻辑推理和数学建模核心素养。

（三）审美育人——引导学生发现数学知识的内在美

审美育人既是教育方针要求，也是学科育人的基本要求。因此，教师在教学中要适时引导学生发现数学美。数学美是通过数及数理关系认知物质世界的反映。数学审美，即用审美思维和审美方式认知数、数理关系及其内在特有的规律和法则，揭示数学审美价值，激发学生对数学的热爱。本节课中，教师引导学生发现北京天坛圜丘坛地面的石板设计之美及等差数列通项公式的特征之美。同时，教师让学生将等差数列通项公式与一次函数联系起来，通过作图，对图象进行探讨，发现图象是孤立的点，从而帮助学生搭建通向领略数学美的桥梁。

（四）活动育人——引导学生通过探究活动培养品质、提升能力

本节课中，教师让学生通过小组活动推导出等差数列的通项公式，探索等差数列通项公式的应用及逆运用等，让学生在活动中学习、思考、解决问题，提高学生的思维能力，锻炼学生的合作精神。这样的教学既符合课程标准中将课堂还给学生的要求，也符合以学生为主体，教师为主线的教学理念。

数学学科育人的几个功能，其实都是围绕党的教育方针和党的十八大提出的把立德树人作为教育的根本任务，培养德智体美全面发展的社会主义建设者和接班人展开。课堂教学是培养学生道德认知、道德情感的主要途径，也是培养学生合作精神、创造思维的舞台。在课堂教学中，教师只要做有心人，就会感受到桃李芬芳的幸福。

（课例设计：彭英成　课例评析：潘立鹏）

第二节　等差数列的前 n 项和公式

一、教材分析

等差数列的前 n 项和公式是等差数列的又一重要性质，是进一步认识等差数列函数特征的又一重要角度。本节内容具有承上启下的作用，不仅是等差数列的定义、通项公式和有关性质的延续，而且为后面类比学习等比数列前 n 项和公式提供了学习依据和思维方法。

二、教学目标

1. 了解等差数列前 n 项和公式的发现背景。

2. 理解倒序相加法，懂得运用倒序相加法推导等差数列的前 n 项和公式。

3. 结合几何图象，从不同角度推导等差数列的前 n 项和公式。

4. 在具体问题情境中，能运用等差数列的前 n 项和公式解决一些简单的数学问题和实际问题，提升数学建模素养。

三、教学设计

（一）新课引入

问题 1　如图 5.2－1，有几个小朋友正在堆积木棍，顶层是 1 根，依次往下每层为 2 根，3 根……若有 100 层，请你帮小朋友们计算他们事先需要准备多少根木棍？

图 5.2－1

问题 2　请同学们回顾高斯 10 岁时求解 $1+2+3+\cdots+100$ 的方法。

提示　教师在 ppt 上展示对高斯的介绍。

问题 3　如何求解 $S_n=1+2+3+\cdots+n$?

提示　当 n 为偶数时首尾相加能完全配对，当 n 为奇数时首尾相加不能完全配对。那么怎样才能既不分 n 的奇偶性，又能完全配对？如图 5.2-2，教师引导学生思考、交流得出倒序相加法：

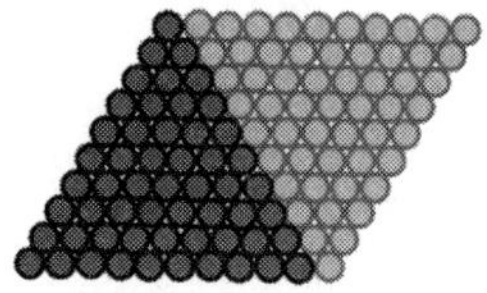

图 5.2-2

$S_n=1+2+3+\cdots+n$，　①

$S_n=n+(n-1)+(n-2)+\cdots+1$，　②

①+②，得 $2S_n=\underbrace{(1+n)+(1+n)+\cdots+(1+n)}_{n\text{个}}=n(n+1)$。

$\therefore S_n=\dfrac{n(n+1)}{2}$。

问题 4　上述方法的妙处在哪里？这种方法能否推广到求等差数列 $\{a_n\}$ 的前 n 项和？

【设计意图】结合生活实例和高斯 10 岁时求解 $1+2+3+\cdots+100$ 的方法引入新课，吸引学生的注意力，增加教学的趣味性，激发学生的探究欲望与学习热情，为整个教学活动的顺利开展奠定良好基础。同时高斯事例让学生体会到数学家的智慧，激起对数学家的兴趣，达到史料育人的目的。

（二）概念形成

探究　请同学们回顾等差数列的概念、通项公式和相关性质，结合前面问题探究等差数列的前 n 项和公式。

提示　在等差数列 $\{a_n\}$ 中，$a_1+a_n=a_2+a_{n-1}=\cdots=a_n+a_1$，则

$S_n=a_1+a_2+\cdots+a_n$，　①

$S_n=a_n+a_{n-1}+\cdots+a_1$，　②

①+②，得 $2S_n=\underbrace{(a_1+a_n)+(a_1+a_n)+\cdots+(a_1+a_n)}_{n\text{个}}=n(a_1+a_n)$。

因此，等差数列 $\{a_n\}$ 的前 n 项和公式为

$S_n=\dfrac{n(a_1+a_n)}{2}$。

等差数列$\{a_n\}$的前 n 项和公式的几何意义可用图 5.2－3 表示。由上式知，要求等差数列$\{a_n\}$的前 n 项和，只需知道首项 a_1、末项 a_n和项数 n 即可。

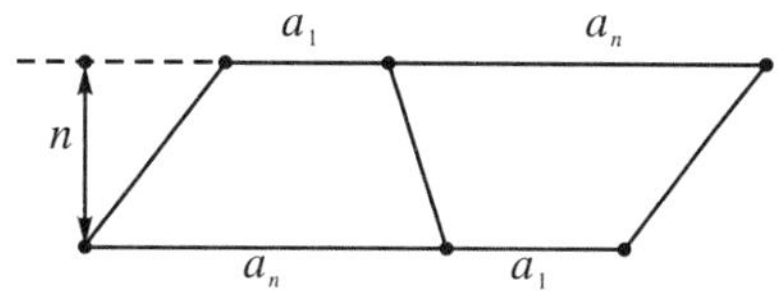

图 5.2－3

问题 5　如果已知首项 a_1和公差 d，你能否用首项 a_1和公差 d 表示等差数列$\{a_n\}$的前 n 项和？

提示　把等差数列的通项公式 $a_n=a_1+(n-1)d$ 代入等差数列的前 n 项和公式，可得 $S_n=na_1+\dfrac{n(n-1)}{2}d$。

【设计意图】教师带领学生回顾所学，使学生能够构建新旧知识之间的联系，形成系统的知识体系，为探究活动的开展做好铺垫，更好地提高探究的成功率。

（三）概念深化

问题 6　你还能用其他方法得到等差数列$\{a_n\}$的前 n 项和公式吗？（小组讨论，展示结果）

第一组（公式推导法）：

$$\begin{aligned}S_n&=a_1+a_2+\cdots+a_n\\&=a_1+(a_1+d)+(a_1+2d)+\cdots+[a_1+(n-1)d]\\&=na_1+[d+2d+3d+\cdots+(n-1)d]\\&=na_1+[1+2+3+\cdots+(n-1)]d\\&=na_1+\frac{[1+(n-1)](n-1)}{2}d\\&=na_1+\frac{n(n-1)}{2}d。\end{aligned}$$

第二组（猜想法）：

$$S_1=a_1=a_1+\frac{1\times(1-1)}{2}d,$$

$$S_2=a_1+a_2=2a_1+d=2a_1+\frac{2\times(2-1)}{2}d,$$

$S_3=a_1+a_2+a_3=3a_1+3d=3a_1+\frac{3\times(3-1)}{2}d$,

$S_4=a_1+a_2+a_3+a_4=4a_1+6d=4a_1+\frac{4\times(4-1)}{2}d$,

猜想：$S_n=na_1+\frac{n(n-1)}{2}d$。

第三组（几何法）：

由图 5.2-4 知 $S_n=S_{平行四边形}+S_{三角形}=na_1+\frac{n(n-1)}{2}d$。

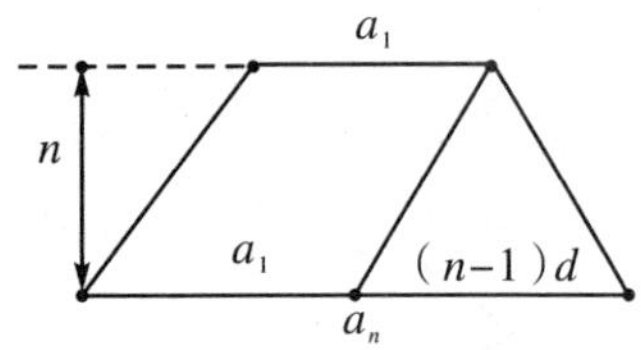

图 5.2-4

……

由上面的分析，我们可总结出等差数列的前 n 和公式为：

（1）$S_n=\frac{n(a_1+a_n)}{2}$（已知首项 a_1、末项 a_n 和项数 n 时可用）；

（2）$S_n=na_1+\frac{n(n-1)}{2}d$（已知首项 a_1、公差 d 和项数 n 时可用）。

【设计意图】通过让学生进行小组讨论、合作学习，在探究过程中培养学生自主学习能力，提升发现问题、解决问题的思维，加深对等差数列前 n 项和推导过程的理解，掌握推导过程的不同思路，体会类比学习的收获。同时，让学生的思考贯穿整节课，以实现思维育人的教学目的。对于第二组学生的猜想，教师先肯定他们的研究成果，再提出问题："猜想得出的结果一定正确吗?"为后期学习数学归纳法做铺垫。

（四）应用探索

例 已知数列$\{a_n\}$是等差数列。

（1）若 $a_1=7$，$a_{50}=101$，求 S_{50}；

（2）若 $a_1=2$，$a_2=\frac{5}{2}$，求 S_{10}；

（3）若 $a_1=\frac{1}{2}$，$d=-\frac{1}{6}$，$S_n=-5$，求 n。

练习 求下列式子的和。

（1）$2+4+6+\cdots+2n$；

(2) $1+3+5+\cdots+(2n-1)$。

【设计意图】引导学生认真学习例题并完成练习，使其掌握等差数列前 n 项和公式在解题中的具体应用，深刻理解等差数列前 n 项和公式中相关量之间的关系。

（五）总结归纳

思考 通过本节课的学习，你有什么收获，领悟了哪些思想方法？你对哪个环节印象最深刻？

学生小结 本节课我们通过应用倒序相加的方法，结合等差数列的性质，探究和推导出等差数列的前 n 项和公式，同时使用公式求和时应该注意已知条件，选择恰当的公式。

四、课例评析

从学科育人导向看，本节课最大的特点在于明确数学教学的学科目标，从知识育人、史料育人、思想育人、活动育人四个角度出发，在教学的各个环节融入育人思想，将立德树人目标贯穿于课堂教学中。

（一）知识育人——设置相关知识问题导学，培养学生的主观能动性

学科知识是学生认知学科发展规律的钥匙，是形成学科概念、学科思维和学科思想的基础。在学科知识育人中，教师不能一味地让学生死记硬背学科知识，而是要“育其知”，培养学生的认知和感知能力，借助学科知识“教化”学生从学会走向会学，甚至乐学，从而提高他们的能力和学科核心素养。

本节课中，教师由一个简单的生活问题——帮助小朋友计算需要准备多少根木棍才能堆积 100 层，联想到高斯求解 $1+2+3+\cdots+100$，顺利引出如何求解 $S_n=1+2+3+\cdots+n$，进而继续探究如何求等差数列的前 n 项和，进入本节课主题。本节课学科知识的获得途径是程序性知识获得，学生从已知 1～100 求和向 1～n 的求和推进，再到对等差数列的前 n 项求和靠拢。通过师生探究、问题导学，引导学生在已有知识的基础上，通过倒序相加、类比学习和数形结合的方法，学习并掌握新课内容。

（二）史料育人——挖掘学科发展德育故事，培养学生的核心素养

生活中离不开数学，科技领域、航空领域、军事领域、物理研究等也与数学息息相关，数学的发展史是一个丰富多彩的历程。这个过程蕴含了许多德育小故事，如许多数学家坎坷而又奇妙的经历，世界上很多著名的数学难题被研究者巧妙地解决，数学发展中一些奇怪的悖论等。教师把这些数学史内容以讲故事的形式呈现在课堂中，不仅能够激发学生的好奇心，增强他们的学习兴趣，还能拓宽他们的知识面，培养他们崇尚科学的精神。

本节课中，教师引导学生回忆高斯 10 岁快速计算 1～100 的和，进而引入数学家高斯的经历，吸引学生注意的同时，使学生内心萌生出向数学家学习、好好学习数学的决心。

（三）思想育人——强化数学学科学习特点，提升学生的思维品质

数学是一门逻辑性强、思维严谨的学科，它有自己独特的思想方法。教师在教学过程中，要注重数学思想方法的使用和渗透。本节课中，教师主要从以下几个方面渗透数学思想方法。

1. 在教学过程中充分渗透数学思想

学生通过帮助小朋友解决问题，联想高斯小时候对 1～100 求和时用配对的方法，类比学习，应用到 $1\sim n$ 的求和，但这样直接的类比需要对 n 进行分类讨论。接下来，教师引导学生使用倒序相加法进行配对，然后类比到等差数列前 n 项的求和，让学生真实感受和体会课堂教学中数学思想方法的可行性和必然性。

2. 充分体现数学是一门严谨学科这一特点

教师引导学生认真研究和推导等差数列前 n 项和公式的不同思路，虽然推导过程较为复杂，但使学生感受了从特殊到一般的推理过程，培养了学生的逻辑推理能力。另外，在例题的学习及课堂练习中也比较重视对学生逻辑推理能力的训练。

3. 问题导学

教师设计问题的目的是激发学生的学习欲望。如问题 1 中帮助小朋友计算需要准备的木棍数量，高斯 10 岁就懂得计算了，激发学生的求胜欲望，快速进入学习状态。再如从问题 3 到问题 4，学生可以很自然地想到用倒序相加法来解决。因此，问题的设计可以与生活有关，更重要的是要与学生已有知识、经验有关。如果问题设计不合理，学生不愿意解决，或者没有解决它的知识基础和能力基础，就不能激发学生学习的积极性，更不能引导学生发挥独立见解和创造精神。在处理问题时，学生不能墨守成规，必须经过分析和探究，才能找到新的处理方法，问题才能得以解决。

（四）活动育人——设立小组合作学习环节，增强学生的探究精神

学习活动是一项系统且复杂的活动。学生只有参与知识的形成过程，才能加深对所学知识的印象，清楚知识之间的内在关联和知识本质，真正实现举一反三，灵活应用。本节课中，教师改变了传统的教师讲解、学生被动接受知识的局面，鼓励学生参与知识探究，凸显了学生的学习主体地位。一方面，教师在教学中灵活运用多种教学方法和小组讨论方式，更好地吸引学生的注意力，减少学生学习的枯燥感。另一方面，教师认真总结以往的教学经验，将提升学生的学习体验作为教学活动的目标，对整个教学活动进行细致设计。如以生活实例引入，使学生眼前一亮，有效地吸引学生进行新知识的学习与探究。同时，教师围绕教学内容制作了相关课件，给学生带来视觉上的冲击与刺激，更容易给其留下深刻的印象。整个教学活动以问题为导向，引导学生思考、讨论，很好地激活学生思维，学生在愉悦、活泼的氛围中认真探究，提高了探究效率。另外，教师围绕问题与学生进行积极互动，拉近了师生之间的距离，在构建和谐师生关系上有着明显的作用。

由上可知，教学中要实现立德树人的教育目标，课堂教学必须先做到学科育人。要做到学科育人，教师需要不断探索课堂教学的方式，研究教法、学法，做到在课堂教学的各个环节渗透学科育人。

（课例设计：黄小妹　课例评析：梁舒尹）

第三节 等比数列的概念

一、教材分析

等比数列是继等差数列之后的另一类特殊数列。等比数列的研究路径和方法与等差数列类似，即通过运算探究实例中数列的共同取值规律→抽象出定义→根据定义归纳得到通项公式→利用通项公式探索数列与相关函数的关系→利用通项公式解决问题。本节课的教学重点是等比数列的定义，等比数列的通项公式及应用；教学难点是等比数列通项公式的应用。

二、教学目标

1. 理解等比数列的概念和通项公式的意义，培养学生的抽象概括、推理论证能力，发展学生的理性思维。

2. 能在具体的问题情境中，发现数列的等比关系，并解决相应的问题，培养学生的数学建模能力，让学生体会学科价值。

3. 了解等比数列与指数函数的关系，提升学习能力。

三、教学设计

（一）新课引入

情境 等差数列的特点是“从第 2 项起，每一项与它的前一项的差都等于同一个常数”，类比等差数列的研究思路和方法，从运算的角度思考，还有怎样的数列值得研究？

请看下面几个问题中的数列。

（1）两河流域发掘的古巴比伦时期的泥版上记录了下面的数列：

$9, 9^2, 9^3, \cdots, 9^{10}$；　①

$100, 100^2, 100^3, \cdots, 100^{10}$；　②

$5, 5^2, 5^3, \cdots, 5^{10}$。　③

(2)《庄子·天下》中提到："一尺之棰，日取其半，万世不竭。"如果把"一尺之棰"的长度看成单位"1"，那么从第1天开始，各天得到的"棰"的长度依次是

$\frac{1}{2}, \frac{1}{4}, \frac{1}{8}, \frac{1}{16}, \frac{1}{32}, \cdots$。　④

(3) 在营养和生存空间没有限制的情况下，某种细菌每20 min就通过分裂繁殖一代，那么一个这种细菌从第1次分裂开始，各次分裂产生的后代个数依次是

$2, 4, 8, 16, 32, 64, \cdots$。　⑤

(4) 某人存入银行a元，存期为5年，年利率为r，那么按照复利，他5年内每年末得到的本利和分别是

$a(1+r), a(1+r)^2, a(1+r)^3, a(1+r)^4, a(1+r)^5$。　⑥

问题1　以上数列的取值有什么规律？

教师引导学生思考、交流，并得出结论：从第2项起，每一项与它的前一项的比都等于同一个常数。

追问　类比等差数列，可以如何给这类数列命名？

学生先发散思维思考、回答，教师总结：这样的数列称为等比数列。

【设计意图】通过丰富的例子，使学生发现等比数列的规律，抽象出等比数列，得到本节课研究的对象。同时，让学生了解数列的历史，领略数学文化。

（二）概念形成

问题2　类比等差数列的概念，你能给出等比数列的概念吗？

教师引导学生交流、讨论，并总结等比数列的概念：一般地，如果一个数列从第2项起，每一项与它的前一项的比都等于同一个常数，那么这个数列叫做等比数列，这个常数叫做等比数列的公比，公比通常用字母q表示。

追问 1 等比数列的项 a_n 与公比 q 有什么约束条件？

提示 $a_n \neq 0$ 且 $q \neq 0$。

追问 2 如何用符号语言表示等比数列的概念？

提示 $\frac{a_n}{a_{n-1}}=q$（$n \geqslant 2$，$q \neq 0$，q 为常数）。

追问 3 上述①～⑥数列的公比分别是什么？

提示 分别是 9，100，5，$\frac{1}{2}$，2，$1+r$。

【设计意图】在归纳概念的过程中，充分发展学生的抽象概括能力，通过追问 1 完善等比数列的概念，体现数学的严谨性，培养学生严谨求实的科学精神。同时，引导学生将等比数列的概念用符号语言表示，让学生学会用数学的语言表达世界。

（三）概念深化

问题 3 类比等差中项的概念，你能给出等比中项的概念吗？

提示 等比中项的概念：如果在 a 与 b 中间插入一个数 G，使 a，G，b 成等比数列，那么 G 叫做 a 与 b 的等比中项，此时，$G^2=ab$。

问题 4 设等比数列 $\{a_n\}$ 的首项为 a_1，公比为 q，请用 a_1 和 q 表示 a_2，a_3，a_4，你能根据此规律，用 a_1 和 q 表示 a_n 吗？

提示 $a_2=a_1q$，$a_3=a_1q^2$，$a_4=a_1q^3$，得 $a_n=a_1q^{n-1}(n \geqslant 2)$。

追问 1 $\forall n \in \mathbf{N}^*$，是否都有 $a_n=a_1q^{n-1}$ 呢？

提示 当 $n=1$ 时，$a_1=a_1q^{1-1}$，也符合式子 $a_n=a_1q^{n-1}$，因此，$\forall n \in \mathbf{N}^*$，都有 $a_n=a_1q^{n-1}$。因此，首项为 a_1，公比为 q 的等比数列 $\{a_n\}$ 的通项公式为 $a_n=a_1q^{n-1}$。

追问 2 是否还有其他方法可以推导出等比数列的通项公式？

提示 式子 $\frac{a_n}{a_{n-1}}=q(n \geqslant 2)$ 是等比数列 $\{a_n\}$ 的递推公式，可利用“累乘法”，把 $n-1$ 个等式 $\frac{a_2}{a_1}=q, \frac{a_3}{a_2}=q, \frac{a_4}{a_3}=q, \cdots, \frac{a_n}{a_{n-1}}=q$ 的左右两侧分别依次相乘，得到 $\frac{a_n}{a_1}=q^{n-1}$，也可以得到等比数列的通项公式。

问题5 类比等差数列与一次函数的关系，观察等比数列的通项公式，你认为等比数列与哪一类函数有关?

提示 当 $q>0$ 且 $q\neq1$ 时，等比数列 $\{a_n\}$ 的第 n 项 a_n 是指数函数 $f(x)=\frac{a_1}{q}\cdot q^x(x\in\mathbf{R})$ 当 $x=n$ 时的函数值，即 $a_n=f(n)$。

追问1 类比指数函数的单调性，你能说说公比 $q>0$ 的等比数列的单调性吗?

提示 等比数列的单调性如表5.3-1所示。

表5.3-1

$\boldsymbol{a}_1$	$a_1>0$			$a_1<0$		
q 的范围	$0<q<1$	$q=1$	$q>1$	$0<q<1$	$q=1$	$q>1$
等比数列 $\{a_n\}$ 的单调性	单调递减	不变	单调递增	单调递增	不变	单调递减

追问2 任给指数函数 $f(x)=ka^x(k$，a 为常数，$k\neq0$，$a>0$，且 $a\neq1)$，当自变量 x 取正整数时，对应的函数值构成一个怎样的数列?

提示 构成一个以 ka 为首项，a 为公比的等比数列 $\{ka^n\}$。

【设计意图】通过系列问题，引导学生推导出等比数列的通项公式，提升学生的数学抽象、逻辑推理、数学运算等核心素养；通过引导学生思考$n=1$时式子是否也成立，体现数学的严谨性，培养学生严谨求实的科学精神。同时，通过探究等比数列与指数函数的关系，既加深学生对等比数列概念的理解，又使学生充分体会数列与函数的联系，感受数列是一类特殊的函数，体会数学知识之间的联系。

（四）应用探索

例1 若等比数列 $\{a_n\}$ 的第4项和第6项分别为48和12，求 $\{a_n\}$ 的第5项。

例2 已知等比数列 $\{a_n\}$ 的公比为 q，试用 $\{a_n\}$ 的第 m 项 a_m 表示 a_n。

例3 用10 000元购买某个理财产品一年。

(1) 若以月利率0.400%的复利计息，12个月能获得多少利息（精确到1元)?

(2) 若以季度复利计息，存 4 个季度，则当每季度利率为多少时，按季结息的利息不少于按月结算的利息（精确到 10^{-5}）?

【设计意图】通过 3 个例题，让学生加深对等比数列概念的理解。例 1 和例 2 可以让学生体会只要给定两个独立条件，就能确定等比数列，进而求出等比数列的某一项。例 3 可以让学生体会等比数列在生活中的应用，认识等比数列的应用价值。

（五）总结归纳

思考 你能总结出本节课的主要内容吗？回顾本节课的学习过程，说说其中体现了怎样的思想方法。

【设计意图】教师引导学生自主总结本节课的主要内容及思想方法，加深学生对知识的理解与掌握。

四、课例评析

本节课中，教师把立德树人根本任务充分落实到课堂的各个环节，主要从发展理性思维、塑造良好品质、体会学科价值、领略数学文化、提升学习能力五个方面实现数学学科育人。

（一）发展理性思维

数学教学中的立德树人要体现数学学科特点，理性思维和科学精神是数学学科核心素养的灵魂。因此，数学学科育人要注重发展学生的理性思维，培养学生的科学精神。本节课中，教师主要从以下三个方面发展学生的理性思维。

一是培养学生用数学的眼光观察世界。学生学会从复杂的现实问题中抓住关键要素，发现问题的本质和规律，提升抽象概括能力。例如，在“新课引入”环节，学生通过对生活实例中蕴含的 6 个数列共性的归纳，发现这 6 个数列的本质规律，抽象出等比数列的概念。

二是培养学生用数学的思维思考世界。数学的思考方式具有系统性和普适性，研究问题的基本思路大致为：从现实问题中抽象出数学对象→研究对象的性质→建立一般性的统一理论→得出一般性方法→解决这一类型的问题。这样的思考方式可以运用到解决其他实际问题中。本节课的教学过程充分体现了数学思考方式的特性。首先，通过生活实例中蕴含的数列共性的归纳，抽象出研究的对象——等比数列，得出等比数列的概念。然后，研究等比数列的性质，包括等比中项、等比数列的通项公式，以及等比数列与函数之间的关系等，构建知识体系。最后，利用这些结论解决与等比数列相关的问题及生活中的实际问题，如计算利息等。在此过程中让学生充分体验用数学的方式发现问题、解决问题，发展学生的应用、实践能力，让学生学会运用所学知识解决问题。

三是培养学生用数学的语言表达世界。很多数学概念、定义、定理都可以用数学公式、符号表示，简洁明了。例如，等比数列的概念可表示为$\frac{a_n}{a_{n-1}}=q(n\geqslant 2,q\neq 0,q$ 为常数)；等比数列的每一项可以用通项公式$a_n=a_1q^{n-1}$统一表示。在此过程中，让学生学会用简洁明了的数学语言解释现实问题。

（二）塑造良好品质

数学具有严密的逻辑性，学习数学可以培养学生严谨求实的态度，塑造良好品质。例如，在“概念形成”环节，教师注重强调定义中的从第 2 项起以及 $a_n\neq 0$ 且 $q\neq 0$。在推导等比数列的通项公式时，教师引导学生归纳得出 $a_n=a_1q^{n-1}(n\geqslant 2)$后，让学生验证当 $n=1$ 时也成立，才能得出对于任意的正整数 n，都有 $a_n=a_1q^{n-1}$。在此过程中，培养学生严谨求实的态度。此外，在解决问题的过程中，让学生享受成功的快乐，培养学生勇于探索、锲而不舍的钻研精神，形成学习数学的积极态度。

（三）体会学科价值

数学的产生和发展源于生活中的实际问题，生活中的数学无处不在。比如，人口问题可以用函数模型来刻画，存款、贷款利息与数列知识有关，通过声音时差测定位利用了双曲线的性质，等等。同时，数学在其他学科（如物理、化学、生物学等）中也发挥着不可替代的作用。在教学中，教师要让学生充分体会数学的科学价值、应用价值。本节课中，细菌分裂的例子体现了等比数列在生物学中的应用，银行存款本利和的例子体现了等比数列在生活中的应用等。

（四）领略数学文化

数列的历史源远流长，中国古代数学名著《九章算术》、古巴比伦时期的泥版上都记载了许多数列问题。在教学中，教师有必要让学生了解数列的历史，感受数学知识的产生是自然的，提升学生的人文素养。例如，在“新课引入”环节，古巴比伦时期泥版上的数列和“一尺之棰，日取其半，万世不竭”这两个例子可以让学生领略古人智慧，拓宽数学视野。

（五）提升学习能力

等比数列的内容及研究思路与等差数列是类似的，因此，本节课给学生提供了很好的自主探究学习机会。教师通过一系列的问题，引导学生类比等差数列，自主探究等比数列的概念、性质，培养学生自主探究问题、解决问题的能力，提升学生学会学习的能力。

综上所述，为了落实立德树人根本任务，教师充分挖掘了课程内容中蕴含的育人资源，将学科育人充分融入教学的各个环节中。

（课例设计：陈婷婷　课例评析：於慧锋）

第四节　等比数列的前 n 项和公式

本节内容选自人教 A 版高中数学选择性必修第二册第四章“数列”的第 3 节“等比数列”，是高中数学数列板块的重点内容，是高考的热点问题。教师对本节内容设置了 2 个不同的课例，用不同的教学方式呈现。

课例一

一、教材分析

本节内容在课标的要求中属于应用层面。学生要想应用等比数列的一些基本关系解决实际问题，就要对等比数列的前 n 项和有深刻的理解，保证基本技能的训练，学会解决问题的基本方法。本节课的教学重点是等比数列前 n 项和公式的推导过程；教学难点是等比数列前 n 项和公式推导过程中的关键步骤：等式两边乘公比，错位相减得公式。

二、教学目标

1. 通过古印度国际象棋的故事，提炼出数学问题，类比等差数列前 n 项和公式的推导方法，尝试推导等比数列的前 n 项和公式，探索出错位相减法解决问题。

2. 通过代数式结构分析等比数列的前 n 项和公式，感悟数学经典，体会丰富的数学思想和方法。

3. 通过数学课堂培养数学核心素养，渗透学科育人功能。

三、教学设计

（一）新课引入

国际象棋起源于古印度。相传国王要奖赏国际象棋的发明者，问他想要什么。发明者说："请在棋盘的第1个格子里放上1颗麦粒，第2个格子里放上2颗麦粒，第3个格子里放上4颗麦粒……依此类推，每个格子里放的麦粒数都是前一个格子里放的麦粒数的2倍，直到第64个格子。请给我足够的麦粒以实现上述要求。"国王觉得这个要求不高，就欣然同意了。

问题1 国王能实现他的诺言吗？

提示 第1个格子放1颗，第2个格子放2颗，第3个格子放4颗……第64个格子应该放 2^{63} 颗。那么 $1+2+2^2+2^3+\cdots+2^{62}+2^{63}=?$

追问 上述问题本质上是属于数列中的什么问题？

提示 $a_1+a_2+a_3+\cdots+a_{n-1}+a_n=S_n$，

$a_1+a_1q+a_1q^2+\cdots+a_1q^{n-1}=S_n$。

【设计意图】通过经典的数学故事提炼出数学问题，激发学生学习的兴趣。

（二）概念形成

问题2 能否总结出在解决等差数列的前 n 项和问题时，通过什么方法实现运算方式的转化？最后运算简化到什么程度？

提示 通过倒序相加法把中间的项去掉，最后简化到只要给出首项 a_1 和末项 a_n，或者给出公差 d 和项数 n 就可以求和了。

问题3 是否可以类比等差数列，将等比数列求和简化到只要给出首项 a_1 和末项 a_n，或者给出公比 q 和项数 n 就可以了？

问题4 求等比数列的前 n 项和时，能否找到一种方法来转化运算方式，从而简化运算？

学生先思考、讨论，教师再引导学生总结出以下方案。

方案1：

$S_n=a_1+a_1q+a_1q^2+\cdots+a_1q^{n-2}+a_1q^{n-1}$， ①

$qS_n=a_1q+a_1q^2+\cdots+a_1q^{n-2}+a_1q^{n-1}+a_1q^n$。 ②

①－②得 $(1-q)S_n=a_1(1-q^n)$。

$\therefore S_n=\frac{a_1(1-q^n)}{1-q}$ $(q\neq 1)$ 或 $S_n=\frac{a_1-a_nq}{1-q}$ $(q\neq 1)$。

方案 2：

$S_n=a_1+a_1q+a_1q^2+\cdots+a_1q^{n-2}+a_1q^{n-1}$， ①

$\frac{1}{q}S_n=\frac{1}{q}a_1+a_1+a_1q+\cdots+a_1q^{n-3}+a_1q^{n-2}$。 ②

①－②得 $(1-\frac{1}{q})S_n=a_1q^{n-1}-\frac{1}{q}a_1$。

$\therefore (q-1)S_n=a_1q^n-a_1$，即 $S_n=\frac{a_1(1-q^n)}{1-q}(q\neq 1)$。

方案 3：

$$\begin{aligned}S_n&=a_1+a_1q+a_1q^2+\cdots+a_1q^{n-2}+a_1q^{n-1}\\&=a_1+(a_1q+a_1q^2+\cdots+a_1q^{n-2}+a_1q^{n-1})\\&=a_1+q(a_1+a_1q^1+\cdots+a_1q^{n-3}+a_1q^{n-2})\\&=a_1+qS_{n-1}\\&=a_1+q(S_n-a_n)。\end{aligned}$$

$\therefore (1-q)S_n=a_1-a_nq$，

$\therefore S_n=\frac{a_1-a_nq}{1-q}(q\neq 1)$。

方案 4：

由等比数列的定义知 $\frac{a_2}{a_1}=\frac{a_3}{a_2}=\frac{a_4}{a_3}=\cdots=\frac{a_n}{a_{n-1}}=q$，由合比定理知 $\frac{a_2+a_3+a_4+\cdots+a_n}{a_1+a_2+a_3+\cdots+a_{n-1}}=q$，即 $\frac{S_n-a_1}{S_n-a_n}=q$，解得 $S_n=\frac{a_1-a_nq}{1-q}(q\neq 1)$。

【设计意图】通过问题串的设计，剥茧抽丝，让学生体会公式推导过程中蕴含的丰富的数学思想和核心素养。师生互动帮助学生发散思维，掌握更多的推导方法，增强学生的体验感，达到更佳的教学效果。

（三）概念深化

由前面的推导过程，得出等比数列的前 n 项和公式为

$$S_n=\begin{cases}na_1(q=1),\\ \frac{a_1(1-q^n)}{1-q}=\frac{a_1-a_nq}{1-q}(q\neq 1)。\end{cases}$$

问题 5 根据等比数列的前 n 项和公式，你能求出国王应该赏赐的麦粒数吗？国王是否能实现他的诺言？

提示 国王赏赐的麦粒数为 $S_{64}=\dfrac{1\times(1-2^{64})}{1-2}=2^{64}-1$。$2^{64}-1$ 这个数很大，超过了 1.84×10^{19}。如果一千颗麦粒的质量约为 40 克，那么这些麦粒的总质量超过了7 000亿吨，约是 2016—2017 年度世界小麦产量的 981 倍。因此，国王不可能实现他的诺言。

注意 1. 等比数列求和时应考虑 $q=1$ 和 $q\neq1$ 两种情况。

2. 公式 $S_n=\dfrac{a_1(1-q^n)}{1-q}(q\neq1)$ 和 $S_n=\dfrac{a_1-a_nq}{1-q}(q\neq1)$ 中都分别有四个元素 S_n，a_1，q，n 和 S_n，a_1，a_n，q，知三求一。

3. 公式 $S_n=\dfrac{a_1(1-q^n)}{1-q}(q\neq1)$ 中，q 的指数是等比数列中项的个数，不是末项的指数。

【设计意图】 通过本环节，学生对公式的结构，以及公式的内涵、外延有了更深刻的认识。

（四）应用探索

例 1 求下列等比数列的前 8 项的和。

(1) $\dfrac{1}{2},\dfrac{1}{4},\dfrac{1}{8},\cdots$;(2) $a_1=27,a_9=\dfrac{1}{243},q<0$。

例 2 某商场今年销售计算机5 000台。如果平均每年的销售量比上一年的销售量增加 10%，那么从今年起，大约多少年可使总销售量达到 30 000台（结果保留到个位）？

例 3 如图 5.4－1，为了估计函数 $y=9-x^2$ 在第一象限的图象与 x 轴，y 轴围成的区域的面积 X，把 x 轴上的区间 [0，3] 分成 n 等份，从各分点作 y 轴的平行线与函数图象相交，再从各交点向左作 x 轴的平行线，构成 $(n-1)$ 个矩形，用图 5.4－2 的

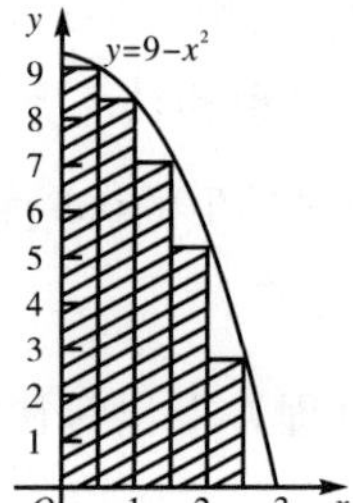

图 5.4－1

```
SUM=0
k=1
INPUT N
WHILE  k<=N-1
AN=(9-(k*3/N)^2)*3/N
SUM=SUM+AN
PRLNT k, AN, SUM
k=k+1
WEND
END
```

图 5.4－2

程序来计算这（$n-1$）个矩形的面积的和 S。

（1）程序中 AN，SUM 分别表示什么，为什么？

（2）请根据程序分别计算当$n=6$，$n=11$，$n=16$ 时各个矩形的面积的和。

【设计意图】学生通过公式的实际运用，体会公式的用途，感受数学知识的强大和数学公式的魅力。

（五）总结归纳

思考　你能总结出本节课的主要内容吗？通过本节课的学习，你有什么收获，领悟了哪些思想方法？对哪个环节印象最深刻？

【设计意图】深化学生对等比数列前 n 项和公式的理解，完善思维结构，培养学生总结、归纳和反思的能力。

四、课例评析

从学科育人的视角看，教师主要从以下几个方面进行问题设计，组织课堂教学。

（一）培养学生的科学精神

在“新课引入”环节，教师注重学生的认知基础和思维起点，从古印度国际象棋的故事引入，将抽象的数学知识与历史故事有机结合起来，既活跃课堂气氛，又提高学生学习的热情，激发学生的求知欲望。这也是数学学科史料育人的一种方式，让学生从故事中体会科学价值和数学应用价值，提升学生的科学精神和应用意识。

（二）培养学生良好的理性思维

《普通高中数学课程标准（2017 年版）》提出，数学在形成人的理性思维、科学精神和促进个人智力发展的过程中发挥着不可替代的作用。数学素养是现代社会每一个人应具备的基本素养。本节课中，教师设置的问题环环相扣，难度逐级上升。问题 1 实际上就是要解决等比数列的前 n 项和问题。学生已经掌握了等差数列的前 n 项和公式，但是等比数列的前 n 项和公式的推导方法和等差数列的前 n 项和公式的推导中运用的倒序相加法有很大的区别。这就需要教师发挥教学智慧，如何类比？

从哪些方面进行类比？因此问题2和问题3就尤为关键，这两个问题既是方向指引，又是基础铺垫，让学生的思维方向更清晰。在问题4以及一系列的师生对话中，教师的提问剥茧抽丝，步步为营，学生的理性思维得到良好的发展。

（三）培养学生的感悟能力

教之道在于“度”，学之道在于“悟”。“度”需要把握，“悟”需要时间。本节课中，教师在“度”上的把握比较到位，体现在教师对教材的钻研和理解，对教学目标的准确定位，恰当、适时的问题引导。同时，教师也非常了解等待的意义。经过的一系列提问，在问题4后，教师把课堂交给学生。学生或独立思考，或小组讨论，最后给出了四种证明方案。这四种方案都是正确可行的，虽然方案路径不同，但是目标是一致的，都是想办法“消项”后，推导出等比数列的前 n 项和公式。学生体会到公式以简驭繁，四两拨千斤的强大功能。此时，学生发现已经可以回答问题1，发现国王许下了一个不可能实现的诺言。由此，学生不仅产生解决数学问题的满足感，而且在“悟”出解决方案后也“悟”出一些人生道理，如三思而后行，谋定而后动。这也是数学学科育人最实在的价值。

（四）培养学生的求真品质

在“应用探索”环节，教师设计了一道利用数列求和设计计算机程序算法求几何图形面积的例题。这个设计画龙点睛，计算机的普及和应用给数学教学内容的选择带来了巨大的影响。计算机可以构造复杂的数学模型，帮助我们快速解决高难度的数学计算问题。而编写计算机的程序算法需要大量的数学知识储备。大量的数学公式就是各类程序的符号语言。数学不再是枯燥乏味的算术训练和无边无际的代数运算。计算机可以在数学与学生的认知之间架起一座桥梁。那么，数学的重要性就不言而喻了，数学高峰并不是高不可攀了，从古至今，数学工具都是人类求真路上得力的武器。至此，数学学科育人的价值就更浓厚了。

（课例设计：陈华曲　课例评析：霍玉鑫）

课例二

一、教材分析

等差数列与等比数列作为数列中的两类基本类型，其探究方法对于数列的研究具有典范作用。其中公式的推导及应用的过程中处理代数里数与式的各种方法，如倒序相加法、错位相减法、迭代法、分组法等，蕴含丰富的整理思想、方程思想、分类讨论思想、函数思想等，是代数学习的经典素材。本节课的教学重点是错位相减法推导等比数列的前 n 项和公式及公式的应用；教学难点是等比数列前 n 项和公式的推导。

二、教学目标

1. 会用错位相减法推导等比数列的前 n 项和公式，了解其核心，构造相同项，作差相消，化繁为简，渗透算法思想。

2. 掌握等比数列的前 n 项和公式，能够运用公式解决等比数列的一些基本问题，培养学生的数学运算核心素养及解决问题的能力。

3. 了解等比数列前 n 项和公式的其他推导方法，围绕数学史料进行探究，提升数学阅读能力的同时培养数学抽象、逻辑推理等核心素养。

三、教学设计

（一）新课引入

以课本国王与麦粒的故事引入新课。

问题 1 国王需要支付多少麦粒？

追问 能用之前计算等差数列前 n 项和的方法进行计算吗？为什么？

问题 2 类比等差数列的前 n 项和公式 $S_n=na_1+\frac{n(n-1)}{2}d$，能否也用等比数列基本量 a_1，a_n，n，q 表示 S_n？

【设计意图】 学生通过思考容易发现，$1+2^{64}\neq 2+2^{63}\neq 2^2+2^{62}\neq\cdots$，因此倒序相加法并不适用于求等比数列的前 n 项和，自然引出本课内容。

（二）概念形成

问题 3 观察等比数列前 n 项和式子 $1+q+q^2+q^3+\cdots+q^n$ 中各项的异同，它们有什么联系？

问题 4 如何处理可以消去等比数列前 n 项和式子中的中间项？

提示 $S_n=a_1+a_1q+a_1q^2+a_1q^3+\cdots+a_1q^{n-1}$， ①

$qS_n=a_1q+a_1q^2+a_1q^3+\cdots+a_1q^n$。 ②

将①式两边同乘 q，构造相同项，得到②式，再作差相消。这样的处理使得中间项被消去，保留首项、末项，将等比数列前 n 项和式子中的无限项变为有限项，化繁为简，得到 $(1-q)S_n=a_1-a_1q^n$。

因此，$S_n=\dfrac{a_1(1-q^n)}{1-q}$。

追问 公式 $S_n=\dfrac{a_1(1-q^n)}{1-q}$ 是否适用于所有的等比数列？

提示 当 $q=1$ 时，上式没有意义，此时 $S_n=na_1(q=1)$。

因此，等比数列的前 n 项和公式 $S_n=\begin{cases}\dfrac{a_1(1-q^n)}{1-q} & (q\neq 1),\\ na_1 & (q=1)。\end{cases}$

总结 推导的方法是通过对等比数列前 n 项和式子乘上公比 q，构造相同项，作差消去中间项，保留首项、末项，这样的方法称为错位相减法。

问题 5 类比等差数列的前 n 项和公式的变形，等比数列的前 n 项和公式 $S_n=\dfrac{a_1(1-q^n)}{1-q}(q\neq 1)$ 还可以怎样变形？

提示 利用等比数列的通项公式 $a_n=a_1q^{n-1}$，易得 $S_n=\dfrac{a_1(1-q^n)}{1-q}$ $=\dfrac{a_1-a_1q^n}{1-q}=\dfrac{a_1-a_nq}{1-q}(q\neq 1)$。

问题 6 对于等比数列的基本量 a_1，a_n，q，n，S_n，至少已知几个量，可以确定其他量？

【设计意图】 将具体的数过渡到抽象的代数结构，借助特殊的形式，突出等比数列的特征，引导学生发现等比数列项与项之间的联系，为错位相减法推导公式搭建脚手架。另外，组织学生探究，让学生在技能层面落实错位相减法，体会其精妙之处，并感悟该方法的核心思想。同时，分析等比数列前 n 项和公式的结构特征、适用情况，利用方程思想，强调等比数列 5 个基本量中“知三求二”的思想。

（三）概念深化

问题 7 对于等比数列前 n 项和公式的推导，除了用错位相减法，还有其他的证明方法吗?（小组讨论）

方法 1 古希腊著名数学家欧几里得在他的数学著作《原本》中对等比数列的前 n 项和公式给出证明，证明过程运用了初中学习过的合比定理：如果 $\frac{a}{b}=\frac{c}{d}$，那么 $\frac{a+b}{b}=\frac{c+d}{d}(b\neq 0,d\neq 0)$。

证明过程：若 $\frac{a}{b}=\frac{c}{d}(ad\neq 0,bc\neq 0)$，则 $\frac{a}{c}=\frac{b}{d}$，由合比定理得 $\frac{a+c}{c}=\frac{b+d}{d}$，则 $\frac{a+c}{b+d}=\frac{c}{d}=\frac{a}{b}$。已知 $\{a_n\}$ 是 $q\neq 1$ 的等比数列，由等比数列定义得 $\frac{a_2}{a_1}=\frac{a_3}{a_2}=\cdots=\frac{a_n}{a_{n-1}}=q$，由合比定理推论，得

$$\frac{a_2+a_3+a_4+\cdots+a_n}{a_1+a_2+a_3+\cdots+a_{n-1}}=\frac{S_n-a_1}{S_n-a_n}=q。$$

$$S_n-a_1=q(S_n-a_n)\Rightarrow S_n=\frac{a_1-a_nq}{1-q}(q\neq 1)。$$

方法 2 《莱因德纸草书》是古埃及的数学著作，属于世界上最古老的数学著作之一。它较为全面地反映了古埃及当时的数学知识状况，根据其中的记载，鲜明地体现了埃及数学的实用性。其中问题 79 提及如图 5.4-3 所示的财产表。

1	2 801	房屋	7
2	5 602	猫	49
4	11 204	老鼠	343
	19 607	麦穗	2 401
		容积	16 807
		总数	19 607

图 5.4-3 《莱因德纸草书》上的财产表

第五章 数列

根据图 5.4-3 中的财产表，你有什么启发？

该问题本质是一个等比数列求和问题。已知$\{a_n\}$是等比数列，$a_1=7$，$q=7$，求 S_5。

$$\begin{aligned}S_5&=7+49+343+2\,401+16\,807\\&=7(1+7+49+343+2\,401)\\&=7\times 2\,801\\&=19\,607。\end{aligned}$$

从特殊到一般，有

$$\begin{aligned}S_n&=a_1+a_1q+a_1q^2+\cdots+a_1q^{n-1}\\&=a_1+q(a_1+a_1q+a_1q^2+\cdots+a_1q^{n-2})\\&=a_1+qS_{n-1}。\end{aligned}$$

又因为 $a_n=S_n-S_{n-1}$，所以 $S_n=a_1+q(S_n-a_n)\Rightarrow S_n=\dfrac{a_1-a_nq}{1-q}(q\neq 1)$。

【设计意图】基于学生学情，选取另外两种等比数列前 n 项和公式的推导方法作为课堂的深度拓展训练。学生作为学习的主人，自主阅读材料、整合信息、提出想法、动手实验，能够锻炼思维，对于数与式有更多角度的认识。

（四）应用探索

回到问题 1，国王所需的麦粒数为 $S_{64}=\dfrac{1-2^{64}}{1-2}=2^{64}-1$，显然国王不能实现他的诺言。

例 1 我国古代数学著作《九章算术》中记载着“两鼠穿墙”经典名题：“今有垣厚五尺，两鼠对穿，大鼠日一尺，小鼠也日一尺，大鼠日自倍，小鼠日自半，问何日相逢，各穿几何？”假如墙厚 20 尺，则这两只老鼠相逢所需天数至少为多少天？

例 2 我国古书《张丘建算经》记载了这样一个问题：“今有马行转迟，次日减半疾，七日行七百里。”意思是：有一匹马行走的速度逐渐减慢，每天行走的里程是前一天的一半，7 天一共行走了 700 里。若该马按此规律继续行走 7 天，则它 14 天内所走的总路程为多少？

【设计意图】 解答课前引入的问题，与前面形成呼应。引入数学史书上记载的与本课内容紧密相关的两个实际问题，帮助学生学以致用，掌握公式，同时让学生感受到数学与生活息息相关。

四、课例评析

（一）通过问题推动课堂，实现思维育人

在“新课引入”环节，教师以国王与麦粒的故事自然地切入本课内容，引导学生发现等差数列求和的倒序相加法在等比数列求和中并不适用，需要探索新的解决方法。这样的处理方式使得问题的产生是自然且合理的，同时也让学生感受到学习本课的必要性，激发学生的学习兴趣。问题 2 的提出，为学生解决问题提供方向。等差数列与等比数列是数列中最基本的两类数列，它们在一些结论上有许多相似之处。例如等差数列与等比数列的通项公式均由首项、项数、公差或公比构成。

在数学学习中，许多定理与结论的产生，都是先依据经验、观察，对结果进行合理猜想，再进行严谨的证明。引导学生合理猜想是锻炼学生思维的重要方式。在利用错位相减法推导等比数列前 n 项和公式的过程中，教师先是通过问题 3 引导学生观察等比数列前 n 项和式子中的特征结构，寻找联系点，将式子的每一项乘公比 q，可以得到它后面相邻的项。顺着思路，提出问题 4，学生自然能想到乘上公比 q，构造相同的中间项，通过作差抵消中间项。这样环环相扣，步步引导，层层递进，充分暴露思维过程，化繁为简，展现错位相减法的核心，让学生更易于理解、掌握。同时，教师借助追问公式 $S_n=\frac{a_1(1-q^n)}{1-q}$ 是否适用于所有的等比数列求和，引起学生反思。分类讨论是处理数学问题的常见手段，体现数学证明的严谨性，培养学生的批判性思维。

（二）设置自主探究环节，实现活动育人

本节课的一大精彩之处在于，问题 7 中对等比数列前 n 项和公式其他证明方法的探究活动设计。教师先组织学生阅读两则等比数列前 n 项和公

式证明方法的相关史料，给学生提供线索，点明方向，发散思维，再让学生以小组讨论的形式进行自主探究，最后让小组代表汇报成果。其中，方法 1 选取古希腊著名数学家欧几里得在《原本》中的记载。该方法是由等比数列定义分式结构特征切入，运用学生在初中学习相似三角形时就接触的合比定理的推论，引导学生一步步推导出求和公式。教师通过有效的提示作为启发点，在学生已有知识结构体系中搭建梯子，发散学生思维，就如同在学生肥沃的思维土壤中播撒种子，让其生根发芽。方法 2 选自古埃及的数学著作《莱因德纸草书》中对于生活中数学问题的实例记载。教师通过引导学生观察实例中财产表的数据记录，发现实例是关于 $a_1=7$，$q=7$，求 S_5 的具体问题。结合财产表中展现的具体计算方法，启发学生从特殊到一般，探究等比数列的求和公式。在整个过程中，学生从学到做，又在做中学。如此，能够较好地调动学生的兴趣，培养学生的自主学习能力。学生在探究以上两种推导方法的过程中，能够对数与式的特征有更多的观察与思考，灵活地运用知识，拓展思维，不断发现问题、解决问题，最终收获成功的愉悦。

（三）选取数学史延伸学习，实现史料育人

在其他推导方法中，教师选取了数学史中对于等比数列前 n 项和公式推导的相关记载来启迪学生。一方面，让学生感受数学知识的博大精深，数学文化的源远流长。另一方面，引导学生仿照数学家的思考方向进行探究学习，感受数学的精妙之处，同时体会前辈们研究问题的不易。在“应用探索”环节，教师选取我国古代数学著作《九章算术》中记载的“两鼠穿墙”经典名题与古书《张丘建算经》记载的“疾马行程”问题，通过这些经典问题反映我国古代数学家善思勤学的优秀传统美德。数学问题往往源于生活，却也是日常生活问题的高度抽象，笛卡儿曾说，数学是人类知识活动留下来最具威力的知识工具，是一些现象的根源。数学是不变的，是客观存在的，上帝必以数学法则建造宇宙。现在的我们是站在巨人的肩膀上看世界，社会在发展，人类在进步，我们更需要钻研精神。

（课例设计：梁舒尹　课例评析：陈俊健）

第 六 章

不等式

第一节　等式性质与不等式性质（一）

一、教材分析

根据《普通高中数学课程标准（2017 年版）》的要求，该节内容是高中“预备知识”之一。学生在本节内容之前学习了集合的有关概念、关系和运算，还学习了充分条件、必要条件，以及全称量词、存在量词、全称量词命题和存在量词命题的否定等简易逻辑知识。在本节内容的第一课时，学生已通过实例抽象出不等式，归纳实数大小的基本事实，并用实数大小的基本事实进行简单不等式证明。因此，学生在学习本节课之前，已具备了一定的逻辑知识，掌握了实数大小的基本事实，并会用作差法证明简单的不等式。本节课主要是从等式基本性质归纳出不等式基本性质，并推导不等式的常用性质。本节课蕴含了大量的数学逻辑推理方法，是发展学生逻辑推理等数学核心素养的良好载体。本节课的教学重点是从等式基本性质类比到不等式基本性质的逻辑依据及过程，不等式基本性质向不等式常用性质的推导过程；教学难点是不等式性质间的逻辑关系及证明过程。

二、教学目标

1. 经历等式基本性质向不等式基本性质的类比归纳过程，了解类比归纳的方法，掌握猜想—证明—应用的研究问题的一般思路。

2. 经历从不等式基本性质向不等式常用性质的探究过程，体会一般与特殊的数学思想，强化思维训练。

3. 经历不等式性质的证明过程，会用不等式性质进行不等式简单运算及证明。

三、教学设计

（一）复习与引入

两个实数大小比较的基本事实。

(1)$a>b\Leftrightarrow a-b>0$；(2)$a=b\Leftrightarrow a-b=0$；(3)$a<b\Leftrightarrow a-b<0$。

问题1 等式的基本性质有哪些？你能归纳出发现这些性质的方法吗？

等式基本性质：

性质1 如果 $a=b$，那么 $b=a$；

性质2 如果 $a=b$，$b=c$，那么 $a=c$；

性质3 如果 $a=b$，那么 $a\pm c=b\pm c$；

性质4 如果 $a=b$，那么 $ac=bc$；

性质5 如果 $a=b$，$c\neq 0$，那么 $\frac{a}{c}=\frac{b}{c}$。

追问 以上性质都有什么共性？你能归纳得更简洁一些吗？

【设计意图】该教学环节承接上一节内容，突显数学知识的整体性与系统性，同时指出学习本节课内容的必要性和学习的路径。教师引导学生先对较易得到的性质进行分析，归纳等式在运算上的共性特征，让学生体会这些性质是等式在运算上的不变性。同时，对这些性质在运算上做进一步的统一，即可以将等式的五个性质归纳成两个性质：如果 $a=b$，那么 $a+c=b+c$；如果 $a=b$，那么 $ac=bc$。

（二）类比与迁移

追问2 根据等式的外部运算得到 $a+c=b+c$，如果 $a=b$，那么 $ac=bc$，该等式还有其他性质吗？

追问3 你能对得到的性质进行排序吗？请说出你的依据。

问题2 类比获得等式性质的方法，你能猜想不等式的性质吗？写出你的结论并尝试解释和证明。

活动1 教师与学生探讨猜想不等式性质的逻辑依据，同时对不等式本身特有性质进行研究。

追问1 你从哪些角度猜想不等式性质？

首先，教师让学生通过观察、举例验证或结合数轴取点研究，归纳出一般结论。然后，教师引导学生用文字语言及符号语言表示不等式性质。

追问 2 对于性质 1：$a>b \Leftrightarrow b<a$，性质 2：$a>b$，$b>c \Rightarrow a>c$，你能给出它们的直观解释吗？

追问 3 你能证明归纳得出的结论吗？

追问 4 我们已经学习了充分必要条件，请同学们观察性质 1 与性质 2 的左边条件与右边结论之间是什么关系？

活动 2 类比等式的性质，根据不等式运算中的不变性，猜想、解释和证明不等式性质 3：$a>b \Rightarrow a+c>b+c$ 和性质 4：$a>b, c>0 \Rightarrow ac>bc$；$a>b, c<0 \Rightarrow ac<bc$。

追问 1 类比性质 1 和性质 2 的研究方法，请同学们对得到的性质进行分析，并尝试对性质提出问题。

在教学中，教师引导学生运用文字语言、符号语言及图形语言对性质的解释，如性质 3 的符号语言是 $a>b \Rightarrow a+c>b+c$；文字语言是不等式的两边都加上同一个实数，所得的不等式与原不等式同向；图形语言如图 6.1－1 所示。

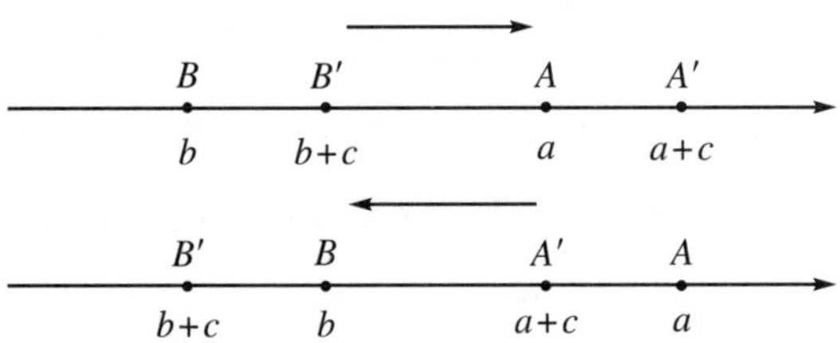

图 6.1－1

追问 2 $a+b>c$ 是 $a>c-b$ 的什么条件？你能用更通俗的语言进行表述吗？

教师引导学生指出不等式的移项法则。

问题 3 以上四个性质，叫做不等式的基本性质。为什么叫"基本"性质？

教师引导学生分析讨论，以培养学生探索发现的精神和合作交流的品质。

总结 之所以叫"基本"性质，有以下两个原因：一是因为它们是基础性质，由此可以推导出其他性质；二是它们是由基础运算加法与乘法得到的。

思考 以这几个基本性质为基础，你还能得到哪些不等式的常用性质？请写出你的结论，并证明。

追问 1 在数学上，我们常常将已知结论特殊化或一般化，进而得到一些新的结论。请同学们思考基本性质中哪些性质通过变换得到新的不等式关系。

追问 2 在性质 3 中，如果不等式两边加上同一个实数，不等式依然成立；如果加上不同的数，不等式还成立吗？为什么？同理，不等式两边乘两个不相等的数，会得到什么结果？所乘的数有哪些限制条件？

追问 3 在性质 5 和性质 6 中，如果再增加一项不等式，结果是什么？对你有什么启发？如果不等式的项都相同，你能得出什么结论？

师生经过探究得出以下三个常用性质：

性质 5 $a>b,c>d \Rightarrow a+c>b+d$；

性质 6 $a>b>0,c>d>0 \Rightarrow ac>bd$；

性质 7 $a>b>0 \Rightarrow a^n>b^n(n\in \mathbf{N},n\geqslant 2)$。

不等式的性质比较多，掌握起来有些难度，教师引导学生对性质 3 至性质 7 用类似形象的名词来命名，以帮助学生理解和记忆。

从运算的角度来看，性质 3 至性质 7 的运算特点分别是加法、乘法、乘方，教师引导学生在这些性质的后面分别标注可加性、可乘性及加法、乘法和乘方运算。

【设计意图】学生在初中已经接触过一些不等式性质，但本节课的教学重点不仅是性质本身，还是探究不等式性质的过程，其中的分类、逻辑关系及直观表达都是重要的数学活动体验。“猜想—证明—应用”这是发现规律的常用方法。教师引导学生对性质 1 和性质 2 进行证明，使学生了解演绎推理的步骤。教师引导学生利用已学习的充分必要条件知识，厘清这些不等式性质哪些是可逆的，哪些是不可逆的，以加深学生对性质结构的认识，避免今后在应用中出错。常用性质与基本性质的内在逻辑关系体现了一般化与特殊化的数学思想，通过学习有助于学生形成良好的数学学科思维。

（三）应用与强化

问题 4 实数大小关系的基本事实和不等式的性质是解决不等式问题的基本依据。请同学们思考以下问题。

已知 $a>b>0,c<0$，求证 $\frac{c}{a}>\frac{c}{b}$。

【设计意图】 教师引导学生分析不等式两边式子的构成特点，可得到本题的多种证明方法，从而培养学生观察、分析的能力和灵活应用所学知识解决问题的能力。

（四）小结与提升

问题 5 本节课我们从等式的性质出发，学习了不等式的性质，请同学们思考以下问题：

（1）我们是依据什么类比等式性质得到不等式性质？

（2）我们怎么确定得到的猜想是正确的？我们做了哪些工作？

（3）不等式性质可以分为几个层次？为什么这样分？

【设计意图】 围绕课堂中的“四基”“四能”，再现课堂中的关键数学活动，发展学生的元认知能力和批判性思维。

四、课例评析

本节课是在等式基本性质基础上让学生观察、讨论，类比归纳不等式基本性质，推导不等式常用性质，并对性质进行证明和简单应用。本节课的重点在于如何通过设置合理的数学问题，引导学生进行数学活动，参与不等式性质的猜想—证明—应用整个过程，并在此过程中体会其中蕴含的数学思想方法。本节课教学内容关系如图 6.1－2 所示。

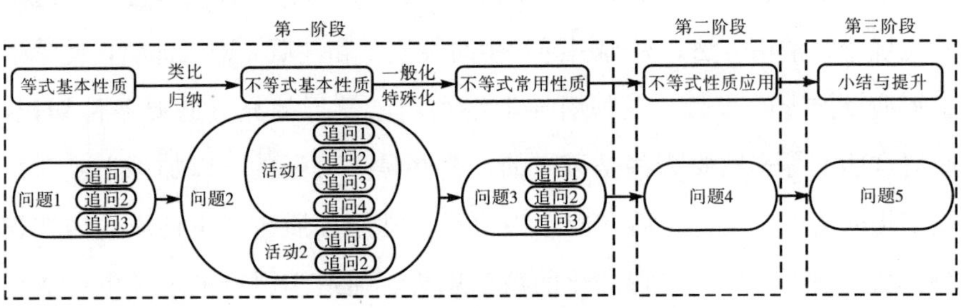

图 6.1－2 等式性质与不等式性质逻辑关系

本节课教学分为以下几个阶段（如图 6.1－3）：

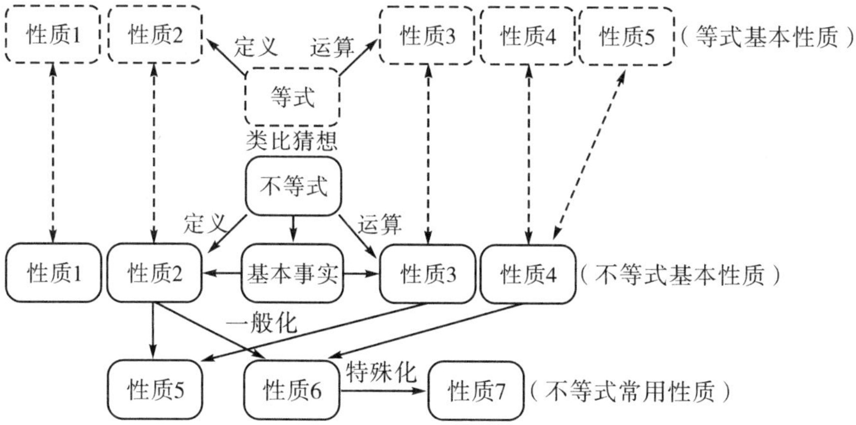

图 6.1－3　教学实施过程图

本节课蕴含了大量的数学逻辑推理方法，是发展学生逻辑推理等数学核心素养的良好载体。通过对不等式性质的证明，学生理解了对数学定理证明的必要性，增强了学生的逻辑推理能力。整个教学过程实现了学生的自主探究到潜在能力的开发，培养了学生的发散思维能力，体现了数学的学科育人价值。

（一）挖掘教材内容内涵，发现知识背后的学科育人价值

《普通高中数学课程标准（2017 年版）》指出，“四基”是培养学生数学学科核心素养的沃土，是发展学生数学学科核心素养的有效载体。在教材中，数学知识的呈现是精练的，常常都是简单明了且准确的描述。而实际上，教材中许多看似简单的知识背后却隐藏着丰富的数学内涵。如在本节课中，教材列出了等式的 5 个基本性质，这 5 个性质分为哪几个层次？依据是什么？7 个不等式性质的层次及内部逻辑关系是什么？这些都是需要教师引导学生思考的问题。在不等式的常用性质教学中，教师不应仅限于让学生了解性质本身，还应着力于挖掘常用性质与基本性质的内在逻辑关系，让学生掌握一般与特殊的数学思想，有助于他们形成良好的数学学科思维。例如，性质 5 和性质 6 分别是性质 3 和性质 4 一般化后的结论，而性质 7 是性质 6 特殊化的结果。同时，教师还要引导学生认识到性质 5 可以推广得到更一般的结论，即有限个同向不等式的两边分别相加，所得到的不等式与原不等式同向；性质 6 可以推广得到更一般的结论，即几个两边都是正数的同向不等式两边分别相乘，所得到的不等式与原不等式同向。在本节课中，教师充分挖掘教材中数学内容的育人价值，使学生既掌握数学知识，又能体会数学知识背后的“程序性知识”。

（二）发展学生数学核心素养，实现学科育人价值

《普通高中数学课程标准（2017 年版）》指出，数学在发展学生理性思维和科学精神上有重要作用。因此，数学学科育人的具体表现就是发展学生数学核心素养。教师应充分理解数学教学内容，寻找和发现数学内容内在价值，促进学生发展数学核心素养。本节课主要体现了数学抽象、直观想象、逻辑推理和数学运算数学核心素养。

不等式是客观世界不等关系的数学抽象，不等式相关计算都是在此基础上进行的抽象运算。在教材中，不等式性质 3 分别有文字语言、符号语言及图形语言三种表述方式。教师应注意数轴在刻画大小关系中具有直观性的特点，从文字、符号、图象等不同角度刻画不等式性质，能更为直观地展现不等式性质的内涵，培养学生数学抽象与直观想象的数学核心素养。

逻辑推理和数学运算是本节课着重发展的两个数学核心素养。逻辑推理是指从一些事实和命题出发，依据规则推出其他命题的思维过程。数学运算本质上是逻辑推理的一种形式。逻辑推理素养的生成，需要学生经历、感受推理的过程。逻辑推理是数学知识间的内在关系，而数学运算是推动课堂前进的工具。在本节课中，教师在等式性质与不等式性质的教学中采用了类比推理的方法，让学生从已有经验中思考未知的内容，经历分析、联系、对比、猜想的过程；得到猜想之后，又从实数大小关系的基本事实出发进行证明，采用演绎推理的方式让学生经历由特殊到一般，再由一般到特殊，从基本性质推导出常用性质的过程。在教学中，学生始终在充满数学逻辑的教学情境中，积累数学活动经验，发展理性思维和学科核心素养。培育和发展学生的理性精神，是数学精神育人的教育目标使然，是本节课体现教学价值的重要方面。

（三）精心设计教学活动，实现学科思维育人价值

在教学中，学生是课堂活动的主体，学生决定课堂教学的推进。在新课程中，大量的数学知识需要学生经历、体验和感悟，这是发展学生数学核心素养的重要途径之一。在教学中，适当地调整教学内容容量，预留充足的时间给学生思考，是学生知识积累、培养能力和发展素养的关键。本节课中的问题 2 与问题 3 是从等式基本性质类比到不等式基本性质，从不等式基本性质演绎得到不等式常用性质，在这两个教学过程中，充满了数学性思考，教师不能急于求成，而是适当放缓脚步，“施肥浇水”，“静待花开”。

（四）依托多种教育技术，提高学科育人效率

符号化、形式化和公理化是现代数学的重要特征。在高中数学教学中，有较多的符号化描述及运算，还有公理化的证明，都具有高抽象、难理解的特点。教师在教学中可以适当采用多种教育技术，加强其符号化、抽象表述的几何直观解释，多角度呈现它的抽象过程，进而帮助学生加深对抽象对象的理解。在本节课中，课堂上学生猜想、演算与证明时师生交流、生生交流，都必须依托于实时投影。同时，教师也可以在课前设计好课堂导学案，帮助学生聚焦课堂教学的核心知识。

（课例设计：韦锋　课例评析：邹信武）

第二节 等式性质与不等式性质（二）

一、教材分析

相等关系和不等关系设置在预备知识板块，为高中数学的学习做好心理、学习方式、知识技能等方面的准备，帮助学生做好初高中的学习衔接。相等关系、不等关系是数学中最基本的数量关系，是构建方程、不等式的基础。等式、不等式分别是相等关系、不等关系的数学表达形式，它们是研究数学问题的基本工具。本节内容是初中等式性质与不等式性质的延续，也是解决不等式问题的理论依据，还是证明函数单调性、基本不等式的依据，在教材中占有非常重要的地位。等式的基本性质是研究不等式基本性质的类比对象，不等式的基本性质与等式的基本性质都是“式的性质”，具有相似性，所以可根据等式基本性质中蕴含的数学思想来研究不等式的基本性质。不等式的基本性质又是研究不等式一些常用性质的基础，可以借助推广和特殊化的方法，由不等式的基本性质得出不等式的一些常用性质。实数大小关系的基本事实和不等式的性质都是解决不等式问题的基本依据。基于以上分析，本节课的教学重点是梳理等式基本性质中蕴含的思想方法，探究不等式的基本性质；教学难点是梳理等式基本性质中蕴含的思想方法，探究不等式的基本性质，发现不等式的一些常用性质。

二、教学目标

1. 梳理等式的基本性质，将它们分为“相等关系自身的特性”和“相等关系对于运算的不变性”两类，体会等式基本性质中蕴含的数学思想方法。

2. 在等式基本性质蕴含的数学思想方法的引导下，类比等式的基本性质，探究不等式的基本性质，发展学生的逻辑推理能力。

3. 利用不等式的基本性质研究不等式的一些常用性质，了解“一般化”“特殊化”等研究数学问题的方法，发展学生的逻辑推理能力，提升数学的理性思维。

三、教学设计

（一）新课引入

现实世界的大小关系包括相等关系和不等关系两类，数学中用“等式”和“不等式”表达这两类关系。与解方程要用等式的性质一样，解不等式要用不等式的性质。不等式和等式都是对大小关系的刻画。因此，通过复习等式的性质，教师帮助学生梳理其中蕴含的思想方法，引导学生研究不等式的性质。

问题1 请同学们回忆等式有哪些性质？

教师让学生先独立思考、回答，然后再引导学生用严格的数学符号语言表达等式性质，并按学生所说的顺序板书等式的基本性质。

性质1 如果 $a=b$，那么 $a+c=b+c$。

性质2 如果 $a=b$，那么 $a-c=b-c$。

性质3 如果 $a=b$，那么 $ac=bc$。

性质4 如果 $a=b$，$c\neq 0$，那么$\frac{a}{c}=\frac{b}{c}$。

追问1 以上四个性质有什么共性？它们能否看作是运用了相同的方法或从相同的角度得到的？

学生在教师的引导下归纳得出以上四个性质可以看作是从运算角度得到的，即等式两边加、减、乘、除同一个数，等式仍然成立。最后教师强调，这四个性质反映了相等关系在运算中保持不变的特点。

追问2 我们知道，减法是加法的逆运算，除法是乘法的逆运算，请你梳理一下，在这四个性质中哪些是基本性质？

学生在教师的引导下，从运算关系的角度，体会并总结出：在性质2

中，等式两边减去同一个数 c，可以看成是等式两边加上同一个数 $-c$；在性质 4 中，等式两边除以同一个数 c，可以看成是等式两边乘同一个数 $\frac{1}{c}$。因此，性质 1、性质 3 更为基本，性质 2、性质 4 可以看作是由性质 1、性质 3“派生”出来的，性质 1、性质 3 可称为等式的基本性质。教师引导学生认识到既然性质 1、性质 3 是等式的基本性质，那么刚才梳理的四个性质就可以合并为两个，即等式关于加法的性质和关于乘法的性质。

性质 1　如果 $a=b$，那么 $a+c=b+c$。

性质 2　如果 $a=b$，那么 $ac=bc$。

追问 3　等式乘方、开方的性质是否可以看作是由等式的基本性质“派生”出来的？

学生思考后回答：乘方运算是特殊的乘法运算，开方运算可以看作是乘方运算的逆运算，它们都可以看作是由乘法运算“派生”出来的。

追问 4　等式是否还有其他性质？

当学生想不到等式还有哪些性质时，教师可做适当的提示：等式的有些性质我们一直在无意识地使用，大家之所以说不出来，是因为我们觉得它们太显然了，是相等关系本身蕴含的性质。例如，实数 a 与 b 相等，既可以表达成 $a=b$，也可以表达成 $b=a$，于是就有了等式的性质“如果 $a=b$，那么 $b=a$”，这个性质非常明显，是相等关系本身蕴含的性质，它反映了相等关系自身的特性。

性质 3　如果 $a=b$，那么 $b=a$。

追问 5　从相等关系自身的特性角度，等式是否还具有其他性质？

在教师的指导下，学生说出教材中的性质：如果 $a=b$，$b=c$，那么 $a=c$。教师指出该性质也反映了相等关系自身的特性。

性质 4　如果 $a=b$，$b=c$，那么 $a=c$。

在研究数学问题时，我们一般是先研究数学对象自身具有的性质，然后再研究其他性质。

【设计意图】教师通过问题串引导学生梳理等式的性质，让学生探究并发现这些性质蕴含的思想方法，提高学生从思想方法角度认识问题的意识。

（二）概念形成

问题 2 刚才回顾了等式的基本性质并且梳理了等式基本性质中蕴含的思想方法，如果要研究不等式的基本性质，你打算如何研究？即从什么角度来研究不等式的性质？

教师引导学生要研究不等式的性质可类比等式性质的方法，可以从不等式的自身特性和运算的不变性两个角度去研究不等式的基本性质。

问题 3 类比等式基本性质中自身的特性，你能猜想并证明不等式有哪些自身特性决定的基本性质吗？

学生猜想不等式自身特性有：如果 $a>b$，那么 $b<a$；如果 $a<b$，那么 $b>a$。

追问 1 你能证明“如果 $a>b$，那么 $b<a$”吗？

学生没有太多代数证明的经验，因此对运用实数大小关系的基本事实进行证明会有困难。教师可以找出学生的典型问题进行分析，并给出证明的示范。

证明：$a>b \Leftrightarrow a-b>0, b-a=-(a-b)<0$，即 $b<a$。

追问 2 除了不等式的基本性质 1，你还得到什么结论？怎么证明呢？你能否从性质 1 的证明中获得启示，并完成或修正你的证明过程？

学生猜想不等式自身特性还有“性质 2：如果 $a>b, b>c$，那么 $a>c$”，证明思路如下。

$$\left.\begin{array}{l} a>b \Rightarrow a-b>0 \\ b>c \Rightarrow b-c>0 \end{array}\right\} \Rightarrow (a-b)+(b-c)>0 \Rightarrow a-c>0 \Rightarrow a>c。$$

问题 4 类比等式性质中反映运算中的不变性的性质，你能猜想并证明不等式有哪些运算中的不变性决定的基本性质吗？

学生猜想得到“性质 3：如果 $a>b$，那么 $a+c>b+c$”并给出证明。

追问 1 用文字语言表达性质，有助于让学生加深对性质的理解。你能用文字语言表述性质 3 吗？

生：不等式的两边都加上同一个实数，所得不等式与原不等式同向。

师：文字语言表达具有直白的特点，有助于理解性质 3 的本质，即反映了不等式对于加法运算具有不变性。

追问 2 从几何角度直观解释性质，有助于我们数形结合地理解性质的本质。你能利用数轴来解释性质 3 吗？

教师利用课件展示 $a+c$，$b+c$ 的变化，让学生感受不等式性质的几何意义。

追问 3 除了不等式的基本性质 3，你还得到什么结论？怎么证明？

预设答案：学生猜想“如果 $a>b$，$c>0$，那么 $ac>bc$”，“如果 $a>b$，$c<0$，那么 $ac<bc$”。

证明思路如下：比较 ac 与 bc 的大小关系，即比较 $ac-bc$ 与 0 的大小关系，也就是比较 $(a-b)c$ 与 0 的大小关系。

追问 3－1 你能用文字语言表述此性质吗？这一性质说明不等式对于乘法运算有何特点？

在不等式的两边同乘一个正数，不等号方向不变；在不等式的两边同乘一个负数，不等号方向改变，发现不等式对于乘法运算不具备“保序性”。

【设计意图】 通过类比等式性质的探究过程，教师引导学生进一步探究不等式性质，让学生体会数学证明的逻辑性和严谨性，树立科学精神与科学态度。

（三）概念深化

问题 5 加法、乘法是数学的基本运算，因此上述四个性质是不等式的基本性质。不等式与等式基本性质的共性与差异有哪些？

师生共同总结：两者都具有自身特性和运算中的不变性、规律性，由于不等号具有方向性，性质 1 交换两个实数顺序，性质 4 中不等式两边同乘同一个负数时，不等号方向改变。

问题 6 在基本性质 3 中，不等式两边加的是同一个实数，如果把它一般化，即两边加不同的实数，你能得到什么不等式？如何证明？

预设答案：如果 $a>b$，$c>d$，那么 $a+c>b+d$。

证明思路一：要证 $a+c>b+d$，只需证 $a+c-(b+d)>0$，即证明 $(a-b)+(c-d)>0$，由已知 $a-b>0$，$c-d>0$，又由正数加正数大于 0，于是得证。

证明思路二：由性质 3 得 $a+c>b+c$，$c+b>d+b$。由性质 2 得 $a+c>b+d$，不等式得证。

由此可得到性质 5：如果 $a>b$，$c>d$，那么 $a+c>b+d$，用文字语言表述即为“大数加大数大于小数加小数”。

追问 1 受前面性质间关系的启发，你还能猜想出什么结论？你是怎么得到这个结论的？

预设答案：学生提出猜想“如果 $a>b$，$c>d$，那么 $ac>bd$”。

追问 1－1 不等式在乘法运算中不具备“保序性”，主要是受到负数的影响，你认为上述猜想是否正确？如何修正？

教师引导学生讨论、修正，最后得出正确结论，性质 6：如果 $a>b>0$，$c>d>0$，那么 $ac>bd$。

追问 2 乘方运算是乘法运算的特殊情况，由性质 6 可得不等式在乘方运算中有什么性质？你有什么新的结论？

学生将性质 6 中 c 和 d 特殊化，即令 $c=a$，$d=b$，从而得出“如果 $a>b>0$，那么 $a^2>b^2$”，并推广到“如果 $a>b>0$，那么 $a^n>b^n$（$n\in\mathbf{N}$，$n\geqslant2$）”。

【设计意图】教师让学生感受特殊化和一般化都是研究数学问题的逻辑思考方法，使学生经历“猜想—证明—修正猜想—再证明—得出性质—理解”研究数学问题的方法，加深学生对类比学习的理解，让学生充分认识到“运算中的不变性、规律性”在研究不等式性质中的“引路人”作用，加深学生对“代数性质”的认识，从而发展“四基”，提高“四能”。

（四）应用探索

问题 7 已知 $a>b>0$，$c<0$，求证 $\frac{c}{a}>\frac{c}{b}$。

预设 1 $\because \frac{c}{a}-\frac{c}{b}=\frac{c(b-a)}{ab}>0$，$\therefore \frac{c}{a}>\frac{c}{b}$。

预设 2 $\because a>b>0$，$\therefore ab>0$，$\frac{1}{ab}>0$，

又 $\because a\cdot\frac{1}{ab}>b\cdot\frac{1}{ab}$，即 $\frac{1}{b}>\frac{1}{a}$。

由 $c<0$，得 $\frac{c}{a}>\frac{c}{b}$。

预设 3　已知 $a>b>0$，$c<0$，要证 $\frac{c}{a}>\frac{c}{b}$，即要证 $bc>ac$，亦即要证 $(b-a)c>0$。$\because a>b>0$，$c<0$，$\therefore (b-a)c>0$，则原不等式得证。

【设计意图】 通过分享不同解法，一方面让学生了解运用实数大小关系的基本事实，是证明不等式的“根源”；另一方面利用不等式的基本性质进行证明，体现分析法的证明思路和综合法的表达方式，提高学生分析问题、解决问题的能力，提升学生的数学应用意识。

（五）总结归纳

从知识和思想方法的角度进行课堂小结，将它们纳入认知结构。

问题 8　本节课我们重点学习了不等式的基本性质和一些常用性质，我们是怎样研究不等式的性质的？

教师让学生先梳理等式的基本性质及蕴含的思想方法，从不等式的自身性质和运算的角度猜想并证明不等式的基本性质，由不等式的基本性质借助一般化和特殊化的方法猜测并证明不等式的一些常用性质。

追问 1　类比探究一般需要经历什么过程？

学生在教师的引导下得出类比探究一般经历“确定类比对象—归纳思想方法—类比猜想—推理证明—修正猜想—理解表达—应用反思”的过程。

追问 2　与初中学习的不等式性质的过程有何区别？对你今后学习有何启示？

学生各抒己见，教师归纳总结（如图 6.2－1）。

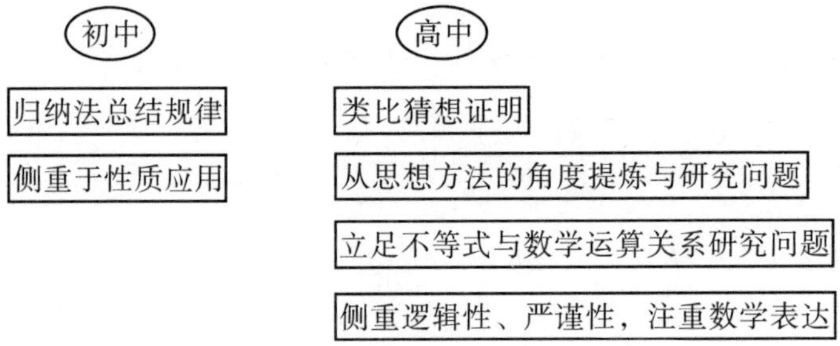

图 6.2－1

【设计意图】教师引导学生从知识和思想方法的角度进行课堂小结，将它们纳入认知结构。

（六）目标检测设计

1. 用不等号“>”或“<”填空。

（1）如果 $a>b$，$c<d$，那么 $a-c$(　　)$b-d$；

（2）如果 $a>b>0$，$c<d<0$，那么 ac(　　)bd；

（3）如果$\sqrt{a}>\sqrt{b}$，那么 a(　　)b；

（4）如果 $a>b>0$，$\frac{1}{a^2}$（　　）$\frac{1}{b^2}$；

（5）如果 $a>b>c>0$，那么$\frac{c}{a}$（　　）$\frac{c}{b}$。

2. 已知 $a>b>0$，$c>d>0$，求证：$\left(\frac{a}{d}\right)^3>\left(\frac{b}{c}\right)^3$。

3. 已知 $2<a<3$，$-2<b<-1$，求 $2a+b$ 的取值范围。

【设计意图】本环节的教学设计突出“教—学—评”一体化的课堂教学指导思想，指向教学的有效性，通过考查学生对不等式性质的简单应用能力、对不等式的证明方法的探究水平，以及综合运用不等式性质的能力，既考查学生学习的成效，也考查教师教学的成效。通过诊断，改进学生的学习行为，进而改进教师的教学行为，促进学生数学学科核心素养的达成。

四、课例评析

在本课中，教师引导学生在梳理等式的基本性质的基础上，猜想并证明不等式的基本性质。其中特别注重梳理性质中蕴含的数学思想方法，并注重运用一般化、特殊化的研究方法，帮助学生实现初高中知识的过渡与衔接，整节课侧重从思想方法角度研究问题，让学生感悟高中阶段数学课程的特征，其教学设计在培养学生的“四基”“四能”，提高学生数学学科素养方面值得一线教师借鉴和学习。

（一）挖掘数学本质，培养数学思维

数学学科对于学生的发展价值，除了数学知识本身，还能为学生提供一种在数学学科的学习中才有可能经历、体验并建立起来的独特的思维方式，让学生学会用数学方法研究问题，会用数学眼光观察世界，用数学思维分析世界，用数学语言表达世界。在本课中，教师注重挖掘知识中蕴含的数学思想方法，以数学思想方法为引领开展探究活动。例如在引导学生回顾等式的性质时，教师提出这样的问题：本节课我们要研究等式的性质和不等式的性质，那么你知道什么是性质吗？这个问题让学生有些茫然，教材中似乎并没有对“性质”做专门的定义，于是教师引导学生先梳理出不等式的性质，观察它们的共性：“如果 $a=b$，那么 $b=a$”，“如果 $a=b$，$b=c$，那么 $a=c$”，引导学生意识到这两个结论是相等关系本身蕴含的性质，反映了相等关系自身的特性；接着再观察以下三个结论：“如果 $a=b$，那么 $a\pm c=b\pm c$”，“如果 $a=b$，那么 $ac=bc$”，“如果 $a=b$，$c\neq 0$，那么 $\frac{a}{c}=\frac{b}{c}$”，发现它们的共性是：它们都是从运算的角度提出的，即等式两边加、减、乘、除同一个数，等式仍然成立。这个共性反映了等式在运算中保持的不变性，于是师生共同归纳出“相等关系自身的特性和运算中的不变性就是性质”，让学生体验知识形成过程中蕴含的思想方法。

接着，教师继续提问：课文中提到了三个“基本”，即“实数大小关系的基本事实”，“等式的基本性质”和“不等式的基本性质”。为什么要用“基本”这个词？什么样的性质可以称为“基本性质”？这些问题恐怕是很多一线教师都没有深入思考的问题。教师在本课中做了以下设问：我们知道，减法是加法的逆运算，除法是乘法的逆运算，请你梳理一下，在这四个性质中哪些性质更为基本？

学生从运算关系的角度，体会并总结出：性质 2 中，等式两边减去同一个数 c 可以看成是等式两边加上同一个数 $-c$；性质 4 中，等式两边除以同一个数 c 可以看成是等式两边乘同一个数 $\frac{1}{c}$。因此，性质 1、性质 3 更为基本，性质 2、性质 4 可以看作是由性质 1、性质 3“派生”出来的，因此，性质 1、性质 3 可称为等式的基本性质。这样让学生对“基本性质”含义有更深的认知。

从以上教学环节我们可以看出，教师通过深度挖掘教材，跟学生一起分析性质的发现过程，揭示等式性质蕴含的“相等关系自身特性”和“相等关系对基本运算保持不变”的数学思想方法，通过挖掘数学本质，加强数学思想方法的渗透和学习方法的指导，落实了“四基”的培养，发展了学生的数学核心素养。对于课堂教学从传递知识到发展素养的转型起到了很好的示范作用。高中数学教材中用到“基本”一词的内容并不多，如函数的基本性质、平面向量基本定理、基本不等式等，对于每一个“基本”，都值得一线教师深入挖掘其内涵，因为它们是数学大厦的理论根基。

（二）重视学法指导，指向终身发展

对每一个教学内容，一线教师都应该思考以下问题：这个教学内容的内涵是什么？它在教材中的地位如何？与本节、本章其他内容有什么联系？学习这一内容的必要性是什么？引入这一内容后，原有的知识可以做出什么新的解释？这个教学内容蕴含什么数学思想方法？学习这一内容可以培养学生什么数学能力？发展什么数学核心素养？这个教学内容蕴含什么数学文化价值？对培养学生正确的价值观能起什么作用？……只有深入理解、整体把握教学内容，才能形成整体的教学思路，引导学生学会数学问题的研究思路和方法。

教师在梳理了等式性质及其所蕴含的思想方法后，强调用类比等式中蕴含的思想方法探究不等式的性质。这样学生以数学思想方法引领思维活动，发现并探究出不等式的基本性质（如图 6.2-2、图 6.2-3）。

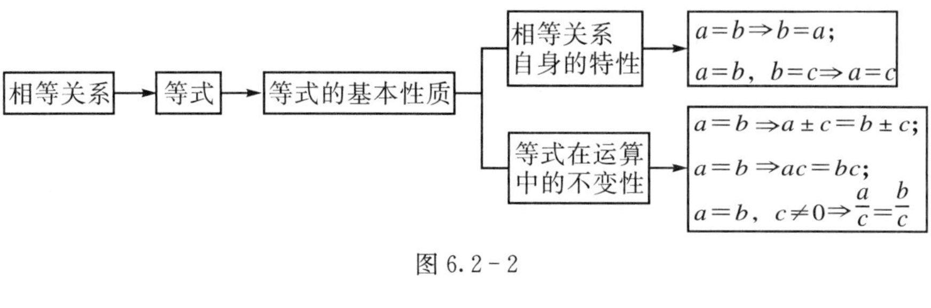

图 6.2-2

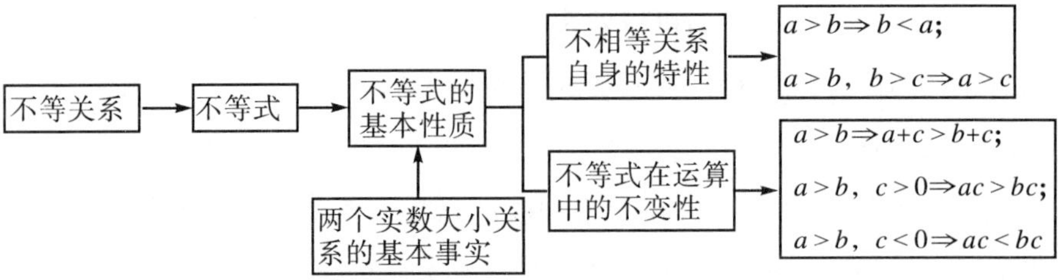

图 6.2－3

学生在经历数学对象的获得过程和经历数学对象的研究过程后，掌握了用类比的方法研究问题，并认识到利用类比思想研究问题不仅是形式上的类比，更是研究问题思路和方法的类比，体会到初、高中阶段类比学习的不同之处，在今后的学习中，将这种思想方法融会贯通在研究其他数学问题中。数学家波利亚说，类比是一个伟大的引路人。类比思想是串联新旧知识的纽带，同时也是培养学生探究能力和创新能力的有力工具。类比是数学发现的重要源泉，数学中许多定理、公式和法则都是根据类比推理提出的，因此类比思想是非常重要的数学思想方法之一。本课中教师引导学生利用类比思想探究不等式的性质，提高了学生的创新思维，帮助学生贯通知识间的联系，形成系统的知识结构，促进数学学科核心素养连续性和阶段性发展。由不等式的基本性质探究一些常用性质的过程中，教师引导学生以一般化与特殊化的数学思想作为探究方法，组织学生将基本性质中不等式两边加（乘）同一个数进行一般化，即不等式两边加（乘）不同的数，再将两个不同的不等式相乘进行特殊化，即两个相同的不等式相乘，从而得出一些常用性质。引导学生注重类比、归纳、特殊化、一般化等逻辑方法的使用，学会运用数学思想方法探究问题，提升了学生逻辑推理、数学抽象和数学运算的数学核心素养，旨在将学生培养成为具有终身学习能力的人。

（三）落实“四基”培养，突出育人功能

《普通高中数学课程标准（2017 年版 2020 年修订版）》（以下简称新课标）在课程目标中提出通过高中数学课程的学习，学生获得进一步学习及将来发展所必需的“四基”，即基础知识、基本技能、基本思想、基本活动经验，数学基础知识、基本技能主要体现为结果性的知识和客观性的事实，而数学基本思想和基本活动经验则是学生主体在学习过程中获得的主观性体验和感悟。新课标比《普通高中数学课程标准（实验版）》的“双基”增加了基本思想、基本活动经验，目的是让学生通过数学学习不仅仅获得必需的知识和技能，还要在学习过程中积累经验、获得数学发展和处理问题的思想。这强调了在教学过程中渗透数学思想方法的重要性，以及让学生体验获得完整数学知识过程的必要性。在本课中，教师特别注重学生基本活动经验的形成过程，在充分考虑学生已有经验的基础上，以问题为引导，使学生不断形成和巩固新的活动经验。例如在不等式性质证明这一环节，不等式性质 1 的证明是本节课中的难点之一，因为学生对证明这个显然成立的不等关系感到不知所措。主要原因是学生在初中阶段没有多少代数证明的经验，教师引导学生回顾已有的经验：我们是如何比较两个实数的大小关系的？学生会想到通过两个实数的差与 0 的比较来判断两个实数的大小关系，通过大数减小数大于 0，正数的相反数是负数等基本事实，达到证明的目的。性质 1 的证明过程体现了实数大小关系基本事实在证明不等式中的作用，使学生感受到数学问题的证明要有章可循，要有理有据，体会基本事实的重要作用，为后续证明其他不等式的性质做好铺垫。此性质的证明方法使学生形成证明不等关系的基本活动经验，为后续性质 2 至性质 4 的证明提供方法。该性质的证明也对其他性质的证明起到启示性的作用。例如在性质 5 的证明中，学生延续了上述证明方法，以已经证明的不等式的基本性质作为证明的依据，进而证明性质 5，使学生形成证明不等关系的又一个活动经验。通过这样的螺旋上升式地建构证明不等关系的基本活动经验，学生今后能准确地选择合适的方法进行证明，为后续研究数学问题积累更多的经验。

（四）问题引领思维，发展核心素养

“问题”是数学的心脏，章建跃博士说，以问题引导学习应当成为数学教学的一条基本原则。新课标倡导教师要运用适当的问题串帮助学生探究新知，突破学习障碍。问题串的有效设计是决定教学效果的关键因素之一，数学课堂最忌讳的就是随意提问，没有经过精心思考的问题往往缺乏针对性，这不仅对学生的思维导向不明确，失去问题的价值，还会造成课堂教学的无序和低效。在本课中，教师以数学知识的发展过程和学生的认知规律为主线，通过问题串，引导学生梳理初中阶段学习的等式的性质，探究并发现这些性质中蕴含的思想方法，提高学生从思想方法角度认识问题的意识，使学生初步了解初高中学习的区别。学生经历“确定类比对象—归纳思想方法—类比猜想—推理证明—修正猜想—理解表达—应用反思”的问题研究过程，提升了思维的层次，体现了理性思维的光辉。

在课堂中，教师设置的 8 个问题串，突出了以下原则：(1) 针对性原则。针对教学重点、难点设置问题，以达到突出重点、突破难点的目的。(2) 启发性原则。提出适切问题促使学生积极思考，深入探究数学本质。(3) 渐进性原则。从已有学习经验出发，层层深入探究新知，进一步获得研究数学问题的思想方法和经验。(4) 效益性原则。提出的问题要紧扣教学目标，面向全体学生，让人人有收获，在学生思路受阻时增加追问，引导学生积极思考，提高学生的逻辑思维。因此，环环相扣的问题串，将教学目标分解，加强了学法的引导，让学生自主发现研究问题的方法，落实培养学生的“四基”“四能”，提升数学核心素养。

新课标强调了数学承载着落实立德树人根本任务、发展素质教育的功能，进一步明确了普通高中数学教育的定位。在本节课，教师深入研究新教材、新课标，构建基于情境、问题导向的互动式、启发式、探究式、体验式等课堂教学模式，树立以发展学生数学学科核心素养为导向的教学意识，将数学学科核心素养的培养贯穿于教学活动的全过程。

（课例设计：刘勇　课例评析：李俊）

第三节 二次函数与一元二次方程、不等式

一、教材分析

《普通高中数学课程标准（2017 年版 2020 年修订）》十分关注初高中知识的过渡与衔接，将不等关系作为高中数学课程的预备知识。预备知识的目的在于帮助学生以初中的知识经验为起点，整合高中知识，顺利过渡到高中数学的学习。三个“二次”，即一元二次函数、一元二次方程和一元二次不等式是学生进入高中初始学习的重要内容，其中所蕴含的函数思想是重要的数学思想。根据《普通高中数学课程标准（2017 年版 2020 年修订）》，本节课的教学要求是帮助学生从一元二次函数的角度统一认识一元二次方程和一元二次不等式，构建知识网络，体会数学的整体性与内在联系。基于上述要求，本课时的教学重点是理解并掌握一元二次函数、方程、不等式之间的关系；利用二次函数图象求解一元二次方程的实数根和一元二次不等式的解集。教学难点是运用函数思想理解并且将方程、不等式统一到函数观点下；体会函数模型的重要性；逐步学会利用函数思想解决问题。

二、教学目标

1. 经历从实际情境中抽象出数学模型的过程，让学生体会建模思想。

2. 借助二次函数的图象，数形结合求解一元二次不等式，提升学生直观想象、数学运算素养水平。

3. 通过一元二次函数、一元二次方程、不等式三者关系的探究过程，提炼函数思想，让学生体会数学知识的整体性和连贯性。

三、教学设计

（一）情境引入，生成概念

情境 2021年9月10日，第18届中国一东盟博览会正式开幕。东博会是深化中国和东盟合作的重要平台，南宁市政府高度重视。如果聘请你为设计师，在会场中心一块绿地（如图6.3－1）用栅栏围一个矩形区域种植花卉，栅栏的长度为24 m，围成的矩形区域的面积要大于20 m^2，那么这个矩形的边长为多少米？

图6.3－1

解析：设矩形的一条边长为 x 米，则另外一条边长为 $(12-x)$ 米，根据题意，得 $x(12-x)>20$，即 $-x^2+12x-20>0$。

问题1 请观察不等式 $-x^2+12x-20>0$，给它命名，并简述命名理由。

在给出问题1后，教师向学生提出疑问：如果利用不等式的性质使不等式变形得 $x^2-12x+20<0$，是否还是一元二次不等式？厘清一元二次不等式的内涵与外延。

一般地，我们把只含有一个未知数，并且未知数的最高次数是2的不等式叫做一元二次不等式。其一般形式为 $ax^2+bx+c>0$ 或 $ax^2+bx+c<0$，其中，a，b，c 为常数，$a\neq0$。

【设计意图】 教师设计了生动的问题情境，引导学生构建不等式 $-x^2+12x-20>0$；学生观察出此不等式的“一元”“二次”等特点，并经由从特殊到一般的思考，得出一元二次不等式的概念。此时，教师进一步引导学生思考如此命名的理由，学生容易想到这是基于以往一元二次函数、方程的学习经验类比迁移得到的，从而顺其自然引导学生探究二次函数、一元二次方程、不等式之间的联系，进入本节课的学习。

（二）数形结合，探索规律

三个二次结构类似，分别对应二次函数、方程与不等式，下面来研究它们之间的联系与区别。

问题2 二次函数与一元二次方程、不等式的代数形式有哪些异同？

相同点：都有式子 $ax^2+bx+c(a\neq 0)$。

不同点：连接符号分别是等号与不等号。

一元二次方程等号的右边是0，通过令 $y=0$，二次函数就会转化为一元二次方程。那么二次函数与一元二次不等式之间有什么关系呢？

问题3 能否借助二次函数图象反映出二次函数与一元二次方程、不等式之间的联系呢？

学生容易求出方程 $x^2-12x+20=0$ 的解为 $x_1=2$，$x_2=10$，而这正是二次函数图象（如图6.3-2）与 x 轴的两个交点（2，0），(10，0）的横坐标，从而引入函数零点的概念，总结函数与方程的联系。

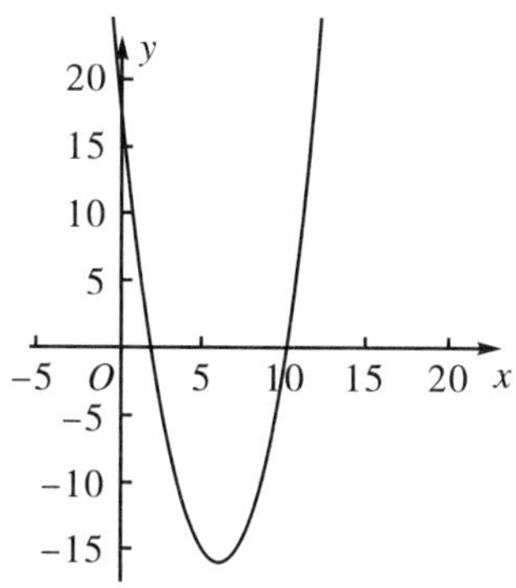

图6.3-2

一般地，对于二次函数 $y=ax^2+bx+c$，使得 $ax^2+bx+c=0$ 的实数 x 叫做二次函数 $y=ax^2+bx+c$ 的零点。

二次函数与对应方程的关系：二次函数的零点是其对应方程的根。

通过分析图象可知，当 $2<x<10$ 时，二次函数的图象位于 x 轴下方，即 $y<0$，从而求出不等式 $x^2-12x+20<0$ 的解集为 $\{x \mid 2<x<10\}$，满足问题情境的实际意义——矩形的边长为正数。

小结：通过二次函数的图象求解对应不等式的解集，学生自主回顾学习过程，教师帮助其归纳解题步骤（如图 6.3－3）。

求解对应方程

⇩

画出对应函数的草图

⇩

数形结合，写出解集

图 6.3－3

【设计意图】教师基于学生的认知经验与对“二次”的感性认识，及时引导学生通过数形结合的思想探究二次函数、方程与不等式之间的联系，并基于课堂过程顺利突破教学难点，构建解一元二次不等式的步骤。

（三）自主探究，建构体系

探究活动一 教师请各小组随机给 a，b，c 赋值构造一元二次不等式，借助函数图象求对应方程、不等式的解集（见表 6.3－1）。

表 6.3－1

	$a=$______ $b=$______ $c=$______	$a=$______ $b=$______ $c=$______	$a=$______ $b=$______ $c=$______
$y=ax^2+bx+c(a>0)$ 的图象			
$ax^2+bx+c=0(a>0)$ 的根			
$ax^2+bx+c>0(a>0)$ 的解集			
$ax^2+bx+c<0(a>0)$ 的解集			

学生在解题后互相交流求一元二次不等式解集中的细节。

问题 4 在运用二次函数图象求解不等式时，需要精确作图吗？

在教学中，教师引导学生认识到在运用二次函数图象求解不等式时不需要精确作图，只需要抓住二次函数的零点位置以及开口方向即可。

问题 5 对应的方程一定会有两个不相等的实根吗？若无根怎么说明？若有根怎么求解？

对应的方程不一定有两个不相等的实数根，也可能有两个相等的实数根，还可能无实数根。当对应的方程有实数根时，可以通过求根公式、配方法、十字相乘法等方法求解实数根；如果方程无实数根时，可以运用判别式说明。

问题 6 作图时是否可以统一开口方向，简化过程？

在作图时，可以先把二次项系数化为正数的形式，统一开口方向向上，减少计算的错误率。

教师引导学生掌握求解一元二次不等式 $ax^2+bx+c>0(a<0)$ 的一般思路（如图 6.3－4）。

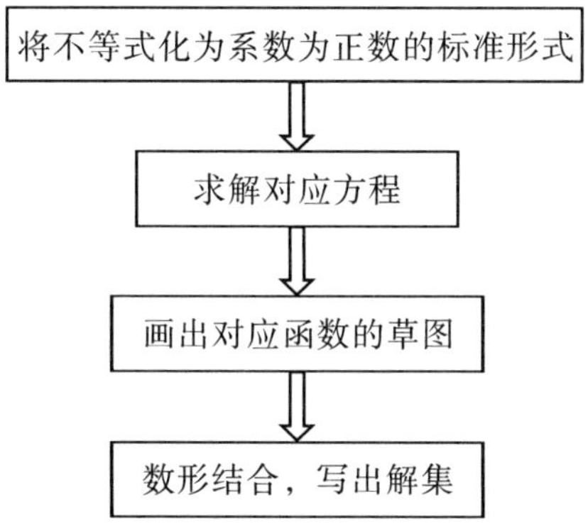

图 6.3－4

学生在经历了探究活动后，发现求解一元二次不等式的解题步骤类似，但结果不相同，甚至有的不等式的解集是 $\varnothing$，有些不等式的解集是 $\mathbf{R}$。不禁让学生疑惑：二次函数与一元二次方程、不等式的解的对应关系是怎样的？自然进入探究活动二。

探究活动二 请填写下列表格（见表 6.3－2），思考二次函数与一元二次方程、不等式的解的对应关系。

表 6.3－2

判别式 $\Delta=b^2-4ac$	$\Delta>0$	$\Delta=0$	$\Delta<0$
$y=ax^2+bx+c(a>0)$ 的图象			
$ax^2+bx+c=0(a>0)$ 的根			
$ax^2+bx+c>0(a>0)$ 的解集			
$ax^2+bx+c<0(a>0)$ 的解集			

学生在小组讨论后进行分享，得到如表 6.3－3 所示完整的表格。

表 6.3－3　二次函数与一元二次方程、不等式的解的对应关系

	$\Delta>0$	$\Delta=0$	$\Delta<0$
$y=ax^2+bx+c$ $(a>0)$的图象	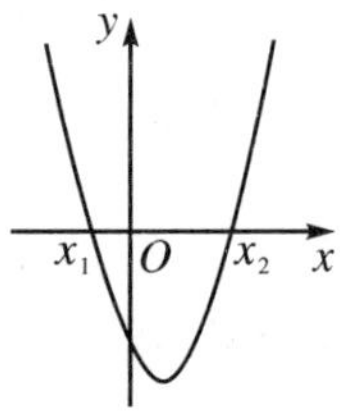	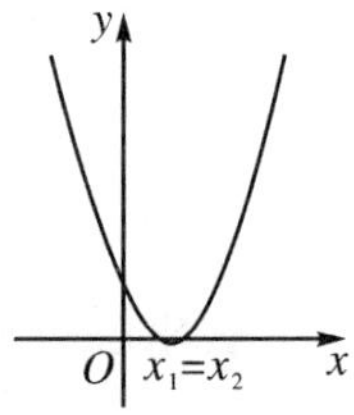	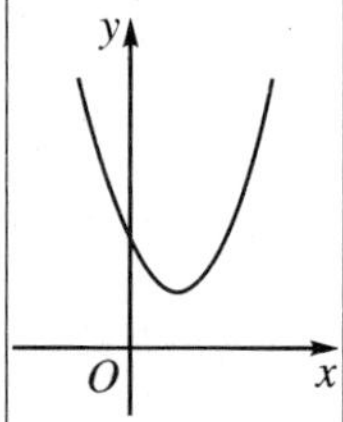
$ax^2+bx+c=0$ $(a>0)$的根	有两个不相等的实数根 x_1，$x_2(x_1<x_2)$	有两个相等的实数根 $x_1=x_2=-\dfrac{b}{2a}$	没有实数根
$ax^2+bx+c>0$ $(a>0)$的解集	$\{x \mid x<x_1$，或 $x>x_2\}$	$\left\{x \mid x\neq-\dfrac{b}{2a}\right\}$	**R**
$ax^2+bx+c<0$ $(a>0)$的解集	$\{x \mid x_1<x<x_2\}$	$\varnothing$	$\varnothing$

在得到表 6.3－3 后，教师再次追问，让学生深刻理解知识的内涵。

追问 1　当所涉及的二次项系数 $a>0$ 时，需不需要研究 $a<0$ 的情况？

该问题的提出既与前面解不等式的第一步骤——化二次项系数为 1 相呼应，也进一步强化了学生转化的思想。

追问 2　为什么按照判别式 Δ 的正负来分类？判别式的符号有何影响？

对于一元二次方程 $ax^2+bx+c=0(a>0)$，设 $\Delta=b^2-4ac$，它的根按照 $\Delta>0$，$\Delta=0$，$\Delta<0$ 分为三种情况。

相应地，二次函数 $y=ax^2+bx+c(a>0)$ 的图象与 x 轴的位置关系也分为三种情况。因此，我们可以分三种情况讨论对应的一元二次不等式 $ax^2+bx+c>0(a>0)$ 和 $ax^2+bx+c<0(a>0)$ 的解集。

【设计意图】教师组织学生小组合作，从具体经验中抽象出一般规律，帮助学生内化知识，找出二次函数与一元二次方程、不等式的解的内在联系与对应关系，让学生体会函数思想的重要性与应用。

（四）板书展示，规范过程

例　请求解以下三个不等式的解集。

（1）$x^2-5x+6>0$；（2）$9x^2-6x+1>0$；（3）$-x^2+2x-3>0$。

解：（1）对应方程 $x^2-5x+6=0$ 的两个根分别是 $x_1=2$，$x_2=3$，对应二次函数 $y=x^2-5x+6$ 的图象如图 6.3-5。

结合图象，可以得到不等式的解集为 $\{x \mid x<2$，或 $x>3\}$。

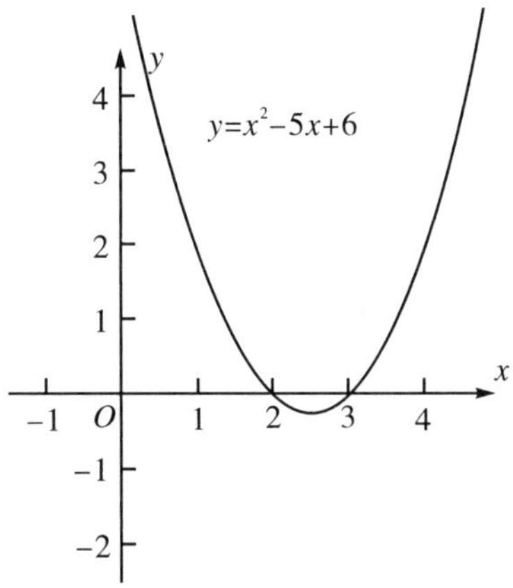

图 6.3-5

（2）对应方程 $9x^2-6x+1=0$，两个根分别是 $x_1=x_2=\dfrac{1}{3}$，对应二次函数 $y=9x^2-6x+1$ 的图象如图 6.3-6。

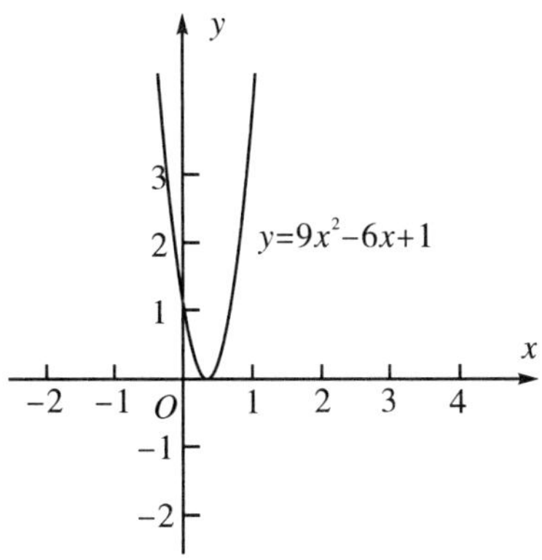

图 6.3-6

结合图象，可以得到不等式的解集为$\left\{x \mid x\neq\dfrac{1}{3}\right\}$。

（3）对应方程$-x^2+2x-3=0$，因为$\Delta=2^2-4\times(-1)\times(-3)=-8<0$，所以方程无实数解。

对应二次函数$y=-x^2+2x-3$的图象如图6.3－7所示。结合图象，可以得到不等式的解集为$\varnothing$。

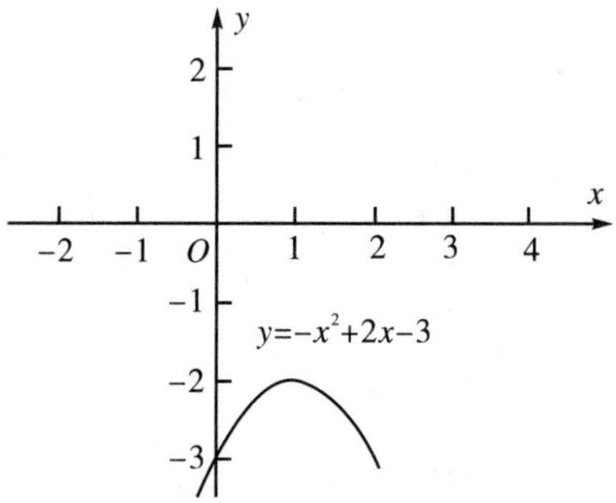

图6.3－7

【设计意图】学生在经历了完整的探究活动后，教师回归基础知识与基本技能，让学生板书解一元二次方程的基本过程，并强调解题的规范性，使数学的严谨性得以体现，数学运算核心素养也得以落实。

（五）过程回顾，提炼方法

1. 如何求一元二次不等式的解集？

2. 二次函数与一元二次方程、不等式之间有何联系？谈谈自己的收获与体会。

【设计意图】教师发挥学生的主体性，针对本节课的重点与难点让学生回顾总结，提炼方法，突出本节课的主题。

（六）拓展应用，提升素养

拓展1　已知一次函数$y=kx+b$的图象如图6.3－8，当$x<1$时，y的取值范围是（　　）。

A. $-2<y<0$　　　　B. $-4<y<0$

C. $y<-2$　　　　D. $y<-4$

拓展2　已知二次函数$y=ax^2+bx+c$的图象如图6.3－9，则一元二次方程$ax^2+bx+c=0$的解为________；当________时，

$y<0$；当__________时，y 随着 x 的增大而减小。

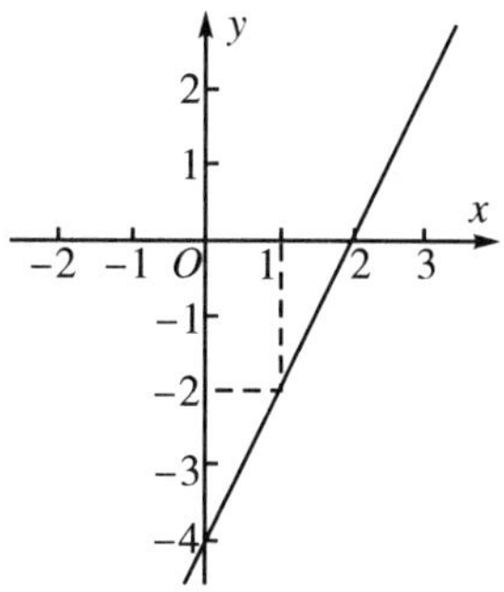

图 6.3-8

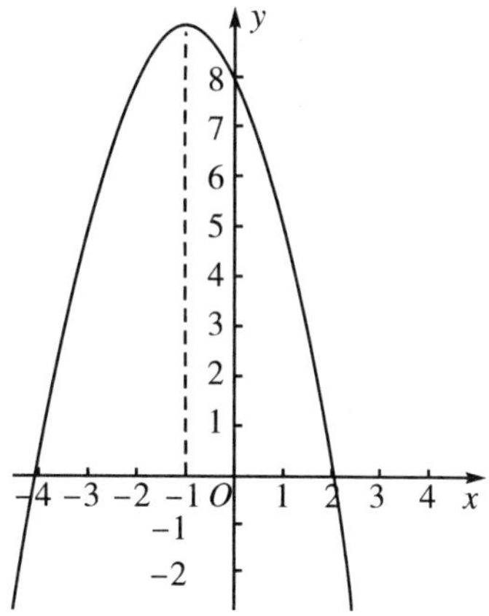

图 6.3-9

拓展 3 抽象函数 $f(x)$ 的图象如图 6.3-10 所示。

(1) 求方程 $f(x)$ 的解。

(2) 当__________时，$f(x)>0$；当__________时，$f(x)<0$。

(3) 当__________时，$f(x)$ 随着 x 的增大而增大；当________时，$f(x)$ 随着 x 的增大而减小。

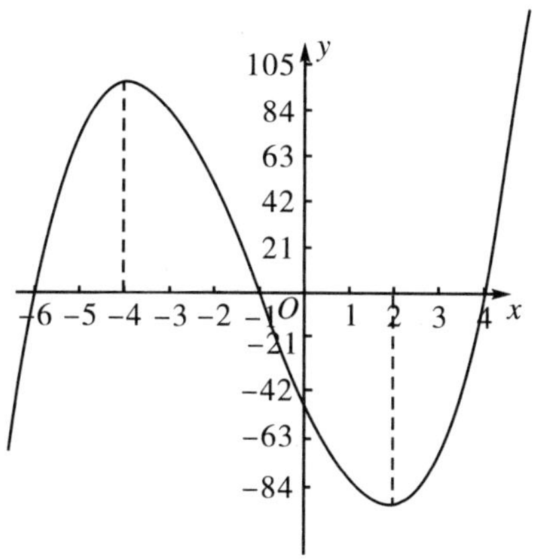

图 6.3-10

【设计意图】此环节是本节课的拓展环节，教师带领学生拓宽视野，不再局限于二次式，而是进一步强调函数、方程与不等式的联系与转化，使学生的数学抽象核心素养得以落实。

四、课例评析

（一）注重知识内部的转化，提升学生数学抽象素养

学生从具体的情境出发，在学习特殊的一元二次不等式$-x^2+12x-20>0$后，经历从特殊到一般的思维过程，抽象出一元二次不等式基本概念。学生分析了一元二次不等式的一般形式：a，b，c为常数，b，c不作要求，a却要求不为0，容易感受到在二次函数$y=ax^2+bx+c(a\neq0)$、一元二次方程$ax^2+bx+c=0(a\neq0)$、一元二次不等式$ax^2+bx+c>0(a\neq0)$之间存在着一定的联系；虽然这种感受是浅显的、不全面的，但这是学生真实的认知，更是教学的基石。教师尊重学生的主体性，向学生提出以下问题：二次函数与一元二次方程、不等式的基本形式有哪些异同？学生开始深度思考。此时教师抓住时机，进一步提问能否借助二次函数图象反映出二次函数与一元二次方程、不等式之间的联系，促使学生的学习积极性更加高涨，教学环节顺利推进。

学生在构造一元二次不等式并求解的活动中，发现有的不等式的解集是$\varnothing$，那么是否存在不等式的解集是$\mathbf{R}$呢？二次函数与一元二次方程、不等式的解的对应关系是怎么样的呢？学生从具体实例出发，小组自主探究，抽象概括规律，用表格归纳出二次函数与一元二次方程、不等式的解的内在联系与对应关系。一方面，二次函数的零点是对应的方程的根，我们可以借助二次函数的图象数形结合求解对应不等式；另一方面，已知一元二次不等式的解集，则可知不等式二次项系数的符号和对应方程的实数根。

（二）重视数学知识的应用，增强学生数学建模意识

数学教学不仅要关注学科知识，落实知识技能，还得呈现数学知识的生成，更要重视数学知识的应用。数学是一门重要的基础学科，数学的重要性不仅仅在于它能培养学生的思维品质，更在于它与其他学科密不可分的联系，以及它在社会实践中的广泛应用。本节课通过教师在充分理解教材意图的基础上，积极创设生动、有活力的情境，这样一来，教材中的花卉栅栏问题就有了出处，而不再是脱离学生生活的数学问题。因此，教师要引导学生以数学的眼光去观察世界，用数学的知识去解决

生活中的问题，让学生收获有意义的问题解决的体验，形成有意义的认识——数学源于生活，又服务于生活。

高中数学课程标准指出，数学建模是高中数学的核心素养之一。本节课学生从实际的情境中分析问题，构建一元二次不等式模型，在问题解决过程中学习新知识，增强了数学建模的意识，提升了知识的应用能力。

随着新课程的不断深化，教师应当注意到数学建模在高考中的考查比例的上升，可见引导学生关心社会、关心未来是新课程改革的核心动力。为实现这一目标，教师必须要更新迭代教学观点，实现课堂教学的改革。

（三）强调数学知识的建构，提高学生问题解决能力

随着课程改革的不断推进，建构主义理论越来越得到重视。建构主义认为，学生的学习不应该是无意义的、被动的。教师应该以学生的知识水平为基础，选择合适的教学方式帮助学生重新对知识进行理解、加工、判断推理，从而准确表征知识，并建构知识网络。

教师尊重学生的学习主动性与积极性，给予学生充分探索和发现新知识的机会。学生基于已有的知识经验不断地发现问题，思考问题并最终解决问题。在探究活动中，教师精心设计问题，启发学生思考。本节课的教学亮点之一是问题导学，教师在教学中设置的问题激发了学生积极思考与探索的兴趣。因此，教师提出的问题要精练，要契合学生当下的心理特征，要服务于重点的落实、难点的突破。教师提问时机要恰当准确；提问后要给予学生充分思考的时间，激发学生思考的积极性。

（课例设计：张祖兰　课例评析：林玲）

第四节　基本不等式

一、教材分析

本节内容原本属于人教 A 版高中数学（简称“旧教材”）必修 5 第三章“不等式”的内容，新教材把它前移到必修第一册第二章“一元二次函数、方程和不等式”中，按照新教材的定位，这部分属于初高中衔接的内容。由此可见，不仅“基本不等式”的教学内容发生了前置，而且它的教学地位也发生了相应的改变。“基本不等式”一节位于不等式性质之后，是对不等式性质的进一步运用——研究最值问题，同时在生产生活中有重要的实际应用——从实际问题中抽离出数学模型，具有承上启下的作用。本节课的教学重点是基本不等式的证明，通过数形结合对“基本不等式进行几何意义”的理解；教学难点是用基本不等式求最值的条件。

二、教学目标

1. 知道基本不等式的内容，明确基本不等式是“两个正数的算术平均数不小于它们的几何平均数”。

2. 会利用不等式的性质证明不等式，能说明基本不等式的几何意义。

3. 能结合具体实例，明确基本不等式的使用条件和注意事项。

三、教学设计

（一）新课引入

2002 年在北京召开的第 24 届国际数学家大会会标（如图 6.4－1）和 2021 年 7 月在上海举行的国际数学教育大会会标（如图 6.4－2）有什么共同点？

图 6.4 - 1

图 6.4 - 2

探究一 图 6.4 - 1 为历史上著名的“赵爽弦图”，你能在图形中找到一些相等关系和不等关系吗？

图 6.4 - 1 中的正方形有 4 个全等的直角三角形。设直角三角形两条直角边长分别为 a，b，那么正方形的边长为$\sqrt{a^2+b^2}$。于是，4 个直角三角形的面积之和 $S_1=2ab$，正方形的面积 $S_2=a^2+b^2$。由图可知 $S_1>S_2$，即 $a^2+b^2>2ab$。

【设计意图】 通过新旧知识的衔接，教师让学生感知数学与人们的生活息息相关，从而自然地引入主题。

（二）概念形成

如图 6.4 - 3，先将两张正方形纸片沿它们的对角线折成两个等腰直角三角形，再用这两个三角形拼接构造出一个矩形（两边分别等于两个直角三角形的直角边，多余部分折叠）。假设两个正方形的面积分别为 a 和 $b(a\geqslant b)$，考察两个直角三角形的面积与矩形的面积，你能发现一个不等式吗？

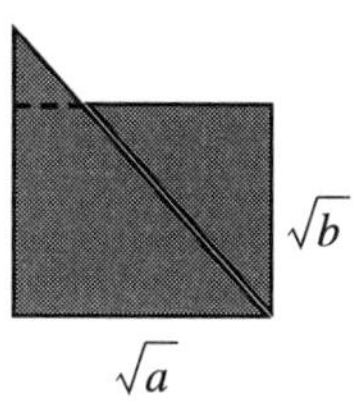

图 6.4 - 3

【设计意图】 学生通过动手操作，探索发现新知，培养发现问题、提出问题的能力。

（三）**概念深化**

根据上述两个几何背景，初步形成不等式结论。

若 a，$b\in\mathbf{R}^+$，则 $a^2+b^2\geqslant 2ab$；若 a，$b\in\mathbf{R}^+$，则 $\sqrt{ab}\leqslant\frac{a+b}{2}$。

学生探讨取等号的情况，并探讨两者的区别和联系。接着，教师请学生用代数方法给出两个不等式的证明。

证法一（作差法）

$\because a^2+b^2-2ab=(a-b)^2\geqslant 0$，$\therefore a^2+b^2\geqslant 2ab$，当 $a=b$ 时取等号。

（在该过程中，可发现 a，b 的取值可以是全体实数）

证法二（分析法）

由于 a，$b\in\mathbf{R}^+$，于是要证明 $\frac{a+b}{2}\geqslant\sqrt{ab}$，只要证明 $a+b\geqslant 2\sqrt{ab}$，

即证 $(\sqrt{a})^2+(\sqrt{b})^2-2\sqrt{ab}\geqslant 0$，

因为 $(\sqrt{a}-\sqrt{b})^2\geqslant 0$ 显然成立，所以 $\frac{a+b}{2}\geqslant\sqrt{ab}$，故当 $a=b$ 时取等号。

教师请学生归纳总结分析法的基本思路和证明格式，使学生形成严谨的思维方式，从而得出结论。

基本不等式：若 a，$b\in\mathbf{R}^+$，则 $\sqrt{ab}\leqslant\frac{a+b}{2}$（当且仅当 $a=b$ 时，等号成立）；若 a，$b\in\mathbf{R}^+$，则 $a^2+b^2\geqslant 2ab$（当且仅当 $a=b$ 时，等号成立）。

教师使学生深化认识到称 $\sqrt{ab}$ 为 a，b 的几何平均数；称 $\frac{a+b}{2}$ 为 a，b 的算术平均数。

基本不等式 $\sqrt{ab}\leqslant\frac{a+b}{2}$ 又可叙述为：两个正数的几何平均数不大于它们的算术平均数。

【设计意图】先通过代换的思想引入基本不等式的证明，再利用分析法证明，讲明证明之间的逻辑关系，有利于培养学生严谨的逻辑思维。

（四）**延伸拓展**

探究二　如图 6.4－4，AB 是圆 O 的直径，点 C 是 AB 上一点，$AC=a$，$BC=b$。过点 C 作垂直于 AB 的弦 DE，连接 AD，BD。

根据射影定理可得：$CD=\sqrt{AC \cdot BC}=\sqrt{ab}$。

由于 CD 小于或等于圆的半径，即 $CD \leqslant OD$，

于是有 $\sqrt{ab} \leqslant \dfrac{a+b}{2}$。

当且仅当点 C 与圆心 O 重合，即 $a=b$ 时等号成立。

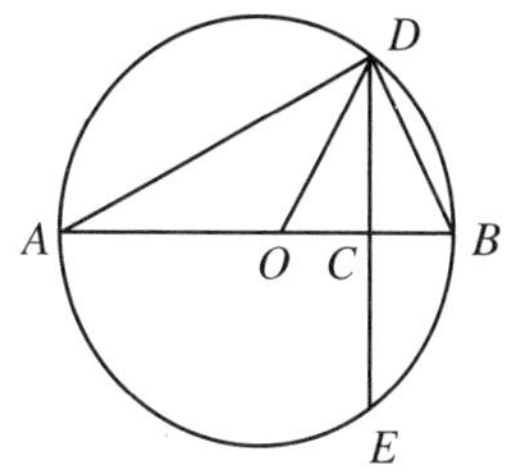

图 6.4-4

为进一步加强数形结合的意识，提升思维的灵活性，教师请学生再次证明以下不等式。

当 $a>0$，$b>0$ 时，$\sqrt{ab} \leqslant \dfrac{a+b}{2}$（当且仅当 $a=b$ 时，等号成立）。

【设计意图】该教学环节通过不等式的几何解释，丰富学生的想象力，有利于学生思维的纵向延伸，达到深度学习的目的。

（五）应用探索

例 1　求 $y=x+\dfrac{1}{x}$（$x \neq 0$）的最小值。

问题 1　什么叫代数式的最小值？

问题 2　当 $y_0<2$ 时，$x+\dfrac{1}{x} \geqslant y_0$ 成立吗？我们能说 y_0 是 $x+\dfrac{1}{x}$ 的最小值吗？

在教学中，若时间充裕，教师可通过例 2 及其变式引导学生领会运用基本不等式 $\sqrt{ab} \leqslant \dfrac{a+b}{2}$ 的三个限制条件（“一正二定三相等”）在解决最值问题中的作用，提升学生解决问题的能力。

例 2　对于 x，$y \in \mathbf{R}^{+}$，

(1) 若 $xy=p$（定值），则当且仅当________时，$x+y$ 有最小值________；

(2) 若 $x+y=s$（定值），则当且仅当________时，xy 有最大值________。

【设计意图】所有知识的学习最终都要落脚到应用的环节，对于所学知识的成功应用可以检验学生是否顺利地完成了知识输入。而领会运用基本不等式的三个限制条件，有利于培养学生严谨的思维习惯。

（六）**总结归纳**

基本不等式：

若 a，$b\in\mathbf{R}$，则 $a^2+b^2\geqslant 2ab$（当且仅当 $a=b$ 时，等号成立）；

若 a，$b\in\mathbf{R}^+$，则$\sqrt{ab}\leqslant\frac{a+b}{2}$（当且仅当 $a=b$ 时，等号成立）。

（1）基本不等式的几何解释。

（2）运用基本不等式解决简单最值问题的基本方法。

【设计意图】教师通过该教学环节的设计，引导学生对本节内容进行知识回顾与思维发散，让学生将零散的知识自主归纳形成知识体系。

四、课例评析

（一）史料育人：借助学科发展经典故事，促进学生夯实学科素养

在概念引入环节，很多教师均是衔接上一节课学习的重要不等式时用的赵爽弦图，即 2002 年在北京召开的第 24 届国际数学家大会会标和 2021 年 7 月在上海举行的国际数学教育大会会标进行设问完成的。为联系时事，执教教师将设问进行了更改，即先介绍两会标名称，然后再引导学生观察这两个会标的共同特点——赵爽弦图。

遗憾的是，教师虽然联系了最新的数学新闻，但只是简单地平铺直叙，因为怕耽误引入正题的时间，而没有给学生进行深入的探讨。数学史料作为数学文化的载体，它的价值体现在对概念适当地追溯本源，可以让学生感受数学、理解数学，了解古今中外数学发展演化的真实过程，培养学生上下求索、不畏失败的精神品格。

因此，教育工作者应该把数学文化的传播作为义不容辞的社会责任，既要精准地把握数学史料的广度和深度，又要舍得花时间进行丰富的拓展，润物无声的文化熏陶才是我们要追求的教学极致。

（二）活动育人：创设主动探索学习情境，促进学生增强科学精神

新教材对基本不等式的引入是通过在重要不等式 $a^2+b^2\geqslant 2ab$ 的基础上进行换元得到的，然后提出相关概念和证明过程。可以这么认为，新教材将基本不等式的发现和证明分成了两部分，从而降低了学习难度。在教学中，教师让学生通过折纸游戏，动手动脑，合作参与，达到概念

的有效生成。其目的是基于新教材对该部分内容的重新定位，想让学生利用已有的经验，尽早接触基本不等式这个基本工具。这里的折纸游戏就是上一节课“不等式的性质”的延伸，观察折纸后的面积与原来的面积对比，在生活中发现不等关系，学生容易发现也易于接受。

西方课堂教学中有一个被广泛接受的 Try 哲学，也就是学校是学生尝试的基地，课堂是学生 Try 的前沿，连讲台也是学生 Try 的地方。学生在尝试中感受知识的奥秘，去发现问题，提出问题，培养对事物的好奇心，这种探索的欲望会在学生成年后进行纵向的深入和横向的思维扩展，是国家发展创新的内驱力量。

（三）审美育人：开发教学内容美育功能，促进学生感受数学之美

数学的美，体现在数学式子的对称、和谐、简洁、明快、雅致、统一上。对于基本不等式，若 a，$b\in\mathbf{R}^+$，则$\sqrt{ab}\leqslant\frac{a+b}{2}$，它的美体现在哪里？在课堂上，执教教师与学生共同探讨，不等式左边是两个正数乘积的开平方根，我们称其为几何平均数，而不等式右边是两个正数和的平均值，我们称其为算术平均数。

其实该不等式为何叫做“基本不等式”不单单是因为它是两个正实数加减乘除的基本运算，还因为它易于发现、证明，更因为它简单的结构背后承载的是更多深刻的关系。

比如，一个矩形给出边长 a，$b\in\mathbf{R}^+$，我们最关心的是它的面积和周长问题，这里就是基本不等式左右两边的量。

再如，数列中，最基本的等差数列中的等差中项、等比数列中的等比中项也是用左右两边的两个均值表示。

另外，从教材编排上看，该内容是学习了不等关系后推导出的第一个重要定理，也是以后推导、证明其他重要不等式的工具。因此，掌握了基本不等式，也就意味着找到了通向不等式研究大门的钥匙。

本节课举的例子的相关知识背景学生尚未接触过，课堂上提出来学生会觉得陌生，所以在课堂上对基本不等式基本性的解释，教师并没有给出更多、更好的说辞。如果教师在课堂结尾点明：该不等式从结构上看，简单对称；从证明过程上看，简洁明了；从内容上看，承上启下。这样多方面的解释基本不等式“基本”在哪里就会更加突出重点，首尾呼应。

（四）思维育人：强化数学学科学习特点，促进学生提升思维品质

经过对新教材内容的研读，发现从基本不等式的发现（学生形成感性知识）到基本不等式的证明后，课本给出了一道探究题，试图让学生从不同角度给出基本不等式的几何解释，以期学生通过反复认知、深度学习达到思维育人的目的。

在课堂中，学生对此部分内容的探究表达出较强的兴趣，因为在教师的引导下，对基本不等式的解释，不只有代数意义：两个正数的算术平均数不小于它们的几何平均数，还有几何解释，即在同一圆中半径是最长的半弦长。数学是一门研究数与形的科学。当一个问题可以给出多角度的解释时，正是思维灵活性锻炼的好时机。

如本节课（第一课时）章建跃博士指出，很多教师急于运用基本不等式求最值，给出了很多花哨的解题技巧，而对基本不等式的认识过程不加以重视，最后导致学生对基本不等式的认识处于似懂非懂的状态中，影响了学生对知识的良性接受。有很多一线教师也纷纷反映，将原来高二下学期的内容前置到初高中衔接的时期进行学习，学生比较难接受，造成了基本不等式变成了“基本不懂式”的局面。

其实，概念的习得过程是一系列固定的、有先后次序的步骤，这些步骤操作性强、相对直观且容易效仿学会。只要我们遵循认知规律，从感性认知到理性思考，再到螺旋上升反复认知，最后才能达到能力提升，从而对基本不等式进行纯熟的应用。

知识从形成到应用的过程就是概念经由过程到对象再到二者共存的过程。教师要遵循这一认知规律，若在不同的阶段而采取不合适的学习活动，容易导致学生在认知上出现困难，导致知识理解出现错误或偏颇。

综上所述，教师只有专注教材的每个细节，立足课堂，精准把握学生的起点、困难和需求，并给予精准的指导和帮助，适时地敢于放手，善于引导，让学生打开思维自由表达，并对学生耐心启发、殷切期待，这样的播种、浸润、启迪、激发和引导学生，才能真正地以本学科的特质为载体达到学科育人的目的。

（课例设计：张祖兰　课例评析：王洋洋）

第五节　二维形式的柯西不等式

一、教材分析

本节课“二维形式的柯西不等式”是人教 A 版高中数学选修 4—5 第三讲的第一课时。柯西不等式作为经典不等式，不仅形式优美，而且具有重要的应用价值。通过本节课的学习，学生可以领略柯西不等式的数学意义、几何背景、证明方法及其应用，感受数学美妙，提高数学素养。本节课的教学重点是柯西不等式的证明方法和几何背景，教学难点是理解并掌握柯西不等式的内容和证明方法。

二、教学目标

1. 理解柯西不等式的内容，掌握柯西不等式的不同证明方法，并在证明过程中渗透转化与化归、数形结合、函数与方程等数学思想。

2. 通过对柯西不等式的研究，创设问题情境和活动环境，引导学生积极思考，大胆类比和联想，锻炼灵活的数学思维。

3. 通过介绍伟大数学家的生平和研究成果，鼓励学生积极思考，努力拼搏并感受数学的简洁美和抽象美。

三、教学设计

（一）新课引入

问题 1　请同学们观察图 6.5－1，你能给大家介绍一下图中的数学家吗?

师生活动　柯西是法国数学家、力学家，他最重要的数学贡献在微积分、复变函数和微分方程方面，他把极限过程用不等式描述，这种方法经改进后沿用至今，他还给出了如今通用的函数连续性的概念，给出定积分的第一个确切定义等。柯西著作甚丰，共出版了7部著作和800多篇论文，其中《分析教程》和《关于定积分理论的报告》最为著名。他孜孜不倦地进行研究，他的勤奋和他的毅力都值得我们学习。今天我们要学习的就是他提出的一个在数学分析和数学物理方程研究中非常重要的不等式——柯西不等式。

图 6.5－1

问题 2 均值不等式 $a^2+b^2\geqslant 2ab$（a，b 为实数）是我们熟悉的不等式，它反映了两个实数的平方和与乘积的大小关系。现在考虑平方和的乘积 $(a^2+b^2)(c^2+d^2)$，你能得到一个关于它的不等关系吗？

师生活动 展开平方和的乘积，整理得 $(a^2+b^2)(c^2+d^2)=a^2c^2+a^2d^2+b^2c^2+b^2d^2$，将右边适当配凑，可得 $(a^2+b^2)(c^2+d^2)=(ac+bd)^2+(ad-bc)^2$，

由于 $(ad-bc)^2\geqslant 0$，因此 $(a^2+b^2)(c^2+d^2)\geqslant(ac+bd)^2$。 ①

【设计意图】 数学课堂要丰富和夯实学生的文化底蕴，要让学生了解数学史，感受数学文化的魅力，提高数学文化素养。该教学环节通过柯西的肖像激发学生的好奇心，调动学生的研究兴趣，并给出柯西不等式的内容和简短的证明。

（二）概念形成

①式反映了4个实数之间特定的数量关系，不仅排列形式上规律明显，具有简洁、对称的美感，而且在数学和物理上有重要作用。它是柯西不等式的最简形式，即二维形式的柯西不等式，从上面的探究过程可以发现，当且仅当 $ad-bc=0$ 时，①式中的等号成立，于是我们有：定理1 （二维形式的柯西不等式）若 a，b，c，d 都是实数，则 $(a^2+b^2)(c^2+d^2)\geqslant(ac+bd)^2$，当且仅当 $ad=bc$ 时，等号成立。这个就是二维形式的柯西不等式，即平方和的积大于等于积的和的平方。

问题 3 常见不等式证明方法有哪些？如何证明柯西不等式？

师生活动 常见的不等式证明方法有作差法、综合法、分析法、反证法等。我们可以用作差法证明柯西不等式，证明如下：$(a^2+b^2)(c^2$

$+d^2)-(ac+bd)^2=a^2d^2-2acbd+b^2c^2=(ad-bc)^2\geqslant 0$，当且仅当 $ad=bc$ 时，等号成立。

问题 4 二维形式的柯西不等式可以变形为 $(ac+bd)^2-(a^2+b^2)(c^2+d^2)\leqslant 0$，属于 $B^2-AC\leqslant 0$ 的类型，我们有没有学过与这个式子的结构相似的知识？

师生活动 不等式和判别式 $\Delta\leqslant 0$ 在结构上很类似，我们可以尝试构造二次函数用判别式法来说明。教师引导学生尝试，最后构造出函数 $f(x)=(a^2+b^2)x^2-2(ac+bd)x+c^2+d^2$。

当 $abcd=0$ 时，不等式显然成立；当 $abcd\neq 0$ 时，$f(x)=(a^2+b^2)x^2-2(ac+bd)x+c^2+d^2=(ax-c)^2+(bx-d)^2$，则 $f(x)\geqslant 0$ 恒成立，此时 $a^2+b^2>0$，二次函数 $f(x)$ 的图象开口向上。

因为判别式 $\Delta=4(ac+bd)^2-4(a^2+b^2)(c^2+d^2)\leqslant 0$，即 $(ac+bd)^2\leqslant(a^2+b^2)(c^2+d^2)$ 成立。

当且仅当 $\begin{cases}ax=c,\\ bx=d,\end{cases}$ 即 $ad=bc$ 时，等号成立。

这种证明方法非常有新意，我们还可以进行拓展，让学生掌握一类题的解题思路：要解决 $A\cdot C$ 与 B^2 比较大小的问题，可以考虑先构造一个二次函数 $f(x)=Ax^2-2Bx+C$，再根据题意考虑 Δ 与 0 的大小关系。

【设计意图】刚接触柯西不等式时，学生对形式和内容并不熟悉。通过研究并解决问题 3 和问题 4 后，学生能更清晰地认识柯西不等式的结构和特征，并掌握用作差法和判别式法证明柯西不等式。在这个过程中，教师渗透了转化与化归的数学思想方法。

（三）概念深化

问题 5 柯西不等式 $(a^2+b^2)(c^2+d^2)\geqslant(ac+bd)^2$ 可变形为 $|ac+bd|\leqslant\sqrt{a^2+b^2}\cdot\sqrt{c^2+d^2}$，这里出现 $|ac+bd|$，$\sqrt{a^2+b^2}$，$\sqrt{c^2+d^2}$，你能联想到什么知识？

师生活动 联想到向量的知识，对一个代数结果进行最简单的诠释，往往需要借助直观的几何背景。设向量 $\boldsymbol{m}=(a, b)$，$\boldsymbol{n}=(c, d)$，$\boldsymbol{m}$ 与 $\boldsymbol{n}$ 之间的夹角为 θ，$\theta\in[0, \pi]$，根据向量数量积的定义，我们有 $\boldsymbol{m}\cdot\boldsymbol{n}=$

$|\boldsymbol{m}||\boldsymbol{n}|\cos\theta$，故 $|\boldsymbol{m}\cdot\boldsymbol{n}|=|\boldsymbol{m}||\boldsymbol{n}||\cos\theta|$，因为 $|\cos\theta|\leqslant 1$，故 $|\boldsymbol{m}\cdot\boldsymbol{n}|\leqslant|\boldsymbol{m}||\boldsymbol{n}|$，即 $|ac+bd|\leqslant\sqrt{a^2+b^2}\cdot\sqrt{c^2+d^2}$（当且仅当两向量共线时即 $ad=bc$ 时等号成立）。柯西不等式也是向量在数形结合应用上的一个典型例子。

问题 6　前面我们学过了利用东汉末年著名数学家赵爽提出的“赵爽弦图”证明均值不等式，你还记得怎么处理的吗？

师生活动　图 6.5－2 中矩形的面积不小于四个直角三角形的面积，即 $a^2+b^2\geqslant 4\times\frac{1}{2}ab=2ab$。

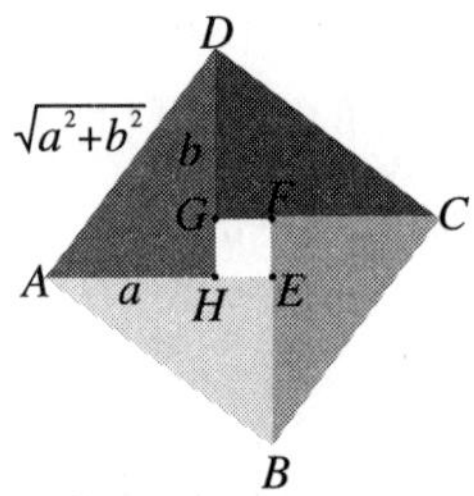

图 6.5－2

问题 7　我们现在类比上面的做法，进行一个活动教学。老师提供一个教具给你，如图 6.5－3，四个直角三角形的形状和大小不变，中间用铰链连接，E，F，G，H 为可活动的铰链，大家转动铰链，研究面积的变化情况，你能发现什么不等关系？

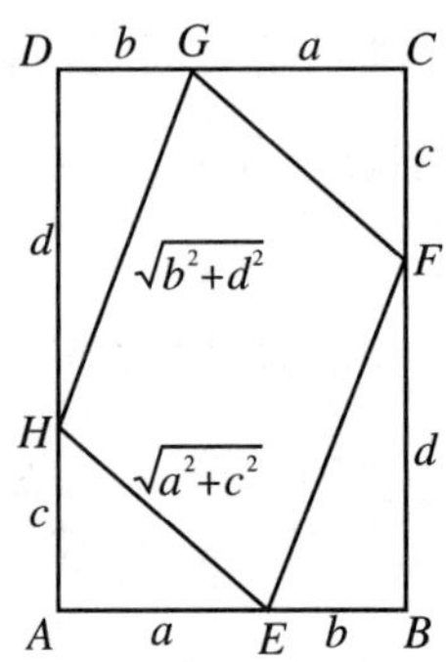

图 6.5－3

师生活动　经过学生小组学习，讨论后给出反馈，当四边形 $EFGH$

为矩形时，图 6.5－4 的面积不小于图 6.5－3 的面积，即 $2\times\frac{1}{2}ac+2\times\frac{1}{2}bd+\sqrt{a^2+c^2}\cdot\sqrt{b^2+d^2}\geqslant(a+b)(c+d)$，整理可得 $\sqrt{a^2+c^2}\cdot\sqrt{b^2+d^2}\geqslant ad+bc$，即证明了柯西不等式。当且仅当 A，E，B 三点共线时，等号成立，此时利用三角形相似，可得 $ab=cd$，即当且仅当 $ab=cd$ 时，不等式取等号。

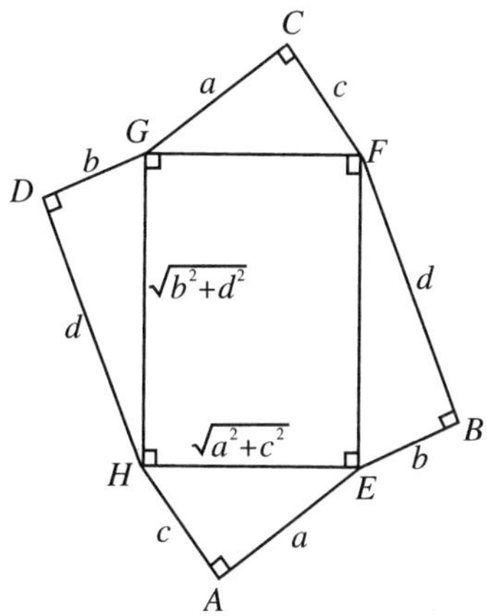

图 6.5－4

问题 8　怎样才能更好地理解柯西不等式?

师生活动　总结柯西不等式的内涵和外延。

文字语言：式子中的各项只要为实数即可，所以柯西不等式的应用范围很广，只需简记为“平方的和的乘积不小于乘积的和的平方”。

符号语言：$(a^2+b^2)(c^2+d^2)\geqslant(ac+bd)^2$，

$\sqrt{(a^2+b^2)(c^2+d^2)}\geqslant|ac+bd|$，

$\sqrt{(a^2+b^2)(c^2+d^2)}\geqslant|ac|+|bd|$。

图形语言：设 $\boldsymbol{m}$，$\boldsymbol{n}$ 是两个向量，则 $|\boldsymbol{m}\cdot\boldsymbol{n}|\leqslant|\boldsymbol{m}||\boldsymbol{n}|$，当且仅当 $\boldsymbol{n}$ 是零向量，或存在实数 k，使 $\boldsymbol{m}=k\boldsymbol{n}$ 时，等号成立。

柯西不等式的外延：柯西不等式能解决与平方和的积或乘积的和的平方有关的问题，由于“定值”是不等式思考问题的方向，因此我们在使用柯西不等式时需要适当“配凑”，使一边为定值来求解。

问题 9 柯西不等式还有哪些常见的变形呢?

a_1, a_2, b_1, b_2 都是正实数，则 $(a_1+a_2)\left(\frac{b_1^{\ 2}}{a_1}+\frac{b_2^{\ 2}}{a_2}\right)\geqslant(b_1+b_2)^2$;

a_1, a_2, b_1, b_2 都是正实数，则 $(a_1b_1+a_2b_2)\left(\frac{b_1}{a_1}+\frac{b_2}{a_2}\right)\geqslant(b_1+b_2)^2$。

这是柯西不等式的分式形式。

【设计意图】教师引导学生通过向量的知识探索柯西不等式的几何背景，通过类比“基本不等式”的证明方法，创设活动情景，通过活动的形式，借助教具进行证明，培养学生的灵活思维。通过对柯西不等式的内涵和外延的研究，学生掌握了柯西不等式的常见变形，能更好地应用柯西不等式解决问题。

(四) 应用探索

例 1 已知 a, b 为实数，证明：$(a^4+b^4)(a^2+b^2)\geqslant(a^3+b^3)^2$。

解析：本题也可以用分析法，但注意到左边可以写成平方的和的乘积，因此可以考虑用柯西不等式来处理。

根据柯西不等式有 $(a^4+b^4)(a^2+b^2)=[(a^2)^2+(b^2)^2](a^2+b^2)\geqslant(a^2\cdot a+b^2\cdot b)^2=(a^3+b^3)^2$。

在证明不等式时，练习经典不等式，既可以启发证明思路，又可以简化运算。

例 2 求函数 $y=5\sqrt{x-1}+\sqrt{10-2x}$ 的最大值。

解析：函数的定义域为 $[1, 5]$，且 $y>0$，

因为 $y=5\sqrt{x-1}+\sqrt{2}\cdot\sqrt{5-x}\leqslant\sqrt{5^2+(\sqrt{2})^2}\times\sqrt{(\sqrt{x-1})^2+(\sqrt{5-x})^2}=\sqrt{27\times4}=6\sqrt{3}$,

当且仅当 $\sqrt{2}\times\sqrt{x-1}=5\times\sqrt{5-x}$ 时，等号成立，即当 $x=\frac{127}{27}$ 时，函数取最大值 $6\sqrt{3}$。

【设计意图】教师通过简单的例子，让学生体会式子变形的作用，提高利用柯西不等式解题的能力。

（五）总结归纳

问题 10　本节课你学到了什么知识技能或思想方法？你最大的感悟是什么？

【设计意图】教师引导学生回忆本节课知识内容的形成过程，对本节课学到的数学知识和数学思想方法进行小结。

四、课例评析

本节课，教师采用问题导学教学法，通过设置问题，引导学生思考问题、分析问题、解决问题，在过程中训练学生的思维，渗透数学方法，从以下四个方面较好地完成学科育人的目标。

（一）史料育人——讲述史实，鼓励学生积极探究

数学蕴含着丰富的人文教育功能，丰富和夯实学生的数学底蕴，有助于学生感受数学文化的魅力，激发学生的学习兴趣，激发学生研究新知识的动力，有助于鼓励学生积极探索，积极求真求是，大胆创新。

本节课学习的是以法国伟大数学家柯西的名字命名的经典不等式，教师注重引导学生挖掘史料内容，先给学生介绍柯西的生平和主要贡献。柯西少年时代的数学才华颇受大数学家拉格朗日和拉普拉斯的赞赏，拉格朗日向柯西的父亲建议“赶快给柯西一种坚实的文学教育”，以便他的爱好不致把他引入歧途。父亲因此加强了对柯西的文学教养，使他在诗歌方面也表现出很高的才华，可见适当的人文教育是有助于学生更好地理解数学的。

在“概念深化”环节中，教师引导学生回忆均值不等式的一种证明方法，即利用赵爽弦图来证明均值不等式，引导学生通过类似的图形得到了一种证明柯西不等式的方法。赵爽弦图可用来证明勾股定理，这个发现领先欧洲几百年，证明过程别具匠心，极富新意，体现了数形结合的思想方法。

（二）思维育人——变换角度，引导学生全面思考

数学课堂是一个知识体系和思维体系形成的一个动态过程，数学教学不仅要教会学生基本知识，还要让学生了解知识产生的背景、知识产生的来龙去脉的整个过程。教师要引导学生发现知识中共性的东西，总结知识的基本特征，提高学生对问题抽象概括的能力。

本节课，教师在强化学生思维训练上注重抓好以下三个关键。

一是注重引导学生发现共性的规律，在过程中渗透数学思想。例如在“概念形成”环节引导学生复习证明不等式的一般方法；在问题 4 中，引导学生了解判别式法证明柯西不等式，并总结一类不等关系的证明，体现函数与方程、转化与化归的数学思想；在问题 5 中，引导学生思考向量与柯西不等式之间的联系，将代数结果通过直观的几何背景进行最简单的诠释，体现了数形结合的数学思想；在问题 7 中，类比赵爽弦图证明均值不等式，用类似图形通过探究面积关系证明柯西不等式，蕴含类比和数形结合的思想。

二是引导学生改进思维方式。一个不等关系，最常见的证明思路就是作差法，但教师引导学生从式子的结构、变形后的结构、图象，以及文字语言、符号语言、图形语言等方面思考，达到了以点带面、举一反三的效果。

三是以“问题”为导向，以教师的“引导”为主线，通过问题的发展性，把问题延伸、拓展、扩充到一般情形或特殊情形，通过引导，提高学生思考问题、解决问题的能力。

（三）活动育人——创设情境，引导学生自主探究

在本节课中，教师呈现给学生知识产生发展的全过程，通过创设活动情境，引导学生自主探究。教师通过激发学生的学习兴趣，激起学生疑问，引导学生思考并总结方法。例如，从课堂的一开始，用柯西的肖像来引入，引导学生思考，引起学生的疑问，让学生通过查阅资料，了解伟大数学家柯西的生平，学习柯西不等式并学习他在研究学习中勤奋和孜孜不倦的探究精神；在引导学生用判别式法证明柯西不等式时，教师先让学生研究式子“B^2-AC”，引导活动联想，联想到判别式，但是又与判别式不一样，让学生产生疑惑，再引导学生通过适当配凑系数构造出二次函数得解，最后总结归纳类似知识的一般处理方法；在类比利用赵爽弦图证明均值不等式，用教具证明柯西不等式时，通过渗透类比的思想，利用小组合作，让学生自己亲自动手摆弄教具，类比学过的知识解决问题。在活动过程中，学生利用实物模型自己动手研究，培养了数学建模的核心素养。

（四）审美育人——提炼总结，指导学生求简求精

英国著名数学家罗素说过，数学不但拥有真理，而且拥有至高的美。我国著名数学家陈省身也说过，数学是美的。本节课的数学之美，主要体现在简洁美、抽象美、对称美。

简洁美就是追求简洁的精神，教师在课堂上引导学生求真求简，从公式的表述、公式的证明、方法的使用上都力求简洁。用恰到好处的文字或符号表述最客观的事实，不拖泥带水，干脆而直接。

抽象美在于数学是一门抽象的科学，很多定理或论述最开始都是从一个角度或一个片段，经过适当的变形或处理，联想出一系列的知识和方法，再得到一般性的规律。数学透过现象看本质，抽象出最精要的知识。无论是用文字语言、符号语言，还是图形语言，都可以清楚地表示出客观的事实。

对称美在数学上比较常见，本节课中的柯西不等式，以及赵爽弦图和用判别式法、向量法、模具分析法证明柯西不等式的过程中，都体现了对称美。教师引导学生观察定理的条件、特点、内涵和外延，培养学生感受对称美的能力。

综上所述，教师在课堂上实施以学生为主体的主体教育，以史料育人、思维育人、活动育人、审美育人为导向，激发学生主动参与，注重过程的引导，注重训练和总结科学的方法，注重联想训练，培养学生独立思考与合作探究的能力，完成学科育人的目标。

（课例设计：刘辉　课例评析：曹东林）

第 七 章

立体几何

第一节　空间几何体的三视图

一、教材分析

学生前面已经认识了一些基本几何体及简单组合体的结构特征，本节课进一步引导学生将这些空间几何体转化为平面图形，用平面图形将几何体的结构特征表示出来，同时能根据平面图形想象出对应的空间几何体。本节内容帮助学生进一步认识空间几何体，让学生理解二维空间与三维空间之间的关系，从而培养学生的空间想象能力和使用图形语言交流的能力。

二、教学目标

1. 学生观察不同光源照射手的例子，理解和概括中心投影及平行投影的概念。

2. 学生观察实物模型，模仿教师画三视图的步骤，动手作图，体验画三视图的过程。

3. 学生通过类比，了解至少要对三个互相垂直的平面进行正投影，所得的三视图才能准确地描述几何体的形状和大小。

4. 学生初步体会画空间几何体的三视图的过程，掌握画图的方法，进一步提高空间想象力。

5. 学生通过观察生活中的空间几何体，并画出其三视图，体会三视图在生活中的应用。

三、教学设计

（一）新课引入

情境　在学习了一些柱体、锥体、台体、球以及简单组合体后，我们了解了它们的结构特征，那么大家能否熟练、准确地画出这些空间几何体，并用平面图形将它们表示出来？你知道工程师是如何设计工程图纸的吗？

思考 古诗《题西林壁》："横看成岭侧成峰，远近高低各不同。不识庐山真面目，只缘身在此山中。"从不同角度看庐山，看到的风景完全不同。那么我们要准确地描绘庐山，应从哪些角度观察比较好？

【设计意图】教师以趣味图片和古诗引入课题，指出我们看一个物体不能只看单方面，应从多角度入手。同时以学生的美术作品和熟悉的生活空间为话题，引入学习三视图的必要性，让学生"知其然，更知其所以然"，较好地解决学生学习的认知需求，促进学生主动学习。

（二）概念形成

1. 中心投影与平行投影

教师先把教室的窗帘都拉上，使教室暗下来，并用手电筒照射手，使得手的影子映在黑板上，再关掉手电筒，打开教室的一盏灯，使得手的影子映在地板上，让学生观察这两种现象，并总结这两种现象的异同。（这些都是投影现象，第一种现象光是从一个点发射出来的，第二种现象光是平行发射的。）

我们知道，光是沿直线传播的，由于光的照射，在不透明物体后面的屏幕上可以留下这个物体的影子，这种现象叫做投影。其中，光线称为投影线，留下物体影子的屏幕称为投影面。

教师将对手的投影换成对桌子的投影，让学生通过观察图 7.1－1，了解什么是投影线，什么是投影面。

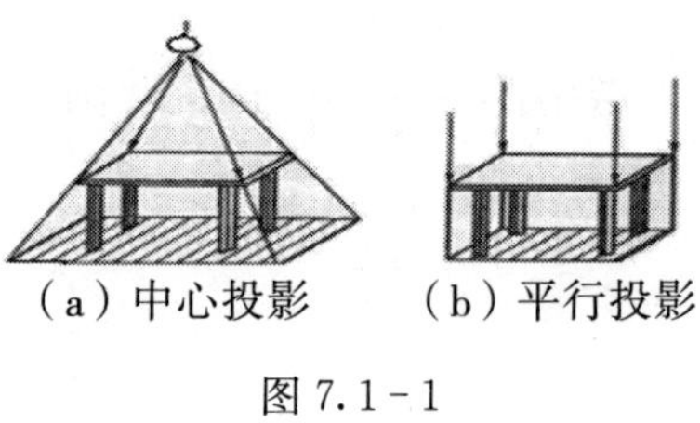

（a）中心投影　　（b）平行投影

图 7.1－1

对于第一种投影现象，光由一点向外散射形成投影，这种现象叫做中心投影。中心投影的投影线交于一点。

虽然中心投影所成的图形与原图形相比，大小不同，但它的直观性强，与人的视觉效果十分接近，所以在绘画时经常考虑中心投影的方法。但在一些领域，比如工程设计图纸等，一般不采用中心投影。

对于第二种投影现象，一束平行光线照射下形成投影，这种现象叫做平行投影。平行投影的投影线是平行的。

在平行投影中，若投影线正对着投影面时，叫做正投影（如图7.1－2），不然就叫做斜投影（如图 7.1－3）。

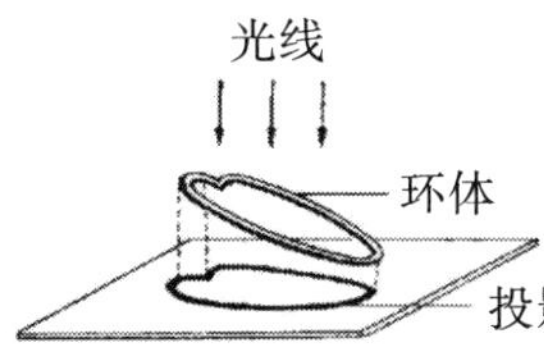

图 7.1－2　正投影

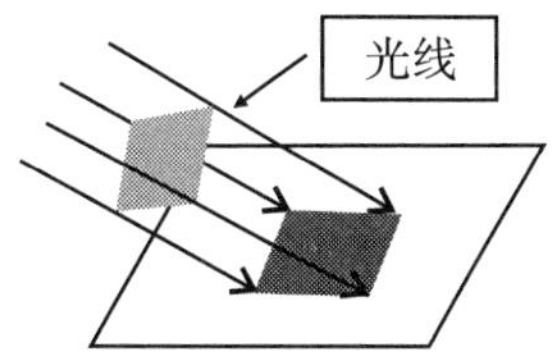

图 7.1－3　斜投影

教师与学生一起探究，当平面图形与投影面平行时，对比中心投影、斜投影和正投影所成的图形与平面图形的形状和大小（如图 7.1－4）。

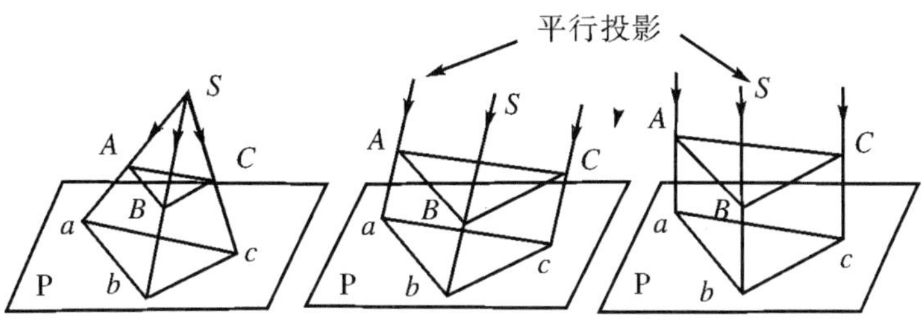

（a）中心投影　（b）斜投影　（c）正投影

图 7.1－4

得出结论　当平面图形与投影面平行时，在中心投影中，所成图形与平面图形形状相同，但大小不同；在平行投影中，所成图形与平面图形的形状、大小都一致。本节课中，我们选择利用平行投影的方法，将空间几何体转化为平面图形。

2. 空间几何体的三视图

问题 1　我们可以利用平行投影，将一个空间几何体投影到平面上，得到平面图形。由这样的一个平面图形可以确定空间几何体的整体吗？如果不能，至少要从几个角度投影才能较好地描绘空间几何体的形状和大小?（进一步引导学生学会类比）我们在学习二维图形时，往往通过两条互相垂直的直线来考虑平面图形的形状和大小，那么对于空间几何体，也就是三维图形，至少需要通过几个面来考虑?

提示 首先考虑三个互相垂直的投影面，选择三种正投影，第一种是光线从几何体的前面到后面的正投影，第二种是光线从几何体的左面到右面的正投影，第三种是光线从几何体的上面到下面的正投影。像这样，将物体按正投影向投影面投射时所得到的投影图叫做视图，并且将这三种正投影所得的视图分别称为正视图、侧视图和俯视图，统称为三视图。

问题 2 正视图、侧视图和俯视图是分别从同一几何体的正前方、正左方和正上方观察得到的，它们的形状和大小有什么关系呢?

在观察之前，教师引导学生了解几个定义：长、宽、高。长是左右方向的长度，宽是前后方向的长度，高是上下方向的长度。

学生通过观察、讨论得出以下结论：

①同一几何体的正视图与俯视图的长度相同；

②同一几何体的侧视图与俯视图的宽度相同；

③同一几何体的正视图和侧视图的高度相同。

教师总结三视图的大小关系：长对正，高平齐，宽相等。

【设计意图】通过观察交流，提升学生的沟通能力和合作意识；通过探究总结，培养学生的知识迁移和提炼能力，并让学生知晓观察物体不能只看一方面，强调关键，加深印象。

（三）应用探索

1. 绘制三视图

例 1 观察一个直径为 4 cm 的乒乓球，一个长为 6 cm、宽为 4 cm、高为6 cm的墨水盒和一个底面边长为 2 cm、高为 16 cm 的正六棱柱笔筒，将它们抽象为空间几何体，并画出三视图。

教师先做示范，在黑板上画出乒乓球的三视图，再请学生试画出墨水盒、正六棱柱笔筒的三视图，同时引导学生注意三视图的位置和大小关系，同时将三视图各边的长度标注出来。

例 2 观察生活中最常见的矿泉水瓶，将其抽象为空间几何体，试着画出它的三视图。

学生通过矿泉水瓶练习画简单组合体的三视图。矿泉水瓶从上到下分别抽象为圆柱、圆台和圆柱，可以从上到下将其三视图画出来。

2. 根据三视图想象对应的几何体

请学生试根据图 7.1－5 中的三视图想象对应的几何体，分别为圆柱、圆锥、圆台、正四棱台、正四棱锥、半球中的哪几个？

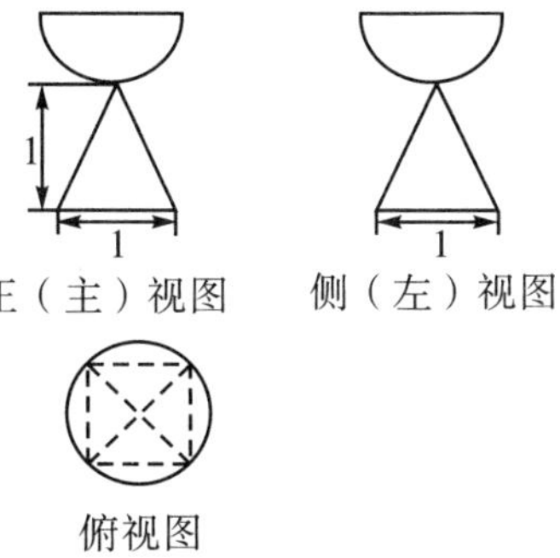

图 7.1－5

【设计意图】把作图探索（开发、选择模型）过程交给学生，通过大量实物模型及学生自己动手制作的模型，培养学生动手操作、团结协作的能力，通过展示学生绘制的三视图，共同交流学习。同时，让学生通过几何体模型或实物，组合成简单的组合体，画出三视图。这是学生空间想象能力、语言表达能力得到再次训练的过程，也是积累数学活动经验的重要过程。

（四）总结归纳

（1）中心投影和平行投影的定义；

（2）三视图的定义；

（3）三视图的位置；

（4）三视图的大小关系。

【设计意图】通过课堂小结，帮助学生理顺知识，加深对知识的理解，厘清知识结构，找到知识的精华所在，提升学生的思维。

四、课例评析

高中立体几何的主要教育功能是培养学生的空间想象能力、几何直观能力、逻辑思维能力和公理化思想。因此，在立体几何教学中，教师应该从学生的具体情况出发，用各种方法，从不同角度去培养学生的空间想象能力。本课例不仅完成了课程目标，也充分体现了数学学科育人的价值。

（一）史料育人提升文化自信，落实立德树人根本任务

党的十八大报告明确指出，要把立德树人作为教育的根本任务。教师作为基础教育工作者，更应认真领会，坚定执行。德育为首、育人为本成为教师的价值追求，以人为本、立德树人应该作为基础教育的根本任务。课堂教学是学生道德认知、道德情感培养的主要途径，课堂上，教师不仅要传授知识与技能，还要见缝插针地、适时地、就地取材地培养学生的道德认知和道德情感。

本节课通过引入古诗《题西林壁》，让学生体会从不同角度看庐山，看到的风景完全不同，感受中华民族文化的博大精深，培养学生的道德情操。这样既能实现立德树人，又能体现史料育人功能。

（二）体现思维育人功能和活动育人功能

几何是由现实事物抽象而来的，更多地鼓励学生通过对实物的直观感知，培养空间想象力。本节课中，师生先共同探讨教室内物体的光影实验特征，形成初步的空间思维，再由学生观察身边实物，并作出相应的三视图，举一反三，在师生、生生合作中完成教学任务，较好地体现了学科价值。

1. 有助于发展学生把握空间与图形的能力，使学生更好地认识和理解人类生存的空间

我们生活在空间与图形的世界里。图形、几何模型以及几何图形的性质，是准确描述现实世界空间与图形关系，解决学习、生活和工作中各种问题的工具。随着计算机制图和成像技术的发展，处理空间与图形问题的几何方法更是被广泛运用于人类生活和社会发展的各个方面。因此，把握空间与图形的能力是学生应具备的基本数学素养，这对于学生

更好地认识、理解生活空间，更好地生存与发展具有重要意义。

2. 有助于发展学生的直觉能力，培养学生的创新精神

几何作为一种直观、形象的数学模型，在发展学生的直觉能力，培养学生的创新精神方面具有独特的价值。创新源于问题，往往发端于直觉。与数学其他分支相比，几何图形的直观形象为学生进行自主探索、创新活动提供了更为有利的条件。在几何中，视觉思维占主导地位。本节课中，学生在运用观察、操作、猜想、作图、设计等方法探索几何图形性质的过程中，获得视觉上的愉悦，增强了探究的好奇心，激发出潜在的创造力，形成创新意识。

3. 有助于发展学生的推理论证能力、合情推理能力、运用图形语言进行表达与交流的能力

本节课中，学生首先通过观察实物模型、空间几何体等，直观认识和理解空间图形的性质及空间点、线、面的位置关系，并用数学语言表述这些性质。在此基础上通过直观观察、操作确认得出空间点、线、面的基本性质，以这些基本性质作为推理的出发点，探索并证明空间点、线、面位置关系的一些其他性质。这种处理方式突出了空间图形的探索、研究过程及几何建模过程。同时，合情推理与论证推理的结合，有助于培养和发展学生推理论证能力、合情推理能力、运用图形语言进行表达与交流的能力。

（三）体现审美育人功能

审美育人是学科育人的基本要求，教师在教学中要适时地培养学生发现教学过程中各处的“美”。本节课中，教师通过展示光与影的关系，让学生充分感受物体光与影的变与不变、放大与缩小的变化之美，使学生可以通过光与影来创造绚丽多彩的生活，从而达到审美育人。

（课例设计：黄展初　课例评析：韦一兰）

第二节　简单几何体的表面积和体积

一、教材分析

本节内容选自人教 A 版高中数学必修第二册第八章“立体几何初步”。无论是在社会生活实践还是生产建设过程中，对于物体表面积与体积相关问题的计算都是十分重要的。本节内容意在培养学生对简单几何体表面积和体积计算的能力。本节课的教学重点是学习柱、锥、台体等简单几何体的表面积和体积的计算公式；教学难点是利用这些计算公式解决生活中遇到的问题。

二、教学目标

1. 真正理解柱、锥、台体等表面积和体积的计算公式，能够应用公式解决实际问题。

2. 结合学生在义务教育阶段所掌握的关于几何体的知识与认知，进行本节内容的讲解。在方法上注重学生对知识实际应用能力的培养，而非机械化的公式记忆。

3. 使学生能够在认知相关几何体的基础上学习其表面积、体积的计算，以引导的方式培养学生对几何的学习兴趣。同时通过教学内容的引导培养学生的数学思想和类比思维，使学生真正具备数学学科的核心素养。

三、教学设计

（一）新课引入

生活中无处不充满立体图形，大到楼房、汽车、飞机，小到铅笔、砖瓦等，可以说生活充满了立体图形。而这些立体图形都是由最简单、最基础的几何体构成的，也就是本节课需要学习的柱、锥、球等。学生通过探索这些基本图形的体积和表面积计算公式，可以计算生活中一些基础立体图形的体积和表面积，并感受建筑和数学的密切联系，同时欣赏建筑的艺术。本节课通过展示部分中国古代建筑（故宫、龙门石窟、乐山大佛等）的图片来进行新课引入。

【设计意图】结合生活实际引出本课教学内容，激发学生的学习兴趣，将学生从放松的课间休息带入充满趣味性的课堂学习中，为本节内容的学习打下良好的基础。

（二）**概念形成**

教师展示柱、锥、球等简单几何体的纸质模型并交由学生观察，同时引导学生得出概念，借由相关模型的观察及之前的平面几何的学习公式，将有关简单几何体展开，让学生进行小组讨论。

问题 1 棱柱的表面积如何计算？三棱柱、四棱柱、五棱柱表面积的计算有何不同？

问题 2 圆柱的表面积如何计算？通过计算结合观察，推导圆柱表面积计算公式。

问题 3 锥体的表面积如何计算？结合对纸质模型的观察，推导锥体表面积计算公式。

学生小组讨论完毕后选择代表介绍并展示相关成果，之后由教师对球体的表面积进行计算并讲解。

【设计意图】以展示纸质模型的方式配合学生的观察与教师的引导，充分发挥学生在学习过程中的主体地位，锻炼学生的观察思维能力、自主学习能力与小组配合能力。

（三）**概念深化**

结合最早所学的有关长方体和正方体表面积的内容进行拓展，对棱柱和棱锥体积问题进行探讨。在这个过程中，利用沙子衡量简单几何体的体积，并要求学生思考以下两个问题。

问题 4 棱柱体积的计算和之前所学的正方体和长方体体积的计算有何不同？

问题 5　三棱锥的体积与等高、等底的三棱柱的体积有何联系？请尝试用沙子和纸质模型进行探索。

学生分组展示学习成果，探索和思考，总结归纳出以下特点：

（1）棱锥体积是等高、等底棱柱体积的三分之一；

（2）棱柱的体积都按照底×高来计算。

【设计意图】 教师结合学生前期所学知识，对本节内容进行深入讲解，在问题提出与思考的过程中，使学生深化对概念的理解，引导学生突破本节课的教学重难点。

（四）应用探索

通过课本例题对相关内容进行学习和探索。

【设计意图】 通过对课本例题的学习，提高学生的知识应用能力，使学生进一步将所学知识与生活实际进行关联，锻炼学生应用所学知识解决实际问题的能力。

（五）总结归纳

思考　本节课中，你学到了什么知识技能或思想方法？最大的感悟是什么？

小结　立体几何是学生站在数学的角度衡量周围空间的重要方法，同时也是了解生活中的空间的重要路径和手段。学生通过学习，在掌握相关数学知识的同时，能够了解数学对于建筑学的作用，并能够间接提升审美能力。

【设计意图】 引导学生对本节内容进行知识回顾与思维发散，进一步巩固所学内容，培养学生的数学学科核心素养。

四、课例评析

从学科育人的视角看，本节课中，教师最大的创新在于设立了数学教学的德育目标，以思维育人、史料育人、审美育人、活动育人四个维度为抓手，在教学各环节全面融入育人思想，使课堂教学从形式到内容都有立德树人目标的引领。

（一）思维育人——强化数学学习的特点，促进学生思维品质提升

数学是思维的科学。学习数学要注重思维过程的学习，要学会抛弃事物的具体性质，从“量”和“形”去研究，这是数学化的过程，也是高度抽象概括的过程。本节课中，教师在强化学生思维训练上注重抓好以下三个方面。

一是深化学生对概念合理性的认识。例如问题 1 中，通过几种棱柱的判断，让学生明白归纳推理是由部分到整体、由个别到一般的推理，使学生充分感受数学思维的合理性与必然性，培养学生的空间思维和空间想象力。

二是充分暴露思维过程。如问题 3 让学生结合纸质模型对锥体表面积进行计算，引导学生由形象思维向抽象思维发展，感受数学家发现问题、提出问题、解决问题的过程。

三是问题导学。要让问题能激发学生的学习欲望，问题的设计就要与学生已有知识、经验相关联，学生愿意解决并且有解决它的知识基础和能力。同时问题的解决须包含一定程度的独立见解和创造精神，学生不能照搬现成的套路去解，必须经过认真思考、分析或寻找新的处理方法才能有效解决。本节课通过设置和之前所学立体几何知识相关联的问题，较好地体现了学习要循序渐进，遵循思维规律的原则。

（二）史料育人——借助学科发展史促进学生科学素养的形成

本节课中，教师通过深入挖掘教材内容中古代建筑设计和数学之间的密切关系，让学生充分了解这些数学知识所处的时代背景、历史条件及其与人类发展的关系，在开阔学生眼界的同时，充分传承、发扬传统文化，让学生领会中国传统文化的境界美和数学美。

（三）审美育人——认真开发教学内容的美育功能

审美教育是培养学生认知美、喜欢美、欣赏美，进而创造美的能力的教育。数学学科在其内容、结构和方法上具有特殊的美，数学的符号、公式、概念、思想方法，无不蕴含着美。数学美体现为对称、和谐、简洁、明快、雅致、统一。教师要努力让学生了解数学问题解决时构造的巧妙、推证的严密、结果的精确，让学生在数学学习中感受这些美的元素，从中理解数学的概括性、逻辑性和简洁性，学会用简洁、优美的数学关系表达事物的内在规律，提高对美的理解和追求。本节课中，教师在以下两个方面做了充分的思考和设计。

一是结构。教师给出的所有范例，无论是数量关系还是图形特征，都特别注重突出问题的结构特点，让学生能有效观察到立体结构本身蕴含的规律，以及立体结构之间存在的相互关联。如推理锥体和棱柱的关系，推理圆柱表面积有关问题，以及圆柱体积和棱柱体积的关联等问题，都很好地体现了美学教育中的对称和变换美的关联。

二是分析。教师在学生对每个问题成功解答后，都给出了很有针对性的分析和启示，展示了教师对数学学习规律和数学美及空间结构美的理解，这是十分重要的。数学分析是美学素养中重要的、可以依赖的路径和手段，学生通过数学分析，进行独立自主的思考，能够找到数学解题中的技巧和方法，并能针对“什么是美的”“数学为什么美”这样的问题进行回答。

（四）活动育人——让学生在主动探索中提升能力

本节课的教学亮点是通过问题来进行活动，从而实现问题导学。从问题 1、问题 2、问题 3 可以看出，教师对以活动为中心的问题导学的理解较深刻：在高中数学教学中，教学手段是教师所倡导的教育教学目标和实现这一目标之间的一系列中介方法。教师通过以学生活动为中心的问题导学，让学生进行小组讨论，加强学习中的思辨过程，提升学生自主独立思考和团队合作能力，增强学生对于科学探索的热情和兴趣。

（课例设计：何文红　课例评析：陈庆武）

第八章

直线与圆的方程

第一节　直线的倾斜角与斜率

一、教学分析

本节内容选自人教 A 版高中数学选择性必修第一册第二章“直线和圆的方程”。从本章开始，学生学习一门全新的数学分支学科——解析几何。解析几何是代数与几何两大学科之间的桥梁，解析几何的出现使得代数与几何得到迅速发展。直线和圆是两种基本几何对象，是欧式几何研究的主要内容。本章将其作为解析几何开始阶段的研究对象，通过建立直线与圆的方程并研究与之相关的问题，让学生从中体会坐标法的特点。为了用代数方法研究直线的有关问题，本节课首先引入直线倾斜角的概念刻画直线的方向，然后通过向量法，用直线上的两点坐标表示直线倾斜角的正切值，从而引出直线斜率的概念，最后得到利用直线上的两点坐标求直线斜率的公式，以及直线的斜率与其方向向量的关系。基于以上分析，本节课的教学重点为直线的倾斜角、斜率的概念和过两点的直线斜率公式；教学难点为学生虽然知道两点确定一条直线，以及一点和一个方向确定一条直线，但对于如何把这种确定直线位置的几何要素转化为用平面直角坐标系中的代数刻画存在困难。其中，将两点确定一条直线归结为一点和一个方向确定一条直线，以及把直线的方向转化为直线的倾斜角，也是学生学习的难点。

二、教学目标

1. 通过数学小故事及章引言的介绍，学生能够说出解析几何的基本思想及其创立者。

2. 通过在平面直角坐标系中对直线的分析，知道一点和一个方向可确定一条直线。过同一点的直线的方向不同，其倾斜程度也不同。对于倾斜程度，几何上可以用倾斜角刻画，代数上可以用斜率刻画，进一步，斜率可以用直线上两点的坐标刻画。

3. 能够运用向量法，利用确定的一条直线上任意两点的坐标计算出直线倾斜角的正切值，让学生体会从特殊到一般、具体到抽象的研究过程。

三、教学设计

（一）新课引入

在数学史上，曾有几位数学家，他们想创造一种能解决世界上一切问题的方法，法国著名数学家笛卡儿和费马就是其中两位，他们的设想是：任何问题→数学问题→代数问题→方程问题→求解方程→得到结论。因此，如何用代数的方法解决几何问题是他们遇到的难题之一。

据说有一天，笛卡儿躺在床上休息，无意中发现一只苍蝇正在天花板上爬动，并且苍蝇爬过的地方留下一个小黑点。笛卡儿心想，苍蝇爬过的痕迹不就是自己研究的直线与曲线问题吗？笛卡儿的这个想法就是直角坐标系的雏形，即有了直角坐标系，点就可以用坐标表示，使得用代数方法来研究几何问题便有了可能。

思考　大桥斜拉索的陡缓程度不一，这些斜拉索可以看成一个直线束，如何建立恰当的数学模型来表示斜拉索的陡缓程度？

问题 1　在初中的时候，我们已经学习过两点可以确定一条直线，那么除了用两点还能用哪些几何要素确定一条直线？

问题 2　当一条直线与 x 轴相交会形成四个角，选取哪个角进行研究更方便呢？

问题 3　这个角唯一吗？

学生自己归纳总结出倾斜角的概念：在平面直角坐标系中，当直线 l 与 x 轴相交时，以 x 轴为基准，x 轴正向与直线 l 向上方向之间所成的角 α 叫直线 l 的倾斜角。

问题 4　在直线的倾斜角的概念中要注意哪几点呢？

学生活动 学生在直角坐标系上任意画出一条直线及其倾斜角。

在教学中，教师发现学生容易画出图 8.1－1 中 3 类直线，但是容易忽略与 x 轴平行的直线。教师在画出图 8.1－2 后，引导学生找出倾斜角并让学生思考其如何规定。

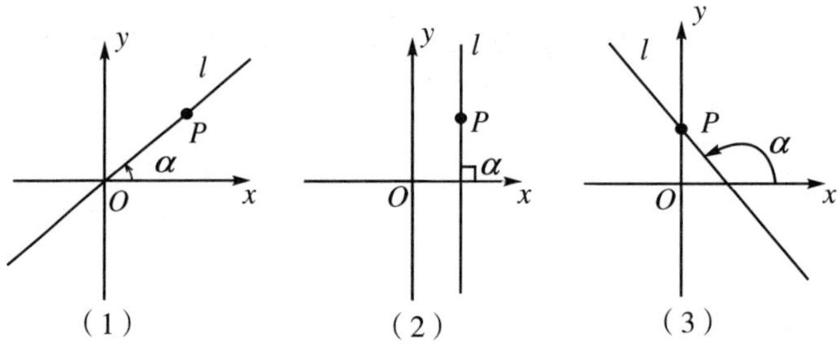

图 8.1－1

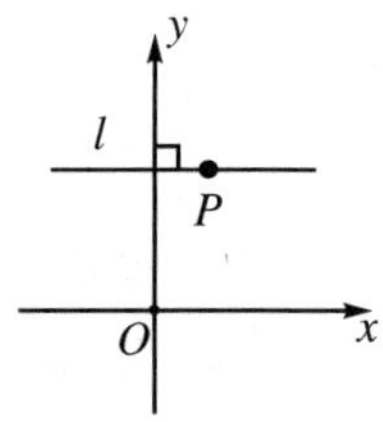

图 8.1－2

规定 当直线 l 与 x 轴平行或重合时，它的倾斜角为 $0°$。

问题 5 直线的倾斜角的范围是多少？

【设计意图】立足于大单元设计理念，教师通过数学小故事结合章引言阐述解析几何的内涵，再以大桥斜拉索为例让学生尝试选择合适的数学模型，将现实生活与数学世界连接起来。同时，教师让学生动手操作找出任意一条直线的倾斜角，以加深对概念的理解。

（二）概念形成

问题 6 由两点确定一条直线，我们可以推测，直线 l 的倾斜角 α 与直线 l 上的点 $P_1(x_1, y_1)$，$P_2(x_2, y_2)$（其中 $x_1 \neq x_2$）一定存在内在联系，这个内在联系是什么呢？

提示 对于一般性命题，我们可以先从特殊的情形来考虑。

在平面直角坐标系中，设直线 l 的倾斜角为 α。

(1) 已知直线 l 经过点 $O(0, 0)$，$P(\sqrt{3}, 1)$，α 与点 O，P 的坐标有什么关系？

(2) 类似地，如果直线 l 经过点 $P_1(-1, 1)$，$P_2(\sqrt{2}, 0)$，α 与点 P_1，P_2 的坐标又有什么关系？

对于问题 (1)，如图 8.1－3，向量 $\overrightarrow{OP}=(\sqrt{3}, 1)$，且直线 OP 的倾斜角也为 α，由正切函数的定义，有 $\tan\alpha=\frac{1}{\sqrt{3}}=\frac{\sqrt{3}}{3}$。

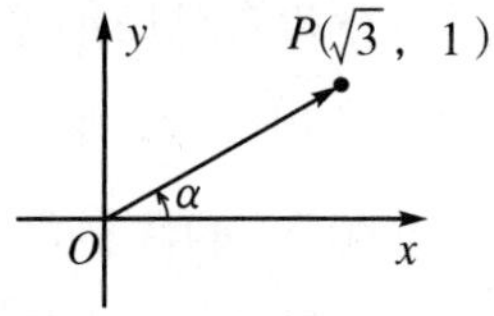

图 8.1－3

对于问题（2），如图 8.1－4，$\overrightarrow{P_2P_1}=(-1-\sqrt{2},1-0)=(-1-\sqrt{2},1)$。

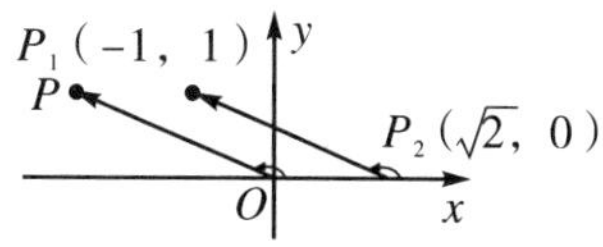

图 8.1－4

平移向量$\overrightarrow{P_1P_2}$到$\overrightarrow{OP}$，则点 P 的坐标为 $(-1-\sqrt{2},1)$，且直线 OP 的倾斜角也是 α。由正切函数的定义，有 $\tan\alpha=\dfrac{1}{-1-\sqrt{2}}=1-\sqrt{2}$。

一般地，如图 8.1－5，当向量 $\overrightarrow{P_1P_2}$ 的方向向上时，$\overrightarrow{P_1P_2}=(x_2-x_1,y_2-y_1)$。平移向量$\overrightarrow{P_1P_2}$到$\overrightarrow{OP}$，则点 P 的坐标为 (x_2-x_1,y_2-y_1)，且直线 OP 的倾斜角也是 α，由正切函数的定义，有 $\tan\alpha=\dfrac{y_2-y_1}{x_2-x_1}$。

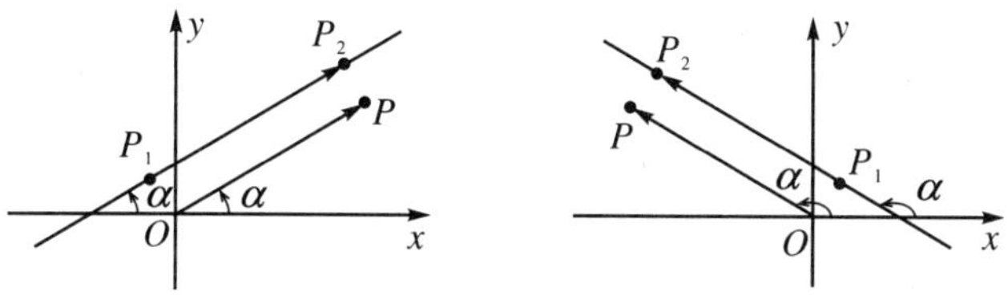

图 8.1－5

同样，当向量$\overrightarrow{P_2P_1}$的方向向上时，如图8.1－6，$\overrightarrow{P_2P_1}=(x_1-x_2,y_1-y_2)$，也有 $\tan\alpha=\dfrac{y_1-y_2}{x_1-x_2}=\dfrac{y_2-y_1}{x_2-x_1}$。

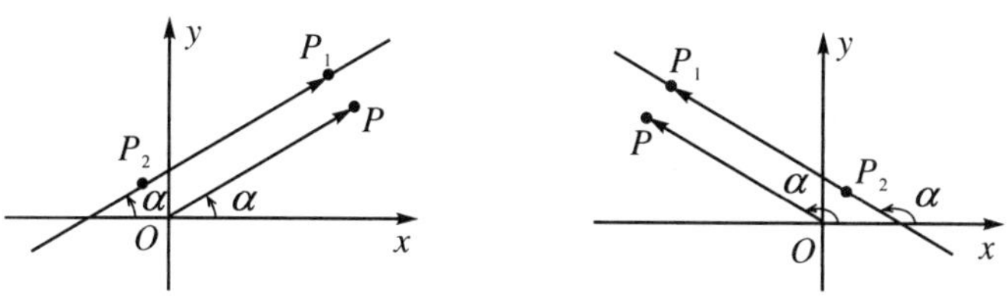

图8.1－6

问题 7　当直线 P_1P_2 与 x 轴平行或重合时，上述式子还成立吗？为什么？

提示　当直线 P_1P_2 与 x 轴平行或重合时，$y_1=y_2$，$\alpha=0°$，符合 $\tan\alpha=\dfrac{y_2-y_1}{x_2-x_1}$。

结论　直线 l 的倾斜角 α 与直线 l 上的两点 $P_1(x_1,y_1)$，$P_2(x_2,y_2)$ $(x_1\neq x_2)$ 的坐标的关系为 $\tan\alpha=\dfrac{y_2-y_1}{x_2-x_1}$。

我们把一条直线的倾斜角 α 的正切值叫这条直线的斜率，斜率常用小写字母 k 表示，即 $k=\tan\alpha$。

【设计意图】 教师引导学生寻找直线上两点坐标与直线倾斜程度之间的联系，由特殊到一般抽象出倾斜角的正切值的计算公式，并对该公式的意义进行分析，发现它正是我们寻找的刻画直线倾斜程度的代数表达，从而实现几何问题代数化。

（三）概念深化

日常生活中常用坡度表示倾斜面的倾斜程度，坡度$=\frac{\text{铅直高度}}{\text{水平宽度}}$。

当直线的倾斜角为锐角时，直线的斜率与坡度是类似的，都是正数。但是，当直线的倾斜角为钝角时，按照我们的生活经验，其坡度依然是正数，没办法与纵横坐标差形成一一对应关系。那我们可以借助之前学过的什么知识解决坡度与斜率无法一一对应的问题呢？

问题 8 当倾斜角 α 在区间 $[0°, 180°)$ 变化时，斜率 k 如何变化（见表表 8.1-1）？

表 8.1-1

$\alpha=0°$	$0°<\alpha<90°$	$\alpha=90°$	$90°<\alpha<180°$
$k=0$	$k>0$	k 不存在	$k<0$

由正切函数的单调性，倾斜角不同的直线，其斜率也不同。因此，我们可以用斜率表示倾斜角不等于 90°的直线相对于 x 轴的倾斜程度，进而表示直线的方向。

由 $\tan\alpha=\frac{y_2-y_1}{x_2-x_1}$ 及 $k=\tan\alpha$，可知 $k=\frac{y_2-y_1}{x_2-x_1}$。

问题 9 直线的方向向量与斜率 k 有什么关系？

我们知道，直线 P_1P_2 上的向量 $\overrightarrow{P_1P_2}$ 以及与它平行的向量都是直线的方向向量。直线 P_1P_2 的方向向量 $\overrightarrow{P_1P_2}$ 的坐标为 (x_2-x_1, y_2-y_1)。当直线 P_1P_2 与 x 轴不垂直时，$x_1\neq x_2$。此时向量 $\frac{1}{x_2-x_1}\overrightarrow{P_1P_2}$ 也是直线 P_1P_2 的方向向量，且它的坐标为 $\frac{1}{x_2-x_1}(x_2-x_1, y_2-y_1)$，即

$(1, \frac{y_2-y_1}{x_2-x_1}) = (1, k)$，其中 k 是直线 P_1P_2 的斜率。因此，若直线 l 的斜率为 k，它的一个方向向量的坐标为 (x, y)，则 $k=\frac{y}{x}$。

【设计意图】利用几何画板演示直线的斜率随着倾斜角的变化而改变，总结出规律并尝试从正切函数图象的性质解释这一变化，同时，利用直线的斜率公式和方向向量的坐标表示，建立两者之间的联系，为后续解决相关问题打下基础。

（四）应用探索

例 如图 8.1-7，已知 $A(3, 2)$，$B(-4, 1)$，$C(0, -1)$，求直线 AB，BC，CA 的斜率，并判断这些直线的倾斜角是锐角还是钝角。

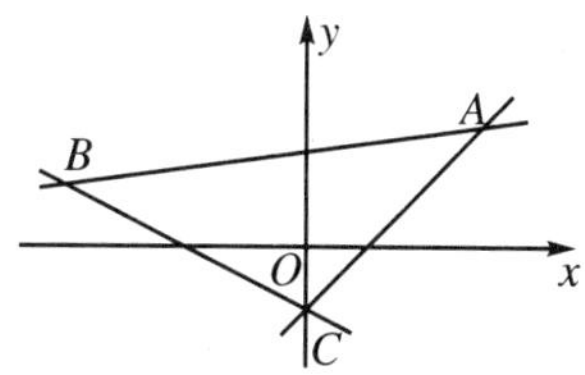

图 8.1-7

解析 直线 AB 的斜率 $k_{AB}=\frac{1-2}{-4-3}=\frac{1}{7}$；

直线 BC 的斜率 $k_{BC}=\frac{-1-1}{0-(-4)}=\frac{-2}{4}=-\frac{1}{2}$；

直线 CA 的斜率 $k_{CA}=\frac{2-(-1)}{3-0}=\frac{3}{3}=1$。

由 $k_{AB}>0$ 及 $k_{CA}>0$ 可知，直线 AB 与 CA 的倾斜角均为锐角；由 $k_{BC}<0$ 可知，直线 BC 的倾斜角为钝角。

【设计意图】该教学环节通过例题让学生巩固斜率公式，并熟悉斜率与倾斜角之间的关系。

（五）总结归纳

（1）直线的倾斜角和斜率的概念；

（2）直线的斜率公式：$k=\tan\alpha=\frac{y_2-y_1}{x_2-x_1}$ $(x_1\neq x_2)$；

（3）在本节课的学习中，我们运用了什么数学思想方法？

【设计意图】从知识要点和思想方法两个方面对课堂教学进行小结，将课堂所学知识内化为学生的基本素养。

四、课例评析

本节课从学科育人的视角看，教师设立了数学教学的德育目标，以史料育人、建模育人、审美育人、数形结合思想育人四个维度为导向，在教学各环节全面融入育人思想，使课堂教学从形式到内容都有立德树人目标引领。

（一）史料育人

本节课作为解析几何第一节课，让学生了解解析几何的由来，并利用坐标法解决几何问题，提高了学生学习解析几何的兴趣。因此，本节课以数学史上的小故事引入，让学生了解数学家是如何将几何与代数结合起来，使学生对几何的研究从欧式几何发展到代数化具有的划时代意义有了初步的了解。

（二）建模育人

怀特海曾说，数学就是对于模式的研究。构建数学模型，基本分为三个环节：一是从现实生活中抽象出数学问题；二是根据问题特征及建模目的提出假设，建立数学结构；三是应用模型解决实际问题。

本节课在“新课引入”环节，引入大桥上的斜拉索，让学生将这些斜拉索对比到几何中从同一点发出的线段，再将这些线段延展成直线束，最后通过建立适当的直角坐标系，把直线束放置其中。这个过程体现了数学建模的思想。同时，根据直线由点构成，点与直角坐标系中的有序数对是一一对应关系，让学生能够在几何与代数之间建立起桥梁，进而利用代数解决几何问题，即几何问题代数化。这个环节的设置，一方面让学生亲身体会数学与我们的生活密切相关；另一方面，引导学生借助数学模型来建立数学与现实世界的联系，有助于培养及提升学生的数学核心素养，培养学生从数学角度思考和分析实际问题。

（三）美学育人

抽象性、逻辑性、严谨性是人们对数学最普遍的认知，看似与美学联系不大，但实际上数学的美是非常独特且丰富的。在数学教学中，教师要寓智育、美育与德育为一体，不断展现数学美，让学生感受和领悟数学的美学价值，提升学生的审美素养。

学生在初中的时候就知道两点可以确定一条直线。在本节课中，学生通过对大桥上的斜拉索建构的数学模型——直线束，发现一点以及一个方向也能确定一条直线。在如何刻画直线的方向问题上，教师引出倾斜角的概念，引导学生探究直线的倾斜角与直线上两点的内在联系。

在寻找内在联系的过程中，教师引导学生采用由特殊到一般的推导方法，得出直线倾斜角与直线上两点的纵横坐标关系之后，再引导学生用这个公式计算一些特殊直线的斜率，让学生认识到除倾斜角为 90°的直线外，直线的斜率都可以用同一个表达式进行求解。同时利用直线上不同两点的坐标求解直线斜率的公式，利用纵横坐标的差商关系将直线斜率与直线上两点坐标联系起来，以此让学生感受数学的统一美。

数学是理性思维与想象的结合，它的语言是美的，方法是美的，结构也是美的。在教学过程中，教师有计划、有意识地引导学生挖掘和体会数学的审美价值，能让学生了解数学，爱上数学。

（四）思想育人

数与形是数学最基本的两个研究对象，数形结合也是学习数学知识，解答数学问题必须要掌握的一种数学思想方法。

本节课在研究随着倾斜角变化，斜率会发生怎样的变化时，从现实生活中的坡度出发，发现当倾斜角为锐角时，坡度与倾斜角的正切值变化情况一致，都是在正数范围内变化，但是当倾斜角为钝角时，坡度依然为正数，倾斜角的正切值却为负数，两者无法形成一一对应关系。所以，虽然坡度这一概念可以为铅直方向与水平方向的差商提供经验支持，但是具有明显不方便之处，不利于表达问题。因此，引入正切函数，利用正切函数的图象进行分析，当直线的倾斜角变化时，其斜率随之变化。这一过程，可以培养学生的抽象思维，同时让学生体会数学源于生活，认识到当我们能从生活中的经验常识抽象出数学模型，我们的研究范围会更广。正切函数将倾斜角与斜率完美地形成了一一对应关系，借助正切函数图象来研究这两个变量的变化过程，直观明了，充分体现了数形结合的奇妙，达到思想育人的效果。

教育的本质是育人，数学作为一门重要的基础学科，教师应继续思考如何在课堂教学中渗透立德树人的思想，引导学生挖掘隐藏在身边中的数学，培养学生用数学的思想进行思考，从数学的角度分析生活中遇到的问题。

（课例设计：易敏　课例评析：骆敦恒）

第二节　直线的点斜式方程

一、教材分析

本节课是在学习直线倾斜角和斜率的基础上，对直线方程的点斜式进行探究。直线作为常见的简单几何图形，在实际生活和生产实践中有着广泛的应用。直线方程是解析几何的基础知识，对线性规划、圆、直线与圆的位置关系、圆锥曲线及直线与圆锥曲线的位置关系等内容的研究有着重要的作用。而从本节来看，直线的点斜式方程是推导其他直线方程的基础，在直线方程中占有重要的地位。

二、教学目标

1. 探索并掌握直线的点斜式、斜截式方程，能根据条件熟练地求出直线的点斜式、斜截式方程，并能化为一般式。

2. 让学生进一步理解直线的方程与方程的直线之间的对应关系，渗透数形结合等数学思想。

3. 让学生经历知识的构建过程，培养学生观察、探究能力，使学生进一步体会化归的思想，逐步培养他们分析问题、解决问题的能力。

三、教学设计

（一）新课引入

在教学伊始，教师引入笛卡儿生平事迹。

教师引导学生思考以下问题。已知给定一个点和一个方向可以确定一条直线。这样，在平面直角坐标系中，给定一个点$P_0(x_0, y_0)$和斜率k（或倾斜角），就能确定一条直线。也就是说，这条直线上任意一点的坐标

(x, y) 与点 $P_0(x_0, y_0)$、斜率 k 之间的关系是完全确定的。那么，这一关系又应该如何表示呢?

【设计意图】 将数学文化融入课堂教学，一方面丰富了课堂内容，拓宽了学生的视野；另一方面让学生了解知识的起源和发展过程，激发学生的学习兴趣。

（二）概念形成

在该教学环节，教师引导学生将确定直线的几何特征进行代数表示，从而得到直线的点斜式方程。

问题 1 在直角坐标系内确定一条直线，应知道哪些条件?

问题 2 直线 l 经过点 $P_0(x_0, y_0)$，且斜率为 k。设点 $P(x, y)$ 是直线 l 上不同于 P_0 的任意一点，当点 $P(x, y)$ 在直线 l 上运动时，有什么几何要素是不变的?

问题 3 如何表示过已知点 $P_0(x_0, y_0)$，且斜率为 k 的直线的方程?

追问 1 如何建立直线的方程?

教师组织学生开展以下研究：利用确定直线位置的几何要素，建立直线上任意一点的横坐标 x 与纵坐标 y 所满足的关系式，因为直线方程是直线上任意点的几何特征的代数表示，所以根据斜率公式，可得 $k=\frac{y-y_0}{x-x_0}$ $(x\neq x_0)$。

问题 4 直线 l 上任一点都满足方程 $k=\frac{y-y_0}{x-x_0}$吗?

教师通过提问，引导学生进一步将点斜式方程进行完善：因为分式 $k=\frac{y-y_0}{x-x_0}$无法表示点 $P_0(x_0, y_0)$，而变形为 $y-y_0=k(x-x_0)$ 后即可表示直线 l 上所有的点，并且直线上任意点的坐标都满足直线的方程。

问题 5 坐标满足关系式 $y-y_0=k(x-x_0)$ 的每一个点是否都在直线 l 上?

若点 $P_1(x_1, y_1)$ 的坐标 x_1，y_1 满足关系式，则$y-y_0=k(x-x_0)$。

当 $x_1=x_0$ 时，$y_1=y_0$，这时点 P_1 与 P_0 重合，显然点 P_1 在直线 l 上。

当 $x_1 \neq x_0$ 时，有 $k=\frac{y-y_0}{x-x_0}$，这表明过点 P_1，P_0 的直线 l_1 的斜率为 k。

因为直线 l，l_1 的斜率都为 k，且都过点 P_0，所以它们重合，点 P_1 在直线 l 上。

因此，我们将 $y-y_0=k(x-x_0)$ 称为过点 $P_0(x_0, y_0)$，斜率为 k 的直线 l 的点斜式方程，简称点斜式。

【设计意图】 该教学环节通过设置系列问题串，逐步引导学生从确定直线的条件入手，探究得到直线的点斜式方程，并以问题 4、问题 5 帮助学生进一步完善直线的点斜式方程。问题的设置环环相扣，整个探究过程符合学生的认知发展规律。

（三）概念深化

问题 6 经过点 $P_0(x_0, y_0)$ 且平行于 x 轴（即垂直于 y 轴）的直线方程是什么？

问题 7 经过点 $P_0(x_0, y_0)$ 且平行于 y 轴（即垂直于 x 轴）的直线方程是什么？

问题 8 平面上的所有直线是否都可以用点斜式表示？

已知直线过点 $P_0(x_0, y_0)$，若想利用直线的点斜式方程表示直线，首先要考虑直线的斜率是否存在。若直线的斜率存在，无论斜率是否为 0，即倾斜角是否为 0°，都可以用直线的点斜式方程来表示直线；若直线的斜率不存在，即倾斜角为 90°时，则无法应用点斜式方程，此时直线的方程表示为 $x=x_0$。

【设计意图】 该教学环节是在得到直线的点斜式方程后验证一些特殊情况，是对直线点斜式方程的进一步思考，有助于培养学生严谨的思维习惯。

（四）应用探索

例 1 直线 l 经过点 $P_0(-2, 3)$，且倾斜角 $\alpha=45°$，求直线 l 的点斜式方程，并画出直线 l。

变式 1 如何表示过点 $P_0(0, b)$，斜率为 k 的直线方程？

分析 将已知代入点斜式方程 $y-y_0=k(x-x_0)$，得到 $y-b=$

$k(x-0)$，化简后得 $y=kx+b$。我们将该式称为直线的斜截式方程，简称斜截式。

问题 9 如何理解与应用直线的斜截式方程 $y=kx+b$？

分析 “斜”表示斜率 k；“截”表示直线与 y 轴交点的纵坐标，称为直线在 y 轴上的截距。直线的斜截式方程是特殊的点斜式方程，两者都只能表示斜率存在的直线。从直线方程的角度，我们知道 k，b 的几何意义为一次函数对应的直线的斜率和直线在 y 轴上的截距。

例 2 在同一直角坐标系中画出下列直线，并观察它们的特点。试推测 $y=kx+2$ 有什么特点？

l_1：$y=2$；l_2：$y=x+2$；l_3：$y=-x+2$；l_4：$y=3x+2$；l_5：$y=-3x+2$。

变式 2 无论 k 取任何常数，下列方程所表示的直线必过定点吗？

（1）$y=kx-1$；（2）$y=kx+3k+2$。

【设计意图】该教学环节对直线的点斜式方程进行简单应用，设计“画直线”的例题，体现了“形—数—形”的过程，让学生体会数形结合的思想。

（五）总结归纳

1. 本节课我们学习了哪些知识点？

2. 直线方程的点斜式、斜截式的形式特点和适用范围是什么？

【设计意图】教师组织学生对新知识及获取新知识的过程进行回顾反思，对解决问题的过程与方法进行总结与提升，让学生积累数学活动经验，提升学习能力。

四、课例评析

（一）融入数学史料，润泽数学课堂

克莱因认为知识是一个整体，数学是这个整体的一部分，每一个时代的数学都是这个时代更广阔的文化运动的一部分，我们必须尽可能地组织材料，使数学的发展与我们的文明和文化联系起来。本节课例以数学史引入，介绍解析几何部分的内容在初等数学中占有举足轻重的地位，

是联系代数和几何的紧密纽带。通过了解数学知识产生和发展的过程，学生体会到数学知识不是凭空产生的，而是源于生活和生产的实际需要。数学知识发展过程也不是一蹴而就的，而是需要经过不断地探索和试验得到的。数学史的引入，在拓宽学生视野的同时夯实了学生的数学学科素养，培养学生良好的意志品质。

（二）借助问题导学，锻炼数学思维

直线的点斜式方程作为打开解析几何章节的金钥匙，地位至关重要。通过对直线的方程的学习，把几何问题代数化，学生初步形成数形结合的思想。学生既然在初中已经学过确定直线的方式——两点确定一条直线，那么在高中为什么还要学习新的确定直线的方法呢？本课例的问题 2 解决了学生这个困惑：从运动的角度看，直线是由一个点运动形成的轨迹，点朝不同的方向运动就形成不同的轨迹，从而得到不同的直线。在解决学生为什么而学的疑惑的同时，让学生从运动的角度去研究数学。

如何由一个点和斜率确定一条直线是本节课的难点，本节课例通过问题 2、问题 3，引导学生从几何和运动的角度去思考并得出以下结论：无论点运动到什么位置，运动的方向是不变的，即对应的数学中的量 k 是不变的，从而引导学生得出直线上任意一点与已知点表示出来的斜率都等于 k。通过问题 4 的追问，学生对所得等式进行变形，从而使学生的思维变得更加严谨。推导出直线的方程后，教师引出问题 5 让学生思考直线上的点与方程的解的对应关系，得出直线是方程的直线，方程是直线的方程，并归纳出直线点斜式的概念。

在概念深化环节，利用三个问题，引导学生发现并完善点斜式的应用范围。在应用探索环节，借助问题 9 探讨直线的方程中 k，b 所表示的几何意义，完成了从形到数再到形的过程，将数形结合的思想方法渗透在整个教学过程中。

数学学科具有高度抽象的特点，但每一道题目都有其切入点。本节课对直线的点斜式方程的探讨过程中，注重对学生思维发展的引导，让学生经历直线的点斜式方程的探索过程。在点斜式方程的探讨过程中，学生不断完善方程的适用条件，思维更加严谨，从而达到了思维育人的目的。

本节课例采用“问题导学教学法”组织教学，以问题串的方式层层递进，关注知识的生成过程，遵循学生的思维规律，从史料育人和思维育人两个维度入手，探索数学课堂学科育人的方式，是一次有益的尝试。学科育人的方式很多，教师可以从教学素材的选取、教学活动的设计、教师组织课堂的方式等各方面入手，对每一节课进行挖掘和设计，从思维育人、史料育人、审美育人、活动育人四个维度选取合适的切入点，努力尝试通过数学课堂把学生培养成为勤学、善思、明辨、笃行的人。

（课例设计：沈飞龙　课例评析：韦美）

第三节　点到直线的距离（一）

一、教材分析

本节是人教A版高中数学（2004年版）必修2第三章“直线与方程”第三节“直线的交点坐标与距离公式”第三课时的内容。该内容在研究了两点间距离公式之后，进一步研究点到直线距离公式。这与上节内容相似，强化了学生类比推理的能力，为学生接下来研究两平行线间距离公式做好铺垫。通过探究性学习的设计，学生在探索过程中深刻地领悟到蕴含于公式推导中的重要数学思想和方法，学会利用化归思想及由特殊到一般再到特殊的方法研究数学问题，培养数学学习的兴趣和良好的学习品质，提高数学核心素养。本节内容的教学重点是理解和掌握点到直线的距离公式，熟练地应用公式求点到直线的距离；教学难点是点到直线的距离公式推导以及知识方法的反思、升华。

二、教学目标

1. 理解点到直线距离公式的推导，培养学生合作探究及由特殊到一般的研究问题的能力。

2. 理解并掌握点到直线距离公式，能正确使用公式解决问题。

3. 理解利用点到直线距离公式解决两平行线间距离问题，培养学生知识迁移的能力。

三、教学设计

（一）温故知新，明确方向

在几何学中，点和直线都是基本要素。在上一节内容研究点到点距离公式时，借助了坐标系来研究。运用同样的探究思想方法，这一节课将进一步研究点到直线的距离问题，探究点到直线的一般公式。教师请学生回答以下两个问题：如何定义两点之间的距离；如何探究得到两点之间距离的计算公式。同样，本节课还需要学生解决以下两个问题：如何定义点到直线的距离；如何计算点到直线的距离。

【设计意图】 在本教学环节，教师让学生明确本节课的学习目标，以及能够联系所学的知识和方法，为接下来的探究性学习做铺垫。

（二）以问导思，探求解法

探究一：点到直线距离的定义

问题 1 点和直线有几种位置关系？

如果点 C 不在直线 AB 上，从图形上观察，这个点 C 与直线 AB 似乎就有一个“远与近”的问题，为了刻画这个远近问题，需要引入“距离”这一概念。

在教学中，教师要让学生明白数学中对“距离”的定义是找到最短的线段，所以点到直线的距离也是找到点 C 与直线 AB 上一点的最短线段。

问题 2 点 C 是线段 AB 外一点，点 P 是 AB 所在直线 l 上的动点，那么线段 CP 什么时候最短？

在引入以上问题后，教师板书：点到直线距离，即点到直线的垂线段长度，并引导学生进行下一步的探究。

探究二：点到直线距离的计算方法

教师向学生提出以下问题：在上一节课中，我们通过建立坐标系推导了两点间的距离公式，那么是否也可以在平面直角坐标系中找到度量点到直线距离的一般计算公式呢？

步骤 1　从具体的问题中提炼方法

在这个环节，教师引入一个实例，请学生通过小组合作，求出点 P 到直线 l 的距离，之后进行讨论成果的展示。

例　已知点 $P(4,\ 2)$ 的坐标和直线 l：$x+2y+2=0$，如何求点 P 到直线 l 的距离？

预设方案如下。

方案一：如图 8.3-1 过点 P 作 $PQ\perp l$（如图 8.3-1），求垂足 Q 坐标，转化成求两点间的距离。

$\because k_l=-\frac{1}{2}$，$PQ\perp l$，

$\therefore k_{PQ}=2$，

$\therefore$直线 PQ 方程 $y-2=2(x-4)$，即 $2x-y-6=0$。

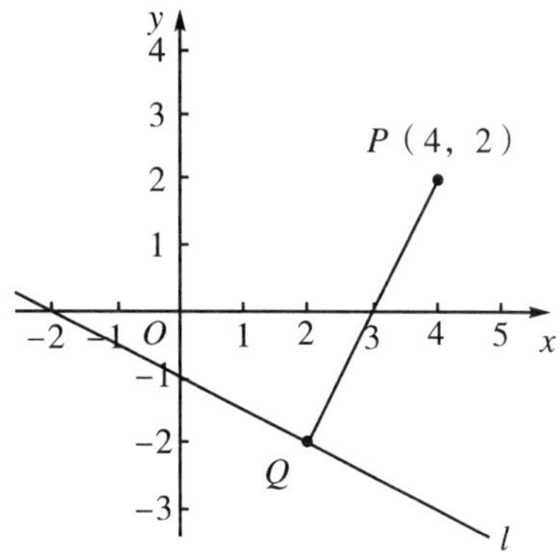

图 8.3-1

$\because\begin{cases}2x-y-6=0,\\ x+2y+2=0,\end{cases}$

$\therefore Q(2,-2)$，$|PQ|=\sqrt{(4-2)^2+(2-(-2))^2}=2\sqrt{5}$。

方案二：设出直线上任意一点，转化成点 P 与直线上动点距离的最小值问题。

设点 Q 坐标为 $(-2y_0-2,\ y_0)$，

$$
\begin{aligned}
|PQ|&=\sqrt{(4+2y_0+2)^2+(2-y_0)^2}\\
&=\sqrt{(6+2y_0)^2+(2-y_0)^2}\\
&=\sqrt{5{y_0}^2-20y_0+40}\\
&=\sqrt{5(y_0+2)^2+20}。
\end{aligned}
$$

当 $y_0=-2$ 时，$|PQ|_{\min}=\sqrt{20}=2\sqrt{5}$。

方案三：构造直角三角形，将距离转化成三角形的高。

过点 P 分别作 x 轴和 y 轴的平行线，交直线 l 于点 S 和点 R（如图 8.3-2），

令 $y=2$，则 $x=-6$，得点 $S(-6,2)$；

令 $x=4$，则 $y=-3$，得点 $R(4,-3)$。

$|PS|=|4-(-6)|=10$，$|PR|=|2-(-3)|=5$，

$|SR|=\sqrt{(-6-4)^2+(2+3)^2}=\sqrt{125}=5\sqrt{5}$。

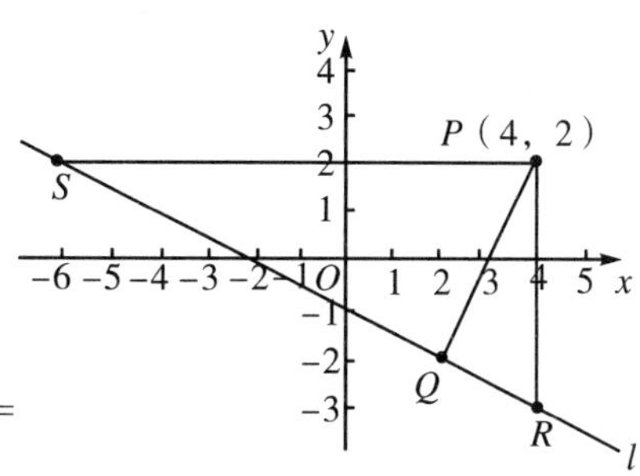

图 8.3-2

第八章 直线与圆的方程

根据等面积法，$S_{\triangle PSR}=\frac{1}{2}|PS||PR|=\frac{1}{2}|SR||PQ|$，

所以$|PQ|=\frac{|PS||PR|}{|SR|}=\frac{50}{5\sqrt{5}}=2\sqrt{5}$。

方案四：向量法。

在直线 l 上取两点 $A(-2,\ 0)$，$B(0,\ -1)$，则$\overrightarrow{AP}=(6,\ 2)$，$\overrightarrow{AB}=(2,\ -1)$，

所以 $\cos\langle\overrightarrow{AP},\ \overrightarrow{AB}\rangle=\frac{\overrightarrow{AP}\cdot\overrightarrow{AB}}{|AP||AB|}=\frac{10}{2\sqrt{10}\times\sqrt{5}}=\frac{\sqrt{2}}{2}$，则 $\sin\langle\overrightarrow{AP},\ \overrightarrow{AB}\rangle=\sqrt{1-\left(\frac{\sqrt{2}}{2}\right)^2}=\frac{\sqrt{2}}{2}$，

故$|PQ|=|AP|\sin\langle\overrightarrow{AP},\ \overrightarrow{AB}\rangle=2\sqrt{10}\times\frac{\sqrt{2}}{2}=2\sqrt{5}$。

步骤 2　在一般性问题中归纳结论

教师采用方案三带领学生一起推导点到直线距离公式。

设直线 l：$Ax+By+C=0$，点 P_0 $(x_0,\ y_0)$，其中 $A\neq0$，$B\neq0$，则直线 l 与 x 轴和 y 轴都相交，过点 P_0 分别作 x 轴和 y 轴的平行线，交直线 l 与点 R 和点 S（如图 8.3－3），则直线 P_0R 的方程是 $y=y_0$，点 R 的坐标为$\left(\frac{-By_0+C}{A},\ y_0\right)$，直线 P_0S 的方程为 $x=x_0$，点 S 的坐标为$\left(x_0,\ -\frac{Ax_0+C}{B}\right)$。于是有$|P_0R|=$

$$\left|-\frac{By_0+C}{A}-x_0\right|=\frac{|Ax_0+By_0+C|}{|A|},$$

$$|P_0R|=\left|-\frac{Ax_0+C}{B}-y_0\right|=\frac{|Ax_0+By_0+C|}{|B|},$$

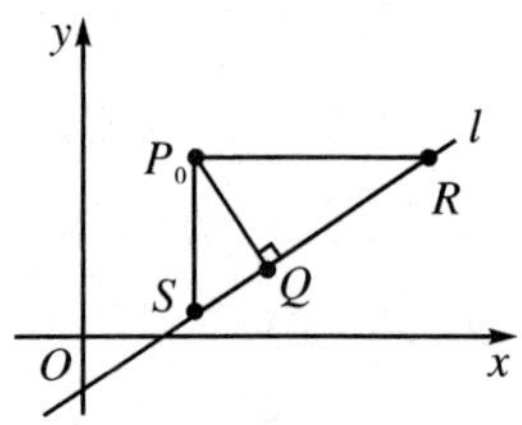

图 8.3－3

$$|RS|=\sqrt{|P_0R|^2+|P_0S|^2}=\frac{\sqrt{A^2+B^2}}{|A||B|}|Ax_0+By_0+C|。$$

设$|P_0Q|=d$，由三角形面积公式可 $d\cdot|RS|=|P_0R|\cdot|P_0S|$，于是 $d=\frac{|P_0R|\cdot|P_0S|}{|RS|}=\frac{|Ax_0+By_0+C|}{\sqrt{A^2+B^2}}$。

因此，点 $P_0(x_0, y_0)$ 到直线 l：$Ax+By+C=0$ 的距离为 $d=\frac{|Ax_0+By_0+C|}{\sqrt{A^2+B^2}}$。

【设计意图】该教学环节旨在让学生体验从特殊到一般，从简单到复杂的探究过程。教师通过明确数学中“距离”的定义，让学生掌握距离的本质以及各点线面间距离的定义。因为学生对字母的处理能力相对较弱，用具体实例探究点到直线的距离计算，更利于学生理解。同时，通过小组合作学习，给学生展示的机会，有利于培养学生的数学表达能力，提升学生的团队合作精神。

（三）巩固练习，深化理解

教师让学生思考以下问题：当 $A=0$ 或 $B=0$ 时，上述公式是否成立？接着，教师让学生完成以下练习题。

练习 1　求 $P(3, 1)$ 到下列直线的距离。

（1）$y=\frac{1}{2}x-\frac{1}{4}$；（2）$y=6$；（3）$x=5$。

练习 2　已知点 $A(1, 3)$，$B(2, 1)$，$C(-2, 0)$，求 $\triangle ABC$ 的面积。

【设计意图】练习 1，选取三种不同类型的直线方程，强化学生对公式的理解和运用，并且明确点到直线公式的使用范围。练习 2，锻炼学生分析问题、解决问题的能力，并且通过解题方法的多样化，进一步提升学生灵活运用知识的能力。

（四）知识迁移，能力提升

思考　已知直线 l_1：$2x-7y-8=0$，l_2：$6x-21y-1=0$，这两条直线之间存在距离吗？如果存在，如何求出它们的距离？（仅需要说出求解思路）

【设计意图】通过问题的转化、升级，教师引导学生思考如何利用刚学习的解决点到直线的距离的方法解决新问题——求两平行线间距离，进一步锻炼学生的知识迁移能力，同时为下节课研究两平行线间距离公式做好铺垫。

（五）回顾反思，提炼升华

通过这节课的学习，教师请学生回答以下问题。

（1）请列举学过的“距离”相关概念，它们的共性特征是什么？

（2）可以通过哪些方法求出点到直线的距离公式？你是如何发现这些方法的？

（3）在求解的过程中，你遇到了什么“麻烦”？是如何解决的？

（4）你还可以研究什么问题？

【设计意图】教师通过问题串让学生回顾数学研究的过程，进而归纳出数学研究的思想方法，提升学生的数学核心素养。

四、课例评析

“点到直角距离”是高中数学解析几何教学的一个基础内容。在教学中如何抓住关键，突出重点？如何让学生对点到直线距离的概念以及“距离”概念的本质有一个完整的了解和认识？如何利用距离公式的推导过程体现“坐标法”研究几何问题的特点？这些都是评判本节课的重要依据。本课以“问题解决”为主线，充分关注学生思维的最近发展区，问题设置由浅入深、由易到难、由特殊到一般，符合学生的心理特征，较好地贯彻了“以问题为主导、以学生为主体、以育人为主题”的教学理念。

（一）培养问题意识，落实思辨育人

本节课从学生思维的最近发展区引入课题，借助上一课时“两点间距离公式”向学生提出两个问题：如何定义两点间的距离；如何探究两点间距离的计算公式。

通过问题设置启发学生思考本节课的两个核心问题：点到直线的距离的概念和推导点到直线距离公式。在数学问题的分析上，本课例注重新旧知识联系，一方面借助旧知识研究新知识，另一方面借助新知识更好地巩固旧知识。在教学中，教师引导学生着眼具体问题的数学抽象，进而直达问题本质，探讨更具普遍性的“距离”本质。如探究一中的问题1和问题2，将学生带入点与直线的位置关系情境中，引导学生发现点与直线“远近关系”，再启发学生思考如何刻画“远近关系”，到此距离的定义呼之欲出。教师并不满足于此，继续提出问题 2，引导学生回顾与反思与距离相关的概念，归纳出距离的本质特征——最短长度与垂直。这样的教学设计，尊重学生的认知规律，设问抽丝剥茧、层层递进。教师带领学生真正感受知识的形成过程，有效地揭示了数学概念的发展过程和本质。

（二）从特殊到一般，实现思维育人

辩证法认为，一般性寓于特殊性之中。特殊与一般反映了世界联系和发展的客观规律，同时也成为人们的思维规律，成为人们认识世界的重要的思维形式。在数学教学中，运用这一思维形式对培养学生的数学思维能力有着十分重要的意义。本课例推导点到直线距离的公式时，设置了以下两个步骤：步骤 1，从具体的问题中提炼方法；步骤 2，在一般性问题中归纳结论。

以实例“点 $P(4,\ 2)$ 与直线 l：$x+2y+2=0$ 的距离”为线索，引导学生探索、归纳解决方法，进而再将问题推广至一般情况得到普遍性结论。环节设计目标明确，层次分明，设问恰当。这是本节课最重要的教学活动，教师通过恰当的问题情境，使学生与问题情境、教师与学生、学生与学生之间实现有效且深度的互动，形成多元化的交流互动系统。教师通过课前活动预设，有针对性地引导学生进行多角度的思考，发展学生的数学思维能力。这样的设计，把由简到繁和由此及彼的归纳、类比的理性思维融入实际教学中，进而达成发展学生数学思维能力的目标。

（三）巩固与变式，落实数学育人

数学知识的理解与掌握，离不开适当地训练与应用。本课例为了帮助学生掌握点到直线距离公式的应用，结合学生实际，针对教材中的习题类型，对例题做适当变式，既巩固点到直线距离公式的应用，又拓展知识变式应用，让学生体会一题多解，以少胜多的学习方法。例如，练习 1 展示了点到直线距离应用中的一般情况与特殊情况，练习 2 则提供了较开放的题设条件，引导学生使用多种解法解决问题。同时，本课例将平行直线间距离公式作为点到直线距离公式的推论，以“思考”的方式提出，引导学生发现平行直线间的距离概念和计算公式，实现类比迁移，发展学生数学思维。

（四）依托教育技术，落实技术育人

符号化、形式化和公理化是现代数学的重要特征。本节课的内容涉及较多符号化描述、运算以及公式的证明，具有高抽象、难理解的特点。教师在教学中可以适当采用多种教育技术，加强符号化的抽象表述的几何直观解释，多角度呈现它的抽象过程，进而帮助学生加深对抽象对象的理解。本课例充分利用信息技术手段，用动态形象直观课件让学生感知、理解所学知识。例如利用 PPT 课件展示，帮助学生思考；利用多媒体教学，方便学生合作探究。因此，本课例通过优化问题、探究形式等，灵活多样地让学生经历数学学习过程，体验数学习活动过程，积累数学活动经验，提高数学能力。

（课例设计：戴陈敏　课例评析：邹信武）

第四节 点到直线的距离（二）

一、教材分析

本节主要内容是点到直线的距离公式的推导过程及应用。“点到直线的距离”的认识，是从初中平面几何的定性作图到高中解析几何的定量计算的过渡。本节课的学习为直线与圆的位置关系和圆锥曲线的进一步学习奠定了基础，具有承上启下的重要作用。本节课的教学重点是点到直线的距离公式的推导及其应用；教学难点是点到直线的距离公式的推导方法与数学模型的建立。

二、教学目标

1. 让学生至少掌握一种点到直线距离公式的推导方法，掌握点到直线的距离公式及其应用。

2. 通过探究点到直线的距离公式的推导过程，渗透算法的思想；通过自学教材上利用直角三角形的面积公式的推导过程，培养学生的数学阅读能力；通过灵活运用公式的过程，提高学生类比化归、数形结合的能力。

3. 培养学生勤于思考、勇于探索解决问题的能力。引导学生用联系与转化的观点看问题，在团队合作探索解决问题的过程中获得成功的体验。

三、教学设计

（一）新课引入

教师请学生观看生活中所熟知的地质勘探、铁轨宽度、人离高压电线的安全距离等图片，以及一个具体实例：在高铁站的铁轨边候车时，当旅客离铁轨的距离小于一定的安全距离时，就可能被推向车身而发生危险，所以铁轨边都画了一条安全黄线。那么，可以用什么方法求出这段安全距离呢?

【设计意图】教师以学生熟悉的实际生活为教学背景引入新课，有效地调动学生的学习兴趣。

（二）概念形成

教师让学生回忆初中有关“点到直线的距离”的定义：过点 P 作直线 l 的垂线，垂足为点 Q，线段 PQ 的长度叫点 P 到直线 l 的距离。接着，师生共同探讨如何求点到直线的距离。

问题 1 如何求点 $P(2,\ 0)$ 到直线 l：$x-y=0$ 的距离?

教师让学生分组讨论，并派出一名学生代表说出解法，再进行归纳。

方法一：利用定义

前面已学习了求两条直线的交点等知识，所以可以通过定义，将点 P 到直线 l 的距离，转化为点 P 与垂足 Q 两点间的距离来解决（如图 8.4－1)。

解：过点 P 作 l 的垂线 PQ，设垂足为 Q，

$\because l$：$x-y=0$，$P(2,\ 0)$，$\therefore PQ$：$y=-(x-2)$。

$\therefore\begin{cases}y=x,\\ y=2-x,\end{cases}$ 即 $x=2-x$，$\therefore\begin{cases}x=1,\\ y=1。\end{cases}$

$\therefore Q(1,\ 1)$，故 $|PQ|=\sqrt{(2-1)^2+(0-1)^2}=\sqrt{2}$。

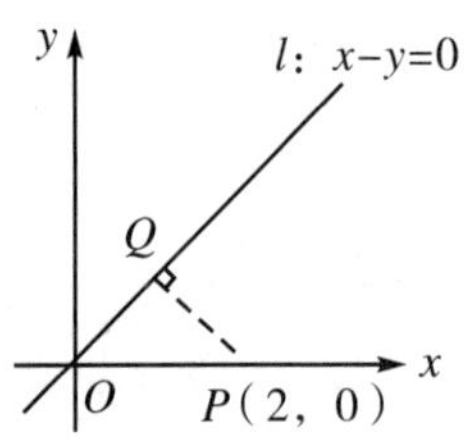

图 8.4－1

方法二：利用直角三角形的面积公式

结合图形，可以利用面积构造法来解决，这一方法的难点是如何添作辅助线。由垂直条件，可以联想到三角形的高或直角三角形等相关知识（如图 8.4－2)。

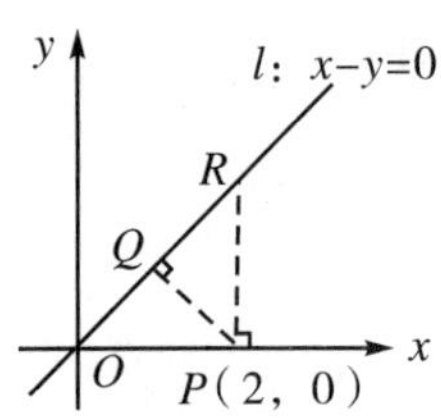

图 8.4－2

解：过点 P 作 l，x 轴的垂线 PQ，PR，交点为

点 Q，R。在 Rt△OPR 中，$|OR|\cdot|QP|=|OP|\cdot|PR|$，$\therefore 2\sqrt{2}\times|QP|=2\times2$，故$|QP|=\sqrt{2}$。

方法三：利用三角函数

根据定义作出图象后，由于涉及 Rt△OPQ 和直线倾斜角 45°，容易联想到利用三角函数知识解决问题（如图 8.4－3）。

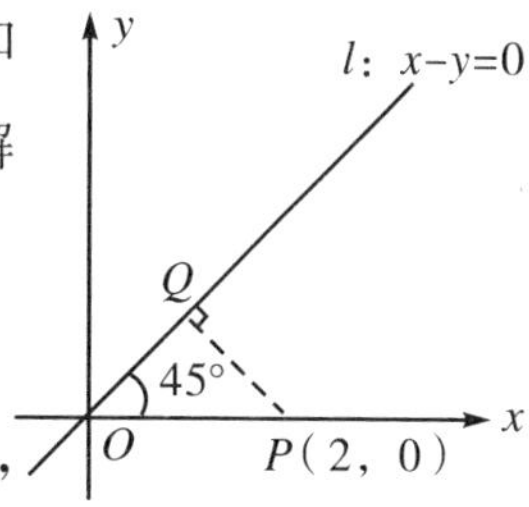

图 8.4－3

解：过点 P 作 l 的垂线 PQ，垂足为 Q。

$\because l$：$x-y=0$，$\therefore\angle QOP=45°$。又$\because P(2,0)$，$|OP|=2$，$\therefore|PQ|=|OP|\cdot\sin45°=2\times\frac{\sqrt{2}}{2}=\sqrt{2}$。

方法四：利用函数的思想

在初中的学习中，学生已初步认识点到直线的距离的几何特征：连接直线外一点与直线上任意一点，所得线段中垂线段最短（如图 8.4－4）。以此为背景，可以通过函数的思想来解决。

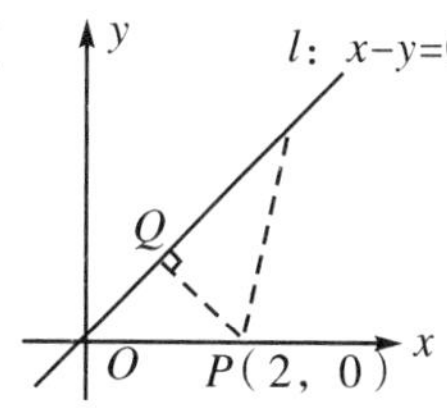

图 8.4－4

解：设直线 l 上的点 $Q(x_0,y_0)$，则 $d=|QP|_{\min}$。

$\because x-y=0$，$\therefore x_0-y_0=0$。

$\therefore|QP|=\sqrt{(x_0-2)^2+y_0{}^2}=\sqrt{x_0{}^2-4x_0+4+x_0{}^2}=\sqrt{2(x_0-1)^2+2}\geqslant\sqrt{2}$。

当 $x_0=1$ 时，取等号，即此时点 Q 坐标为(1，1)。

接下来改变点 P 和直线 l 的位置，提出问题 2。

问题 2　如图 8.4－5 如何求点 $P(4,2)$ 到直线 $2x-y+2=0$ 的距离？

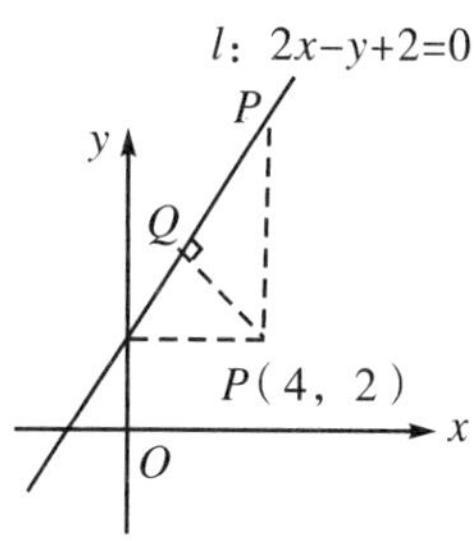

图 8.4－5

教师请学生类比问题 1，思考该问题的解决方法。哪一种方法仍然适用？说出解法思路即可，不要求写出解题过程。

问题 3　如何求点 $P(x_0,y_0)$ 到直线 $Ax+By+C=0(A^2+B^2\neq0)$ 的距离？

方法一：利用定义的推导方法

通过前面两个问题的学习，学生已经积累了一些求点到直线距离的经验和方法。如果利用定义，将点 P 到直线 l 的距离转化为点 P 与垂足 Q 两点间的距离来处理，则解题思路比较自然，但运算起来较烦琐。因此，教师要求学生结合教材，说明算法步骤即可，不要求推导过程。

需要注意的是，$A\neq0$，$B\neq0$ 这一前提条件，对于 $A=0$ 或 $B=0$ 的特殊情况，结合图象容易直接得出结果，所以在算法中暂不考虑此种情况。

方法二：利用直角三角形面积公式的推导方法

通过作辅助线的方式，构造直角三角形，通过面积构造法解决问题。在此过程中，应注意 Rt△PRS 三条边边长的求法（如图 8.4－6）。

求解过程如下。

①过点 P 作 x 轴，y 轴的垂线分别交 l 于点 S，R；

②用 x_0，y_0 表示点 R，S 的坐标；

③求出 $|PR|$，$|PS|$；

④利用勾股定理求出 $|RS|$；

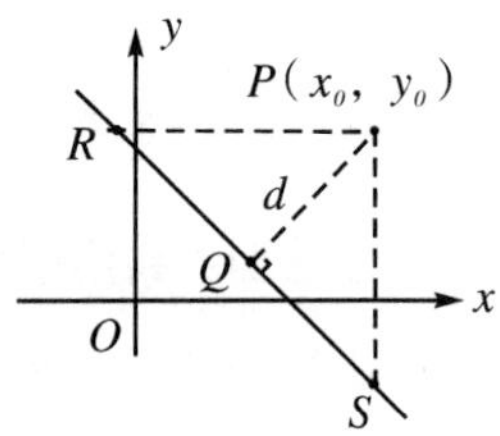

图 8.4－6

⑤根据面积相等，知 $d\cdot|RS|=|PR|\cdot|PS|$，得到点 P 到 l 的距离 $d=|PQ|$。

【设计意图】在点到直线的距离公式的推导过程中，教师让学生经历发现问题—提出问题—解决问题的过程，使学生感受到用坐标的方法研究几何问题是一种重要的数学方法。由于点和直线处在一般位置，因此在公式的推导中会涉及字母运算，比较抽象。为帮助学生厘清思路，教师在教学中强调算法的思想，让学生在明确算法步骤和算法框图的前提下，再进行有效的公式证明和自学阅读。

（三）概念深化

问题 4 上面的推导是在 A，B 不同时为 0 的条件下进行的，当 $A=0$ 或 $B=0$ 时，公式是否仍然适用。

①当 $A=0$，$B\neq0$ 时，l：$By+C=0$，

此时，直线为 $y=-\dfrac{C}{B}$，直线为平行于 x 轴（或重合于 x 轴）的直线，

则 $|PQ|=|PS|=\left|y_0-\left(-\dfrac{C}{B}\right)\right|=\left|y_0+\dfrac{C}{B}\right|=\dfrac{|Bx_0+C|}{|B|}=$

$\dfrac{|Ax_0+By_0+C|}{\sqrt{A^2+B^2}}$。

②当 $A\neq0$，$B=0$ 时，l：$Ax+C=0$，

此时，直线为 $x=-\dfrac{C}{A}$，直线为平行于 y 轴（或重合于 y 轴）的直线，

则 $|PQ|=|PR|=\left|x_0-\left(-\dfrac{C}{A}\right)\right|=\left|x_0+\dfrac{C}{A}\right|=\dfrac{|Ax_0+C|}{|A|}=$

$\dfrac{|Ax_0+By_0+C|}{\sqrt{A^2+B^2}}$。

问题 5　点 P 在直线 l 上时公式成立吗？

问题 6　公式的结构特点是什么？用公式时直线方程是什么形式？

由此推导出点 $P(x_0,\ y_0)$ 到直线 $Ax+By+C=0$ 距离公式：$d=\dfrac{|Ax_0+By_0+C|}{\sqrt{A^2+B^2}}$适用于任意点、任意直线。

【设计意图】教师通过对公式中 A，B 取值的讨论，让学生明确公式的使用范围，体现出公式推导的完整性与严谨性。

（四）应用探索

例　求点 $P_0(-1,\ 2)$ 到下列直线的距离。

（1）$2x+y-10=0$；　　（2）$3x=2$；

（3）$3y=x+7$；　　（4）$y-\dfrac{2}{3}=\dfrac{4}{3}(x-1)$。

练习　（1）已知点 $A(-2,\ 3)$ 到直线 $y=ax+1$ 的距离为$\sqrt{2}$，求 a 的值；

（2）已知点 $A(-2,\ 3)$ 到直线 $y=-x+a$ 的距离为$\sqrt{2}$，求 a 的值。

思考　求两条平行线 $2x-7y+8=0$ 和 $2x-7y-6=0$ 的距离。

采用类比化归的思想方法，学生课后自行推导两条平行线 $Ax+By+C_1=0$ 与 $Ax+By+C_2=0$ 间的距离公式。

【设计意图】该教学环节通过例题练习，强化学生对公式的记忆和应用。代入公式计算前，首先应将直线方程化为一般式，以便确定系数 A、B 的值是学生在应用公式时容易忽略的环节。将这一环节设置在补充例

题中，使学生在错误体验中加深记忆，以期达到强化训练的目的。在解决例题的基础上，教师补充了直线方程含有参数的练习，进一步提高学生灵活运用公式的能力。思考题紧扣教材，让学生体会类比化归的思想方法，为学习推导两条平行线间的距离公式埋下伏笔。

（五）总结归纳

教师引导学生进行以下小结。

（1）点到直线的距离公式的推导中各种不同的算法思路。

（2）点到直线的距离公式及其应用的前提条件。

（3）感受数学的思想方法：类比、转化（或化归）、数形结合、特殊到一般、具体到抽象的方法。

【设计意图】通过小结，学生将本节课所学的知识系统化、条理化，进一步巩固知识，明确方法。

四、课例评析

从“学科育人”的视角看，教师在教学过程中渗透了数学建模、直观想象、逻辑推理、数学运算等核心素养。学科核心素养是育人价值的集中体现，而培养并提升数学核心素养，不能依赖模仿、记忆，而是需要理解、感悟，更需要主动、自觉。因此，教师以新课标中的“教师为主导，学生为主体”为教育理念，采用了“问题导学”法，在“新课引入—概念形成—概念深化—应用探索—总结归纳”五个环节中，始终以学生为本。教师引导学生用联系与转化的观点看问题，使学生自主探究课本中的知识和方法，挖掘其中的深度和广度，在团队合作探索问题解决方法的过程中获得成功的体验，提高数学学习的兴趣。

（一）创设好的情境引入，培育数学建模思想

一个好的情境引入，能有效地诱发学生积极、深入的思考，通过问题形成高品质的数学思维，能快速且有效地牵引、驱动数学素养的形成。那么，什么样的情境才是好的情境？数学源于生活，好的情境引入应该理论联系实际。

在本节课中，教师利用学生熟悉的现实生活中旅客离铁轨中心的安全距离作为教学背景引入，让学生体会数学与生活的紧密联系，直观感受几何要素——点到直线的距离，有效调动学生的学习兴趣，并培养学生将实际问题转化为数学问题，用数学的眼光观察事物的能力。

（二）由“知道”到“懂了”，培育数学逻辑推理能力

数学公式教学应该突出公式发现、探索的过程，将教材中静态的知识转化为动态的生成过程，为学生提供思考、交流、探究的空间。

在教学中，教师如果直接将公式结论展示给学生，省去学生的探究过程，会节省很多的课堂时间，但学生只是“知道”而已。为了推导点到直线的距离公式，考虑到如果直接由一般形式推导，学生会面临比较抽象的字母运算，因此，教师补充了两个由浅入深的具体问题。问题1：如何求点$P(2, 0)$到直线l：$x-y=0$的距离？问题2：如何求点$P(4, 2)$到直线$2x-y+2=0$的距离？这两个问题使学生能够通过类比，学会当点和直线在一般位置时点到直线距离的求法。然后再将点和直线的位置推广到一般情况，提出问题3：如何求点$P(x_0, y_0)$到直线$Ax+By+C=0$（$A^2+B^2\neq0$）的距离？教师在精心设计的一系列问题中，让学生的思维紧跟着问题走，使学生经历从特殊到一般，从具体到抽象的探究过程，逐步得到求点到直线距离的一般方法，符合学生的逻辑思维能力。通过“发现问题—提出问题—解决问题”的推导过程，学生充分暴露思维过程，实现由“知道”到“懂了”的转变。

在探究公式的过程中，教师采用开放式教学，通过师生互动，拓宽学生的多角度思维，创设提升数学抽象及逻辑推理素养的教学情境，使学生的数学思维得到锻炼，数学思想得到启发，进而培育了学生的数学逻辑推理能力。

（三）由“懂了”到“会了”，培育数学的严谨美

在数学学习中，“懂而不会”的现象比较普遍。学生在探究过程中得到结论后，要放慢脚步，深挖其中的内涵，吃透知识。教师要允许学生不断试错，遵从试误—理解—顿悟的过程，让学生深入理解数学的严谨性和公式应用性的灵活。同时，教师要引导学生参与数学知识的再发现、再创造的过程，从而使学生达成对公式的建构理解，由“懂了”到“会了”，体会数学的严谨美。

本节课在推导点到直线的距离公式时，体现了从特殊到一般的思想。教师通过概念深化这一环节，提出以下问题。问题 4：上面的推导是在 A，B 不同时为 0 的条件下进行的，当 $A=0$ 或 $B=0$ 时，公式是否仍然适用。问题 5：点 P 在直线 l 上公式成立吗？问题 6：公式进行的结构特点是什么？用公式时直线方程是什么形式？通过讨论公式成立的条件，学生了解公式适用的范围，认识公式的形式特征，体现了公式的严谨性。在得到点到直线的距离适用于任意点、任意直线的结论后，再通过“例题＋练习＋思考”的模式，使学生对公式真正的“会了”。该过程让学生在数学学习中，感受到数学问题解决时推证的严谨、结果的精确、公式的简洁这些美的元素，培养了学生在数学领域里对于美的理解和追求。

（四）由“实践”出“真知”，在合作探究活动中育人

要使课堂能够成为真正高效的课堂，教师必须着力唤醒学生的主体意识，让学生积极主动地参与教学活动。教师切记不要把课堂变成“独角戏”或者“表演课”，应该给学生一些机会，让他们自己去体会；给学生一点困难，让他们去解决；给学生一个问题，让他们去探究；给学生一种条件，让他们去发现；给学生一些空间，让他们创造出更多可能。

在本节课中，教师让学生采取小组合作探究方式，通过“问题导学”，引导学生自主探索、动手实践、合作交流和阅读自学，提升学生的思维层次，增强学生解决问题的信心，锻炼学生坚强的毅力和锲而不舍的探究精神。

综上所述，在课堂上要贯彻“学科育人”教育理念，教学过程必须围绕数学核心素养的培养开展，在传授学生知识的同时，充分发挥数学教学的育人功能。作为教师，要将数学内容、数学教学理论、数学教学实践与数学核心素养有机结合，注重提升自身数学素养，不断探索、不断积累，找准数学学科育人价值，为学生的可持续发展打下坚实的基础，这对于我们每位教师都是一个具有挑战和现实意义的课题。

（课例设计：韦美　课例评析：沈飞龙）

第九章

圆锥曲线

第一节　椭圆及其标准方程

一、教材分析

教材按照椭圆、双曲线、抛物线的顺序安排了三节内容。三种圆锥曲线的研究内容、过程与方法是“同构”的，每一种圆锥曲线的学习都是按照“曲线的几何特征一曲线的标准方程一通过方程研究曲线的性质一应用”的过程展开。椭圆作为圆锥曲线研究的第一种，是最重要的，后面其他的圆锥曲线的学习都是通过类比椭圆来完成的。本节课强调其典型示范作用，注重数学思想和基本方法的引领性。本节课的教学重点是理解椭圆的定义；教学难点是推导椭圆的标准方程。

二、教学目标

1. 了解圆锥曲线的背景，感受圆锥在刻画现实世界和解决实际问题中的作用。

2. 经历从具体情境中抽象出椭圆的过程，掌握椭圆的定义。

3. 发现椭圆几何特征，推导椭圆的标准方程，渗透育人思想。

三、教学设计

（一）新课引入

情境 1　椭圆的起源——日晷

日晷是我国古代利用日影测得时刻的一种计时仪器，又称“日规”。其原理是利用太阳的投影方向来测定并划分时刻，晷针影子的长短和方向不断改变，晷针影子尖端运行轨迹就是椭圆。（教师用多媒体展示日晷和晷针影尖形成轨迹。）

情境2 旦德林双球模型

在圆柱内放两个相同的球，使它们与圆柱侧面相切，用一平面截圆柱。若两球相切，则平面与圆柱的交线是圆，切点为圆心；若增大两球之间的距离，使两球相离，此时平面与圆柱的交线是椭圆，两切点为焦点。(教师用GGB动画演示过程。)

问题 椭圆与圆外观上有什么不同？从直观上看，圆通过什么操作会变成椭圆？

【设计意图】该教学环节通过情境渗透数学文化，使学生了解椭圆来源，提升学生的数学抽象素养。旦德林双球模型的引入可以让学生将圆与椭圆建立联系，直观感受圆与一个点有关，而椭圆与两个点有关，为椭圆概念形成做准备。

(二) 概念形成

教师引导学生回忆初中阶段圆的探索过程并提出新问题：椭圆是怎么画出来的？椭圆是满足什么条件的点的轨迹？椭圆的定义是什么？它的标准方程是什么形式？

学生活动 运用课前准备的直尺、细绳、笔和纸板等工具，进行如下活动。

1. 将一条细绳的两端固定在同一点，用笔尖将细绳拉紧并运动，画出的运动轨迹是什么图形？

2. 细绳的长度不变，将细绳两端分别向左右两边水平移动一定距离后，再用笔尖将细绳拉紧并运动，画出的运动轨迹是什么图形？

3. 不断增大细绳两端的水平距离，猜想椭圆会发生怎样的变化？若距离与绳长相等，画出的图形还是椭圆吗？

4. 在这些活动中，不变的是什么？你能得到什么结论？

【设计意图】教师引导学生类比圆的探究过程研究椭圆，探究细绳长度与细绳两端距离这一变量的关系，进而发现这两者与椭圆的关系，将"形"与"数"建立联系。

（三）概念深化

学生经过动手操作的探究过程，得出以下三个结论。

1. $|MF_1|+|MF_2|>|F_1F_2|$，椭圆；

2. $|MF_1|+|MF_2|=|F_1F_2|$，线段；

3. $|MF_1|+|MF_2|<|F_1F_2|$，不存在。

归纳出椭圆的定义：平面内与两个定点 F_1，F_2的距离的和等于常数（大于$|F_1F_2|$）的点的轨迹叫做椭圆。这两个定点叫做椭圆的焦点，两焦点的距离叫做椭圆的焦距。

问题　如图 9.1－1，情境 2 旦德林双球模型中的交线为什么是椭圆？它的焦点是什么？两焦点的距离是多少？

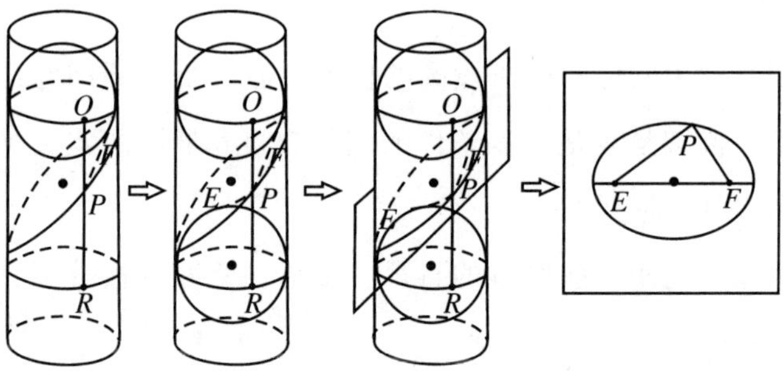

图 9.1－1

【设计意图】从探究活动的结论中抽象出椭圆的代数表示，从而概括出椭圆的定义，再以此定义从代数的角度解释旦德林双球模型中的交线是椭圆，让学生加深对椭圆定义的理解，为建立直角坐标系研究椭圆标准方程做铺垫。

（四）应用探索

1. 求曲线方程的一般步骤：建系、设点、列式、化简。

2. 如何建立直角坐标系使求出的方程最简？

教师让各小组自行讨论，并将各组学生的讨论方案归纳起来评议，选定以下两种方案（如图 9.1－2 和图 9.1－3），由各组学生自己完成设点、列式、化简。

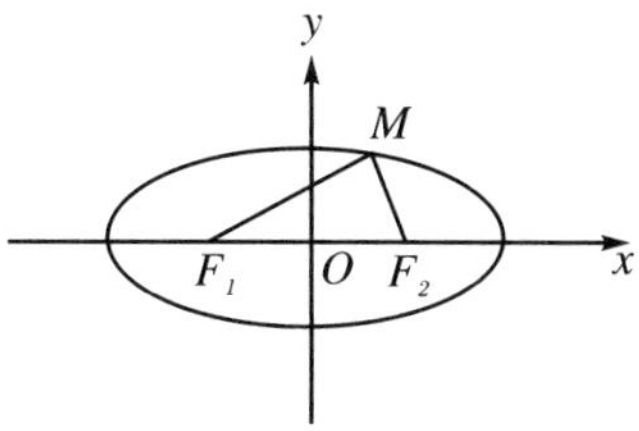

图 9.1-2　方案一

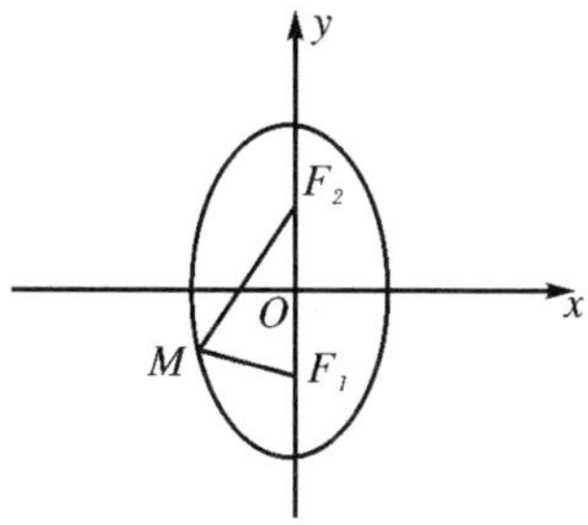

图 9.1-3　方案二

（1）按方案一建立直角坐标系，师生一起探究椭圆标准方程。

①建系：以 F_1，F_2 所在直线为 x 轴，以线段 F_1F_2 的垂直平分线为 y 轴，建立直角坐标系。

②设点：设 $M(x_1, y)$ 是椭圆上任意一点，为了使 F_1，F_2 的坐标简单及化简过程不那么繁杂，设 $|F_1F_2|=2c(c>0)$，则 $F_1(-c, 0)$，$F_2(c, 0)$，设 M 与两定点 F_1，F_2 的距离之和等于 $2a$。

③列式：$|MF_1|+|MF_2|=2a$，$\therefore\sqrt{(x+c)^2+y^2}+\sqrt{(x-c)^2+y^2}=2a$。

④化简：$\sqrt{(x+c)^2+y^2}=2a-\sqrt{(x-c)^2+y^2}$，

两边平方，得 $(x+c)^2+y^2=4a^2-4a\sqrt{(x-c)^2+y^2}+(x-c)^2+y^2$，

即 $a^2-cx=a\sqrt{(x-c)^2+y^2}$。

两边平方，得 $a^4-2a^2cx+c^2x^2=a^2(x-c)^2+a^2y^2$，

整理，得 $(a^2-c^2)x^2+a^2y^2=a^2(a^2-c^2)$，

令 $a^2-c^2=b^2(b>0)$，则方程可简化为 $b^2x^2+a^2y^2=a^2b^2$，整理后得 $\frac{x^2}{a^2}+\frac{y^2}{b^2}=1(a>b>0)$。

教师引导学生认识到，方程 $\frac{x^2}{a^2}+\frac{y^2}{b^2}=1(a>b>0)$ 叫做椭圆的标准方程，焦点在 x 轴上，焦点是 $F_1(-c, 0)$，$F_2(c, 0)$，$c^2=a^2-b^2$。

（2）选定方案二建立坐标系，由学生完成方程化简过程，可得出 $\frac{y^2}{a^2}+\frac{x^2}{b^2}=1(a>b>0)$，同样也有 $F_1(0, -c)$，$F_2(0, c)$，$c^2=a^2-b^2$。

【设计意图】 椭圆标准方程的探究是曲线方程的再应用。教师让学生经历完整的建模过程，不断试错，使学生体会椭圆的对称性及不同坐标系下方程的区别。

例 1 用定义判断下列动点 M 的轨迹是否为椭圆。

(1) 平面内，到 $F_1(-2, 0)$，$F_2(2, 0)$ 的距离之和为 6 的点的轨迹。

(2) 平面内，到 $F_1(0, -2)$，$F_2(0, 2)$ 的距离之和为 4 的点的轨迹。

(3) 平面内，到 $F_1(-2, 0)$，$F_2(2, 0)$ 的距离之和为 3 的点的轨迹。

例 2 求适合下列条件的椭圆的标准方程。

(1) 两个焦点分别是 $(-4, 0)$ 和 $(4, 0)$，椭圆上一点 P 到两焦点距离之和等于 10。

(2) 椭圆的焦距等于 8，椭圆上一点 P 到两焦点距离之和等于 10。

【设计意图】 以上教学环节旨在让学生加深对椭圆定义及其标准方程的理解，区别椭圆焦点在不同坐标轴的标准方程。

（五）总结归纳

学生总结本节课学习到的知识和思想方法。

【设计意图】 教师引导学生回顾本节课所学知识，了解本课主线，将知识进行串联，明确重点。

四、课例评析

学科育人是学科教学的核心任务。在本节课中，教师从新知的起源、新旧知识的类比、新知的产生和新知的巩固 4 个方面对知识进行讲解并融入学科核心素养，在讲解中抓住知识育人、思想育人和方法育人三者的特点和联系，充分展现育人思想，实现德育目标。

（一）知识育人——将知识生活化，促进学生观察和发现问题的能力

课本在对概念的定义中常常会出现“一般地”三个字，这说明数学知识是生活中经过大量生产实践研究得到的一种普遍规律。数学源于生

活，也应回归生活。为了解决生活中的问题，人们定义了许多概念，设计了许多方法，因此，数学知识类似于一种工具与手段，最终的目的是解决问题。若能将知识生活化，将知识本源进行呈现，对于提升学生理解知识、发现问题和运用知识解决实际问题的能力会有很大的帮助。

在本节课中，教师引入椭圆概念前加入史料，例如从古代晷针影子尖端运行轨迹引申出椭圆源于生活，再用旦德林双球模型让学生对椭圆形状和焦点有直观的感受，便于学生对椭圆的理解和研究。通过探究活动得到椭圆定义之后，教师再次解释旦德林双球模型为何得到的交线为椭圆，并设置探究性作业，让学生查阅资料研究晷针影子尖端运行轨迹为什么是椭圆，以加深对椭圆的理解与运用。

（二）思想育人——加深逻辑思维体系的构建，提高学生解决问题的能力

数学思想，是指现实世界的空间形式和数量关系反映到人们的意识之中，并经过思维活动而产生的结果。常言道“数无形时少直观，形缺数时难入微”，可见数学是“形”与“数”的学科。在解决实际问题中，为了方便研究，人们常常把问题抽象成数学图形和数学符号进行研究。研究过程贯穿着许多几何思想、代数思想与函数方程思想等，而这些思想的产生和运用过程，能让学生的逻辑更缜密，思维体系更完善。在本节课中，教师在加强学生逻辑思维的培养上做到以下三点。

一是将数学的本质——数学是一门语言，这一思想贯穿于整个教学活动中。数学是自然语言、图形语言和符号语言三种语言的转换。如本课在引导阶段以图形语言直观地呈现出椭圆的形状，在此基础上与圆进行类比，从而探究出椭圆的定义，将图形语言转换成自然语言，之后再根据椭圆的定义建立直角坐标系探究出椭圆的标准方程，便将自然语言转化为符号语言；又如在“概念形成”中，对圆和椭圆新旧知识回顾的四连问也体现了从图形语言、自然语言到符号语言的转换，让学生能充分体会到三种语言的联系，体会数学的本质。

二是善于运用类比思想，将新旧知识和思想进行回顾与衔接，巩固学生所学知识。例如在椭圆定义的探究中，以圆和椭圆相似为前提，直观感受椭圆是由圆“压缩”得到的，将椭圆与圆进行类比探究，从而得出椭圆的定义、轨迹和标准方程；又如在探究椭圆标准方程时，通过回顾求曲线方程的一般步骤来给研究椭圆标准方程提供方法支持，这是知识再构建的一个过程。

三是以问题串教学为指导，设计精巧的问题串，由浅入深，循序渐进的引出所学概念，剖析所学概念。例如，在“概念形成”学生活动中设计的由四个问题组成的问题串，从一个定点到两个定点，从定点距离为零到距离为定值，再从距离小于细绳长度到等于细绳长度，作图后总结，得到定点距离和细绳的长度关系，最后得到椭圆定义。学生通过问题串合理的引导能逐步得到概念，有利于思维的提升。

（三）方法育人——构建数学模型，培养学生的创新思维

数学建模，是根据实际问题来建立数学模型，运用数学模型来进行求解，然后根据结果解决实际问题。新课改之后，课程标准对于学生学科核心素养的培养提出了较高的要求，其中对数学建模思想的培养尤为重视。为解决生活中的一个实际问题而构建出的数学模型不仅可以解决这个问题，还能解决此类问题甚至多类问题。模型的构建，是现实世界与客观世界建立联系的过程。在构建模型的过程中，学生每个人主观感受不一样，学生的创新思维就会因此得到迸发，而模型的完善、应用与推广，能加深学生对于问题的理解，更深层次培养学生解决问题的能力。

在本节课中，对于椭圆标准方程的探究就运用了建模思想。例如从曲线的一般探究模型来研究椭圆的标准方程，从建系、设点、列式和化简四方面进行操作，并以如何选择合适的坐标系让学生进行合作讨论，增强了课堂的互动性，在思维的碰撞中培养了学生的创新能力；又如，探究出的椭圆标准方程同样是一种模型，运用此模型能够解决课本例题和解释旦德林双球模型，还能以此模型为基础让学生小组合作探究晷针影子尖端运行轨迹为什么是椭圆，这种数学方法值得我们学习与借鉴。

综上所述，在“双新”背景下，学科育人应得到重视，德育教育要放在日常教学活动的首位。数学作为高中学科的一门核心课程，如何将德育思想更好地渗透于课堂教学，我们还需不断研究与实践。本节课，教师从知识育人、思想育人和方法育人三方面将德育渗透在课堂教学中，给我们做了很好的示范，但还需不断创新，将学科育人更好地融入课堂教学，培育未来的科技创新接班人。

（课例设计：覃愉　课例评析：何翠）

第二节 直线与双曲线的位置关系

一、教材分析

本节涉及人教A版高中数学选修2-1第二章“圆锥曲线与方程”的内容。这部分内容主要解决直线与圆锥曲线公共点个数问题、相交时的弦长、弦中点或相关轨迹问题、三角形面积问题、存在性问题、与向量的综合等问题，是高考的热点。本节课从解析几何的本质出发，用代数的方法来研究，体现分类讨论的思想；加以几何方法深度研究，体现数形结合的重要思想，同时培养学生的探索精神与创新能力。根据新课标及对教材的分析，本节课的教学重点是直线与双曲线的交点个数的求法；教学难点是对直线方程与双曲线方程组成方程组消元后的方程的性质进行讨论和分类，并结合图象进行分析。

二、教学目标

1. 让学生掌握直线与双曲线的位置关系及其判定。

2. 通过对直线与双曲线的位置关系研究，培养学生综合运用直线、双曲线等知识的能力。

3. 通过对直线与双曲线位置关系的研究，渗透归纳、推理、判断的能力，培养学生的方程思想、数形结合思想、分类讨论思想、等价转化思想等，使学生体验数字美、图形美、对称美，培养学生直观想象、数学建模、数学运算、数据分析的核心素养。

三、教学设计

（一）新课引入

双曲线在生活中时常出现，比如：广西南宁国际会展中心设计巧妙、气势磅礴、寓意美好，它的外形线是双曲线，以及风筒式冷却塔、北方常见的炕的“嗓子眼儿”也是双曲线的形状等。直线与双曲线奇妙的位置关系值得研究。

【设计意图】利用生活中常见的例子引入新课，引起学生对直线与双曲线位置关系的兴趣。

（二）概念形成

问题1 直线与椭圆的位置关系有哪些？直线与双曲线的位置关系呢？每种位置关系直线与双曲线分别有几个交点？

学生在教师的引导下，猜测直线与双曲线的位置关系可能有相交、相切和相离。相离时没有交点，相切时有一个交点，但是相交时，学生发现直接判断交点个数有些困难。

问题2 如果想要研究直线 $y=kx+2$ 与双曲线 $x^2-y^2=6$ 的位置关系，可以从哪些角度考虑？

结合直线与椭圆的位置关系的研究方法，教师引导学生可从“数”和“形”两个角度进行研究。用代数法求解时，教师可以让学生先通过几何画板直观感受。

学生活动1 教师让学生在几何画板中转动直线 $y=kx+2$，观察与双曲线 $x^2-y^2=6$ 的位置关系、交点个数。

通过几何画板直接观察直线与双曲线的交点个数，从“形”的角度研究，发现有一个公共点和有两个公共点两种情况。当有两个公共点时，有三种情况：都在左支、都在右支、一个在左支一个在右支。

问题3 如果想知道不同位置对应的 k 的范围，就要用代数法求解，那么求解的原理是什么？

根据直线与双曲线左右两支的交点个数，得到交点横坐标的范围，可联立直线与双曲线的方程，再根据根的分布求 k 的取值范围。

问题4 从“数”的角度研究直线 $y=kx+2$ 与双曲线 $x^2-y^2=6$

（$x\leqslant-\sqrt{6}$ 或 $x\geqslant\sqrt{6}$）的以下问题。

（1）有一个公共点，求 k 的取值范围；

（2）与右支有两个不同的公共点，求 k 的取值范围；

（3）与左、右两支各有一个公共点，求 k 的取值范围。

学生活动 2　教师请第一组学生完成第（1）问，第二、三组学生完成第（2）问，第四、五组学生完成第（3）问。前后桌同学互相讨论，限时 7 分钟，算出结果并观察分析。

【设计意图】 直线与双曲线的位置关系可能是相交、相切和相离。相离时没有交点，相切时有一个交点，但是相交时发现直接判断交点个数有困难，此时可以通过问题及活动引导学生利用数形结合探究位置关系。问题 4 的易错点在于只有一个公共点时是否注意到 $k=\pm1$ 的情况；根的分布要考虑开口方向、判别式、韦达定理，缺一不可；同时，解分式不等式与取交集也是易错点，需要教师引导学生演示计算。

（三）概念深化

问题 5　在刚刚的求解结果中，k 的取值范围的分界值有四个数：1，-1，$\dfrac{\sqrt{15}}{3}$，$-\dfrac{\sqrt{15}}{3}$，画一条数轴把 k 取不同值时直线与双曲线的位置关系表示出来。（如图 9.2－1）

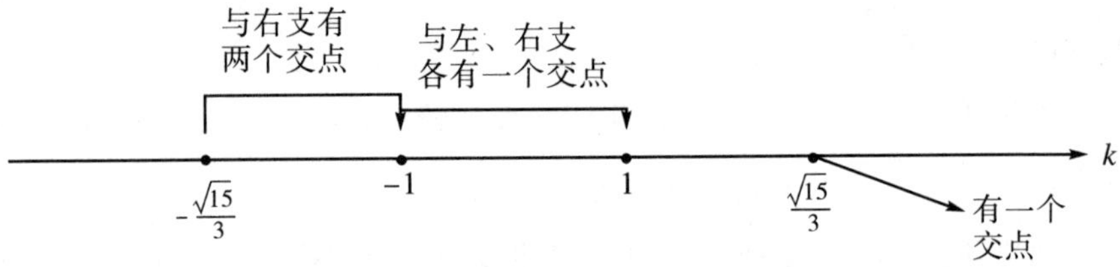

图 9.2－1

问题 6　猜测当 $1<k<\dfrac{\sqrt{15}}{3}$ 和 $k<-\dfrac{\sqrt{15}}{3}$，$k>\dfrac{\sqrt{15}}{3}$ 时，直线与双曲线分别是什么位置关系？

当 $1<k<\dfrac{\sqrt{15}}{3}$ 时，直线与双曲线的左支有两个交点；当 $k<-\dfrac{\sqrt{15}}{3}$，$k>\dfrac{\sqrt{15}}{3}$ 时，直线与双曲线没有交点。

问题 7 结合双曲线的性质，k 取值范围的分界值 1，-1，$\frac{\sqrt{15}}{3}$，$-\frac{\sqrt{15}}{3}$有什么特殊含义吗？

根据问题 4 第（1）问的求解情况，发现当 $k=\pm 1$ 时，直线与双曲线的渐近线平行，此时只与双曲线的一支有一个交点，位置关系为相交；当 $k=\pm\frac{\sqrt{15}}{3}$时，直线与双曲线的方程联立消 y 后方程的判别式为 0，此时，直线只与双曲线的一支有一个交点，位置关系为相切。直线与双曲线的位置关系可以通过找到分界值快速判断。

问题 8 你可以把刚刚分类的结果画在一个坐标图中吗？（如图 9.2－2）

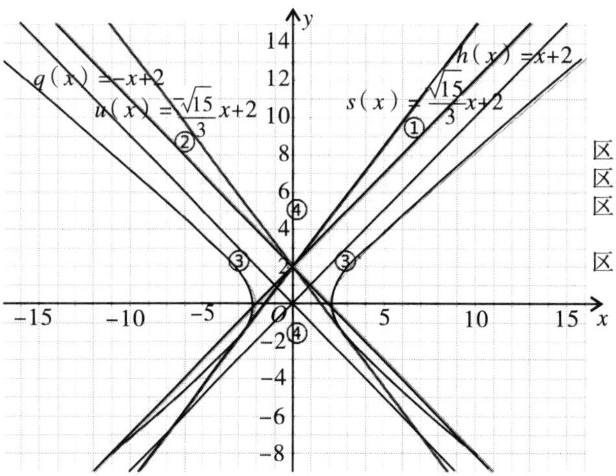

区域①：与左支有两个交点
区域②：与右支有两个交点
区域③：与左、右两支各有一个交点
区域④：没有交点

图 9.2－2

【设计意图】 通过问题串以及画的图形，学生体会到直线与双曲线的位置关系可以通过找到分界值快速判断。

（四）应用探索

问题 9 求当 k 取不同范围时，直线 $y=k(x-3)$ 与双曲线 $x^2-y^2=6$ 的位置关系。

【设计意图】 该问题旨在让学生巩固所学知识，通过找分界值、结合图象快速判断出交点个数。

（五）总结归纳

问题 10 本节课你学到了什么知识或思想方法？你最大的感悟是什么？

【设计意图】直线与双曲线的位置关系之所以复杂，是因为双曲线是一个开放的图形，而且分为左、右两支，引导学生从“数”与“形”两个角度去研究，学生更易理解。

四、课例评析

本节课深入贯彻立德树人的要求，从思维育人、活动育人、审美育人和史料育人四个方面体现育人要求。

（一）思维育人——问题作引导，层层剖本质

本节课以“问题导学”为依托，设计了10个问题，这10个问题环环相扣，从猜测直线与双曲线的位置关系开始，到引导学生想到“形”与“数”，分别通过几何画板和根的分布去研究。解决了问题4后，授课教师又提出了4个问题，让学生通过画数轴、猜测、分析、画双曲线不断深入理解分界值的意义，从而逐步理解直线与双曲线位置关系的本质，并让学生总结出自己处理这类题型的思想方法。

在学生认为直线与双曲线的位置关系似乎就是没有交点、一个交点、与左右支各有一个交点、与左（右）支有两个交点这几种情况时，授课教师又抛出问题9，将直线的定点改变位置，结果只有三种情形。具体的例子使学生的思维不断被打破、重塑、升级，思维能力得到提升。

对于分析直线与双曲线的位置关系，学生一直觉得是个难点，原因是情况太多太复杂。在本课中，授课教师抓住了数形结合的思想，反复在“数”与“形”之间转换，方便学生直观理解的同时又不失严谨性，环环相扣、层层递进、直达本质。

（二）活动育人——时间给学生，实践出真知

本节课设置了两个学生活动，分别是让学生尝试动手计算，在其中融入了对学生直观想象、数学建模、数学运算、数据分析等核心素养的培养。在活动1，学生通过转动直线，直观想象出直线与双曲线的几种位置关系以及交点个数，培养解决问题的能力。有想法要落到实处，并且

把正确结果计算出来，才算是完整地解出一道题。在这两个活动中，学生自主建构了从直线与双曲线位置关系的方法。

学生要融入课堂，需要在活动中动手操作与讨论；数学学科核心素养的培养，也要通过学科教学和综合实践活动课程来实施；恰当的教学活动就是真正地把时间还给学生。“纸上得来终觉浅，绝知此事要躬行。”学生只有真正地去经历思考、探究、出错、修改、完善、总结的过程，才能提升研究数学与解决问题的能力。

（三）审美育人——数形齐合力，美育心中记

数学是一切科学的基础，许多付出了毕生精力的数学家甚至是普通人，但无一不是被数学纯粹完备之美所折服。作为一名传道授业解惑的数学教师，将数学之美传达给学生，让更多的人能够学会欣赏数学带来的震撼，也是一个神圣的使命。本节课体现了以下数学之美。

1. 抽象之美。直线与双曲线的位置关系本来就比较抽象难懂，让学生通过直观想象猜测，感受数学家研究数学之路，从未知—突破—推演—结论，一步一步揭开结论的面纱。抽象的数学，让学生的思维得到激发。解决问题的过程，其实就是一种美的享受。

2. 对称之美。双曲线是高度对称的图形，在研究直线与双曲线位置关系时，我们发现了四个分界值，将双曲线分成了四个区域。其中在问题 5 至问题 8 中，通过已得的部分结果，让学生发现对称范围的位置关系，印证了双曲线的对称性。问题 9 改变定点的位置，结果依旧高度对称。用代数、数轴、画双曲线研究问题，每一次都能给学生最直观的对称之感。

3. 完备之美。数学是一门严谨的学科。在“数”的研究方面，利用根的分布把开口方向、判别式、韦达定理一一列出，通过这些条件就能限制图象，求出取值范围。这个过程利用了数学符号与等式、不等式严格演算得出结果。简洁又完备的证明和计算在数学中无处不在，正是这种魅力让数学的生命力持续并经久不衰。

（四）史料育人——重溯探索路，再现新精神

数学发展的过程是艰辛的。通过每节课对所学知识的溯源，学生能体会前人探索的艰辛历程，让学生了解知识的来源、进化、名称的命名及含义，学习相关知识的时代背景与历史意义，增强对所学知识的认同感，进而产生强烈的求知欲望和探索欲望。本节课的引入介绍了南宁国际会展中心，利用本地的标志性建筑增加学生的归属感和文化认同感；炕是北方人民的发明与创造，体现了实用、艺术与科学性，从农耕时代传承下来的礼仪与温情是宝贵的传统文化，弘扬了中华优秀传统文化，增强学生的民族自豪感。

由此可见，要真正地实现立德树人，培养学生的数学核心素养，改变学生的学习方式与思维方式，就要改变教师的教学方式。教师应提出好的问题、设计合理的活动、把时间还给学生，在课堂上融入思维育人、活动育人、审美育人、史料育人，春风化雨，润物无声，直达人心。

（课例设计：何翠　课例评析：覃愉）

第三节　抛物线及标准方程

一、教材分析

本节内容选自人教 A 版高中数学选择性必修第一册第三章“圆锥曲线的方程”。本节课主要学习抛物线及其标准方程。在这节课之前，学生已经学习了椭圆和双曲线的定义、方程和几何性质，对坐标法已有了初步的认识，这为学习抛物线奠定了基础。同时，对抛物线的定义及方程的学习能让学生进一步深化对坐标法的理解，为以后用代数方法研究抛物线的几何性质做好铺垫。

二、教学目标

1. 让学生理解抛物线的概念及与椭圆、双曲线第二定义的联系，让学生掌握抛物线的四种标准方程及其对应的图形。

2. 培养学生建立适当坐标系的能力，培养学生的观察、比较、分析、概括的能力。

3. 培养学生的探索精神，渗透辩证唯物主义的方法论和认识论。

三、教学设计

（一）新课引入

教师展示生活中的抛物线实例，引入新课，激发学生的学习热情。

情境 1　教师播放我国跳水运动员在奥运会比赛中的高台跳水视频。

提出问题　运动员跳水过程中经过的路线是什么图形？

情境 2　展示赵州桥相片（如图 9.3－1）。

图 9.3-1

提出问题 赵州桥桥拱是什么图形？

【设计意图】 教师从生活的例子引入，让学生直观感知抛物线的形状，也让学生认识到生活中处处有数学，引发学生的共鸣。

（二）概念的形成

问题 1 抛物线有什么几何性质？如何给抛物线下定义呢？

师生互动 我们知道，在平面内与一个定点 $F(c, 0)$ 的距离和一条定直线 l（其中定点 F 不在定直线 l 上）的距离的比是常数 e。当$0<e<1$ 时，点的轨迹是椭圆；当 $e>1$ 时，点的轨迹是双曲线；当 $e=1$ 时，即平面内与一个定点 $F(c, 0)$ 的距离恰好等于它到一条定直线 l（其中定点 F 不在定直线 l 上）的距离的点的轨迹是什么呢？

教师通过几何画板绘出满足以上条件的点的轨迹，并让学生观察。

问题 2 通过观察发现，几何画板描绘出的点的轨迹是抛物线。这样的点的轨迹是抛物线吗？为什么？你能通过代数，即通过求方程来证明吗？

师生互动 教师给出讨论提纲，并让学生分组讨论。

（1）如何建立直角坐标系？

（2）得出怎样的动点轨迹方程？

学生四人一组，教师巡堂指导，然后收集各小组有代表性的解题方法并进行投影显示。

第一组：以定点 F 为原点，垂直于 l 的直线为 x 轴建立直角坐标系，所得方程为 $y^2=2px+p^2$。

第二组：以 l 为 y 轴，过定点 F 且垂直于 l 的直线为 x 轴建立直角坐标系，所得方程为 $y^2=2px+p^2$。

第三组：过 F 作垂直于 l 的直线交 l 于 K，以 FK 中点为原点，垂直于 l 的直线为 x 轴建立直角坐标系，所得方程为 $y^2=2px$。

通过师生互动，选出最佳方案，即第三种比较好，因为该方程简单、结构美。

师生互动 推出抛物线方程 $y^2=2px$ 后，得出抛物线的定义，点 $F\left(\frac{p}{2},0\right)$ 叫抛物线的焦点，直线 l：$x=-\frac{p}{2}$ 叫做抛物线的准线，正数 p 是抛物线的焦点，焦点到准线的距离叫做焦准距。

师生总结 用直接法求点的轨迹方程的方法，步骤如下：(1) 建系设点；(2) 列出等量关系；(3) 将点的坐标代入等量关系后得出方程；(4) 化简方程；(5) 证明（或说明）。

【设计意图】 通过对问题 1 的探究，教师引导学生利用已知条件和图形认识抛物线的几何特征，抽象得出抛物线的概念，发展学生的数学抽象核心素养。通过对问题 2 的思考，教师为学生展示抛物线标准方程的推导过程，提升学生的数学运算核心素养。

（三）概念深化

问题 3 如果抛物线开口向左，那么它的标准方程又如何呢？它的焦点坐标和准线方程各是什么？抛物线开口向下或向上呢？

师生互动 教师首先请学生分组讨论，第一组分析讨论图象开口向左的情况，第二组分析讨论图象开口向上的情况，第三组分析讨论图象开口向下的情况，第四组自由讨论。然后教师巡视指导，并让各组的学生代表填写下表（见表 9.3－1）。

表 9.3－1

图形	标准方程	顶点坐标	对称轴	焦点坐标	准线方程
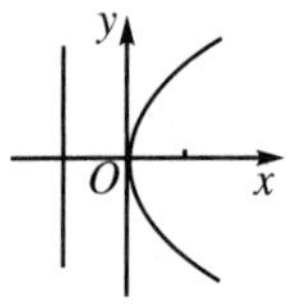	$y^2=2px$ $(p>0)$	$(0,\ 0)$	x 轴	$\left(\frac{p}{2},\ 0\right)$	$x=-\frac{p}{2}$
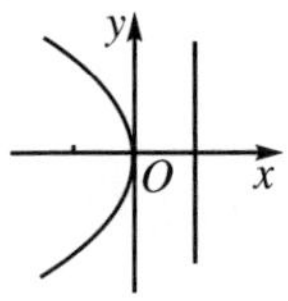					
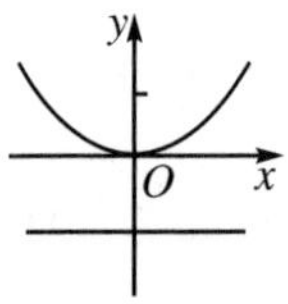					
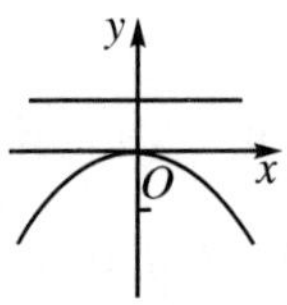					

我们把上述四种形式的抛物线方程都称为抛物线的标准方程。

问题 4 根据表 1，抛物线的四种形式的标准方程的相同点和不同点分别是什么？如何根据抛物线的标准方程判断焦点位置？

师生互动 师生共同探究和总结焦点位置的判断方法。

在标准形式下，看一次项，(1) 若一次项的变量为 x（或 y），则焦点就在 x（或 y）轴上；(2) 若一次项的系数为正（或负），则焦点在正（或负）半轴上。

四种不同形式的抛物线的标准方程的共同特点如下。

(1) 左边是二次式，且系数为 1。

(2) 右边是一次式。

(3) 没有常数项。

(4) 图象关于 x 轴或 y 轴对称。

(5) 一次项的未知数是哪个字母，图象就关于那条轴对称。

(6) 焦点的非零坐标数是一次项系数的四分之一。

（7）准线方程中的非零常数项是焦点坐标中的非零坐标数的相反数。

【设计意图】类比椭圆与双曲线不同形式的标准方程，结合开口向右的抛物线的标准方程，获得开口向左、向上和向下的抛物线的标准方程、焦点坐标和准线方程，以及焦点到准线的距离。通过对问题 4 的探究，引导学生发现确定抛物线的几何要素，认识抛物线的几何特征，抽象出抛物线的概念，发展学生的数学抽象素养。

（四）应用探索

例 1 （1）已知抛物线的标准方程是 $y^2=6x$，求它的焦点坐标和准线方程；

（2）已知抛物线的焦点是 $F(0,\ -2)$，求它的标准方程。

变式 求下列抛物线的焦点坐标和准线方程。

（1）$y^2=20x$；（2）$x^2=y$；（3）$x^2+8y=0$。

例 2 一种卫星接收天线如图 9.3－2 所示，其曲面与轴截面的交线为抛物线。在轴截面内的卫星波束呈近似平行状态射入形为抛物线的接收天线，经反射聚集到焦点处，如图 9.3－3。已知接收天线的径口（直径）为 4.8 m，深度为 1 m。试建立适当的坐标系，求抛物线的标准方程和焦点坐标。

图 9.3－2

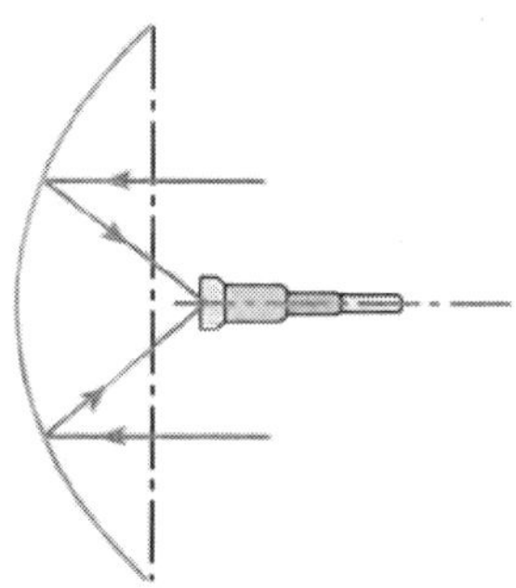

图 9.3－3

【设计意图】通过以上例题，教师旨在向学生展示抛物线中最关键的三个要素：标准方程、焦点坐标和准线方程的求法，让学生运用抛物线及其标准方程解决实际问题，经历将实际问题转化为数学问题的过程，提高学生发现问题和解决问题的能力。

（五）总结归纳

问题 5 本节课你学到了哪些知识技能或数学思想方法？

该教学环节主要让学生总结以下知识：（1）抛物线的定义；（2）抛物线的四种不同形式的标准方程、焦点坐标、准线方程；（3）求标准方程的一般步骤；（4）加深对类比法和待定系数法的了解。

【设计意图】教师引导学生自我反馈、自我总结，并对所学知识进行提炼升华，使学生学会学习，学会内化知识的方法与经验，体会其中的数学思想：数形结合的思想、类比的思想、分类讨论的思想等。

四、课例评析

本节课是继椭圆和双曲线后的一节新课，教科书通过几何画板演示，让学生对“平面内与一个定点 F 和一条定直线 l（l 不经过点 F）的距离相等的点的轨迹称为抛物线”有了感性的认识，然后类比椭圆和双曲线的方法推导出抛物线的标准方程。整个过程比较程序化，也比较枯燥。但在教学中，如何融入立德树人的思想，体现教学的育人功能，达到学科育人的目的？本节课主要从以下几个方面入手。

（一）史料育人——源于生活，培养情操

教师应把立德树人作为教育的根本任务，培养德智体美全面发展的社会主义建设者和接班人。课堂教学是学生道德认知、道德情感培养的主要途径。在课堂上，教师不仅要传授知识与技能，还要适时适地地培养学生的道德认知、道德情感。

本节课通过生活中的应用实例，一方面吸引学生的注意力，让学生对抛物线有感性的认识，另一方面让学生意识到研究抛物线的必要性，感受到数学源于生活，生活离不开数学，同时让学生感受到中华民族的伟大。教师通过短视频，培养了学生的道德情操，这样既能达到立德树人的目标，又能体现史料育人的功能。

（二）思维育人——源于活动，锻炼思维

建构主义认为，学习者应该自主建构自身的认知图式。因此，在课堂教学中，教师应设置学习活动让学生亲历知识发生发展的过程，从活

动中学习数学知识，体会数学思想，锻炼数学思维，培养合作精神。

在本课中，教师让学生类比椭圆和双曲线方程的推导方法，推导平面内与一个定点 F 和一条定直线 l（l 不经过点 F）的距离相等的点的轨迹方程，通过小组活动探索抛物线开口向左、向上、向下时它的方程、焦点、准线方程及其特点以及抛物线方程四种形式的共同特征，让学生在活动中学，在活动中思考问题，在活动中解决问题，从而提高他们的认知能力和思维能力。

（三）审美育人——源于观察，发现形美

审美育人既是教育方针要求，也是学科育人的基本要求。因此，教师在教学中要适时地培养学生发现教学过程中各处的“美”。本节课体现的数学之美有赵州桥设计之美，抛物线的图象对称之美，四种不同形式的抛物线的方程、焦点、准线的结构之美，抛物线形的卫星接收天线性质之美等。

本课组织学生分组讨论如何建系求抛物线的轨迹方程。在这一过程中，教师引导学生对比分析哪种建系方案得到的方程结构更美，美在哪里，从而培养学生的审美习惯，让学生体会数学的结构美，也为后续研究抛物线的几何性质奠定基础。

课堂教学是学生道德认知、道德情感培养的主要途径，也是学生获取知识、培养合作精神、锻炼创造思维的舞台。在课堂教学中，教师只要做有心人，努力做到“随风潜入夜，润物细无声”，就会感受到桃李芬芳的幸福。

（课例设计：陈康　课例评析：覃俊明）

第四节　抛物线的简单几何性质

一、教材分析

本节通过类比椭圆、双曲线的几何性质，结合抛物线的标准方程讨论研究抛物线的几何性质，让学生再一次体会用曲线的方程研究曲线性质的方法，使学生掌握抛物线的范围、对称性、顶点、离心率等几何性质。本节课的教学重点是掌握抛物线的几何性质，作出抛物线的图象；教学难点是抛物线几何性质的灵活运用。在教学中，教师应强调几何模型与数学问题的转换。在数学思想和方法上可与椭圆、双曲线的性质进行对比，着重指出它们之间的联系和区别，从而培养学生分析、归纳、推理等能力。

二、教学目标

1. 理解和掌握抛物线的简单几何性质；掌握运用抛物线的简单几何性质解决问题的基本技能；掌握研究抛物线的简单几何性质的方法。

2. 类比和运用研究椭圆、双曲线几何性质的方法，研究抛物线的几何性质，体验研究圆锥曲线性质的一般特征和研究方法；体验运用抛物线的简单几何性质解决问题的数学方法（基本量方法、数与形的结合与转化方法等）。

3. 研究抛物线的几何性质的运用，体验学习本节课的意义与价值；通过比较分析四种形态抛物线的几何性质，体验数学的美感。

三、教学设计

（一）创设情境，引入新课

为激活学生已有的知识结构，给学生自主探究活动指明方向，教师请学生完成以下问题。

问题 1 完成表 9.4－1 空缺的地方。

活动 1 学生独立思考并作答。

师：抛物线的定义是什么？

生：平面内与一个定点 F 和一条定直线 l 的距离相等的点的轨迹叫做抛物线。

师：抛物线的标准方程是什么？

生：$y^2=2px(p>0)$，$x^2=2py(p>0)$，$x^2=-2py(p>0)$ 和 $y^2=-2px(p>0)$。

师：根据表 9.4－1 的图形填写出对应的方程、焦点以及准线。同时请大家思考有什么体会？

表 9.4－1

图形	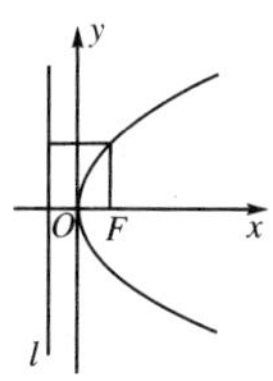	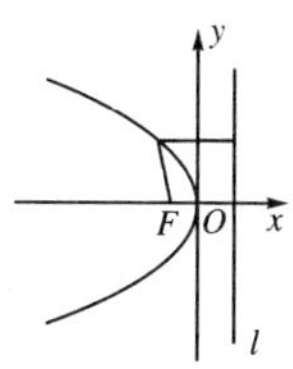	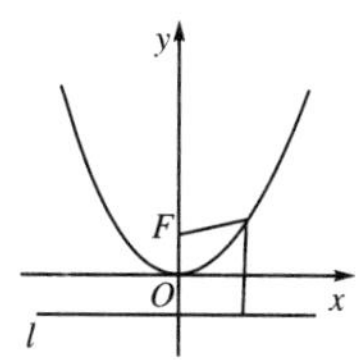	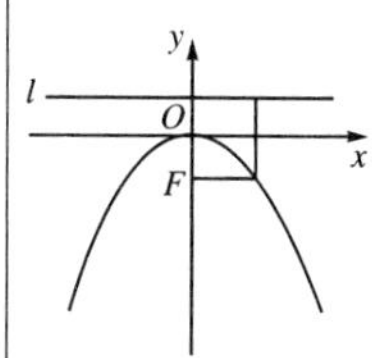
方程	$y^2=2px(p>0)$	$y^2=-2px(p>0)$	$x^2=2py(p>0)$	________
焦点	$\left(\frac{p}{2},0\right)$	$\left(-\frac{p}{2},0\right)$	$\left(0,\frac{p}{2}\right)$	$\left(0,-\frac{p}{2}\right)$
准线	$x=-\frac{p}{2}$	________	$y=-\frac{p}{2}$	________

为了进一步巩固和应用抛物线的几何性质，教师设置以下问题。

问题 2 已知抛物线的焦点坐标为 $(1,0)$，并且经过点 $M(2,-2\sqrt{2})$，求这个抛物线的标准方程，并尽量运用较少的点画出它的图象。

活动 2 教师引导学生相互讨论。

活动 3 教师小结学生活动情况，并提出本节课要研究的问题。

【设计意图】 通过图表的方式复习前面已学的内容，这样让学生不但温习了旧知识，而且掌握了新知识，起到承上启下的作用。

（二）类比迁移，探究性质

问题 3 如何完成表 9.4－2?

表 9.4－2

	椭圆	双曲线	抛物线
标准方程	$\frac{x^2}{a^2}+\frac{y^2}{b^2}=1$ $(a>b>0)$	$\frac{x^2}{a^2}-\frac{y^2}{b^2}=1$ $(a>0, b>0)$	$y^2=2px(p>0)$
图形	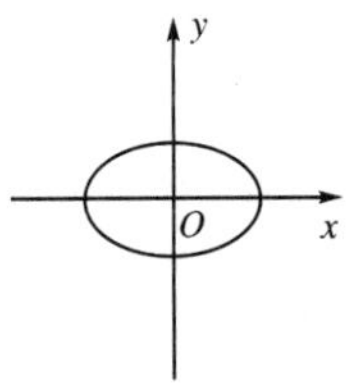	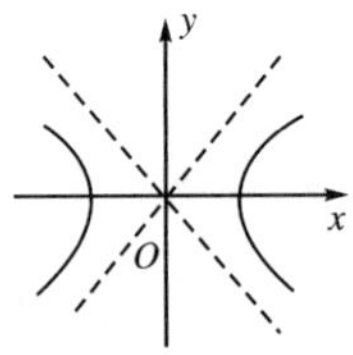	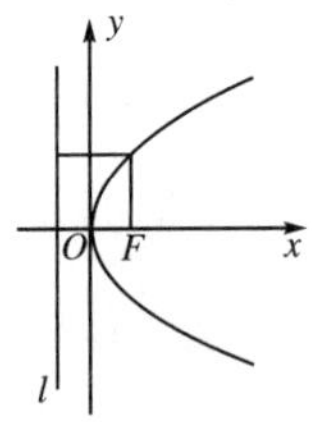
范围	$-a\leqslant x\leqslant a$, $-b\leqslant y\leqslant b$	$x\geqslant a$ 或 $x\leqslant -a$ $y\in\mathbf{R}$	$x\geqslant 0$ $y\in\mathbf{R}$
对称性	关于 x 轴、y 轴对称， 关于原点对称	关于 x 轴、y 轴对称， 关于原点对称	______
顶点坐标	$(-a, 0)$, $(a, 0)$, $(0, -b)$, $(0, b)$	$(-a, 0)$, $(a, 0)$	______
离心率	$0<e=\frac{c}{a}<1$	$e=\frac{c}{a}>1$	$e=1$
渐近线	无	$y=\pm\frac{b}{a}x$	无

该表意在通过类比思想，让学生在合作交流中探究抛物线的几何性质，及其与椭圆和双曲线几何性质的区别。

活动 4 教师引导学生讨论，类比与探究抛物线的性质。

教师要求学生先独立思考，接着让学生相互讨论，并解释他们是怎样获得答案的？教师针对学生的讨论内容，适当给出提示或提问：椭圆与双曲线的性质差异是什么？我们如何研究它们？是否可以通过类比迁移来解决抛物线性质问题？抛物线的性质有哪些？我们如何研究？教师让学生联想初中二次函数 $y=x^2$ 的有关知识。

活动 5 教师与学生互动，答疑解惑。

教师通过巡视学生活动与解决问题的情况，提出以下问题。

（1）如何发现抛物线的“范围”和“对称”性质？

教师引导学生类比研究椭圆与双曲线性质的方法：从图象（几何）上观察，教师运用几何画板动态演示；从符号（代数方程）上推导，先由学生自主推导，教师再运用课件补充与完善。

①范围：因为 $p>0$，由方程可知 $y^2=2px(p>0)$，这条抛物线上的点 M 的坐标（x，y）满足不等式 $x\geqslant 0$，所以这条抛物线在 y 轴的右侧；当 x 的值增大时，$|y|$ 也增大，这说明抛物线向右上方和右下方无限延伸。

②对称性：把 $-y$ 代入 y，方程 $y^2=2px(p>0)$ 不变，所以这条抛物线关于 x 轴对称，我们把抛物线的对称轴叫做抛物线的轴。

（2）抛物线有没有渐近线？

教师引导学生先弄清双曲线的渐近线含义，动画演示双曲线的渐近线，要求学生观察双曲线的渐近线，然后假设抛物线存在渐近线。通过动画演示，学生直观感知抛物线没有渐近线。最后教师让学生思考如何证明抛物线不存在渐近线。

（3）如何说明抛物线不是双曲线的一支？

（4）如何归纳抛物线的几何性质？

【设计意图】 采用类比思想，学生在合作交流中探究抛物线的几何性质，及其与椭圆和双曲线几何性质的区别。

（三）运用探索，解决问题

活动 6 学生独立解决问题 2，教师适时点拨。

教师要求学生独立解答，并适当提示、指导不同层次的学生运用几何性质解决问题。预计可能的解决方法有：解答 1 求出标准方程，5 点作图（以前的做法）；解答 2 求出标准方程，根据焦点坐标与对称性，3 点作图（即使学生没有想到，也可以引导个别学生做出来，为下节课进一步研究性质做铺垫）。

活动 7 教师给出以下变式训练，让学生运用性质解决问题，使学生在改错、纠错中体会抛物线对称性的应用。

变式训练 已知抛物线的顶点在原点，并且经过点 $M(2,\ -2\sqrt{2})$，求这个抛物线的标准方程，并尽量运用较少的点画出它的图象。

教师要求学生相互讨论与解决问题，指导不同层次的学生比较原来问题的异同，并运用几何性质解决问题。需要特别注意的是，在得到 $y^2=4x$ 后，有的学生可能会马上得到 $x^2=-4y$，原因是没有弄清楚对称轴及抛物线的形状，所以最好画出图象，让学生养成数形结合的习惯。

【设计意图】运用性质解决问题，让学生在改错、纠错中体会抛物线的对称性的应用。

（四）小结反思与问题延伸

1. 知识结构小结

教师引导学生思考，让学生体会数学美学，具体见表 9.4－3 和图 9.4－1。

2. 学习方法小结与反思

（1）解决问题的体验：如何研究和运用图形的性质？

（2）你是否还能发现新的性质？

表 9.4－3

	标准方程	$y^2=2px$ $(p>0)$	$y^2=-2px$ $(p>0)$	$x^2=2py$ $(p>0)$	$x^2=-2py$ $(p>0)$
	图形	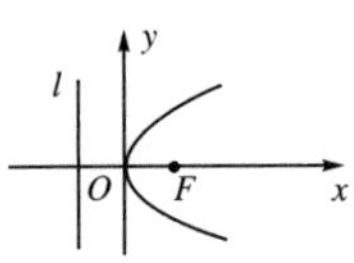	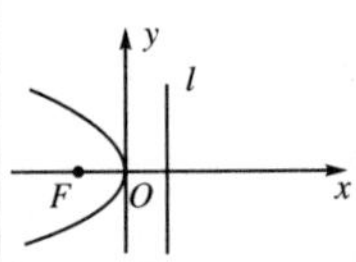	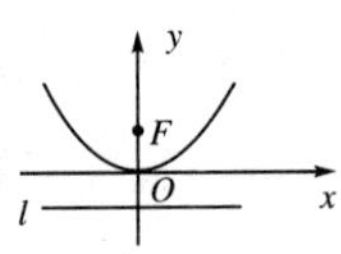	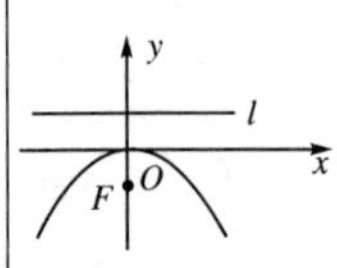
性质	范　围	$x\geqslant 0$， $-\infty<y<+\infty$	$x\leqslant 0$， $-\infty<y<+\infty$	$-\infty<x<+\infty$， $y\geqslant 0$	$-\infty<x<+\infty$， $y\leqslant 0$
	对称轴	x 轴	x 轴	y 轴	y 轴
	顶　点	$O\ (0,\ 0)$	$O\ (0,\ 0)$	$O\ (0,\ 0)$	$O\ (0,\ 0)$
	焦　点	$F\left(\frac{p}{2},\ 0\right)$	$F\left(-\frac{p}{2},\ 0\right)$	$F\left(0,\ \frac{p}{2}\right)$	$F\left(0,\ -\frac{p}{2}\right)$
	准　线	$x=-\frac{p}{2}$	$x=\frac{p}{2}$	$y=-\frac{p}{2}$	$y=\frac{p}{2}$
	离心率	$e=1$	$e=1$	$e=1$	$e=1$

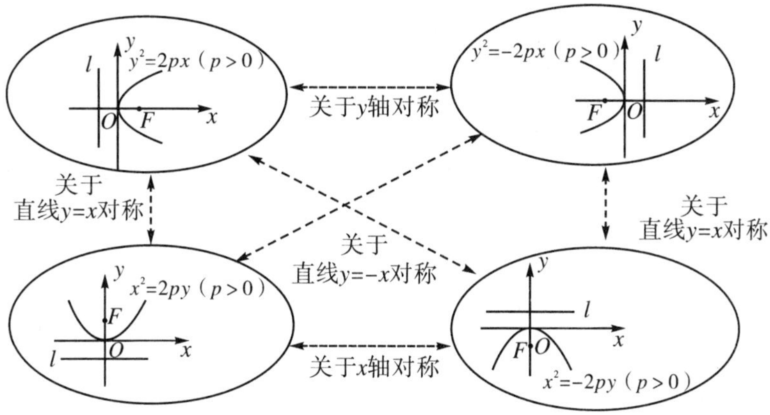

图 9.4－1

【设计意图】小结反思，让学生的知识系统化、结构化，形成自己的知识网络，从而掌握本课知识。教师提出新问题，让不同的学生获得不同的发展。

四、课例评析

为了落实立德树人根本任务，教师在本节课中进行了探索和创新，将立德树人理念与数学教学结合在一起，具体表现在以下几个方面。

（一）创设情境，渗透德育教育

情境创设是现代教育中不可缺少的一部分，也是开展高中数学教学重要组成部分。良好的情境能够激发学生对数学知识的学习积极性，同时能够拉近学生与教师之间的距离。教师还可将德育教育知识合理地融入情境中，让学生在无形中接受德育教育。

在创设情境环节，教师提出了几个问题，让学生带着问题进行思考与学习，意在让学生感受数学知识具有探究性与思索性。同时，教师引导学生相互讨论与学习，并在恰当的时候给予必要指导，培养学生发现问题、提出问题以及解决问题的能力。在类比迁移，探究性质环节中，教师采用了师生互动交流的方法，通过问题促进学生活动，在师生互动交流中提出问题与解决问题，有效地培养了学生团结协作的意识，让学生认识到团队协作的重要性，并让学生认识到在必要的时候，合作性越强，解决问题的速度越快，将活动育人贯穿于教育教学过程中。

（二）培养理性思维，渗透德育教育

学好数学知识需要拥有良好的理性思维，在立德树人视角下，培养学生的理性思维，教师需要注重挖掘数学的严谨性与理性优点，以此促进德育渗透。在本节课中，教师在带领学生解决抛物线范围、性质等问题时，总结出抛物线的基本几何性质为“四有二无”：有一个顶点、一个焦点、一条准线、一条对称轴；无对称中心、无渐近线。为检验这一性质的正确性，教师带领学生在探究的过程中选用了椭圆、双曲线以及抛物线进行比较分析，所得到的结果与抛物线基本几何性质相同。由此可见，数学知识带有明显的严谨性与理性思想。这样也让学生认识到每个数学知识结论都是经得起检验的，以此促进学生理性思维的形成，体现思维育人的效果。

（三）注重情感体验，强化德育渗透

良好的数学教育应唤醒学生情感。因此，在数学教学中开展立德树人教育，教师应结合教学内容深化学生情感，增强学生情感触动，让学生在无形中接受德育教育熏陶。本节课通过比较分析四种形态抛物线的几何性质，让学生感受数学的美感，增强学生对数学知识的学习积极性；通过变式练习，引起学生对数学知识的学习兴趣。在本课例开头和结尾均多次出现了抛物线图，且图形色彩鲜明，形式多样，能够起到很好的审美教育作用。通过观察这些抛物线图，学生会了解到隐藏在数学知识中的美感，并联系现实，认识到数学知识与现实生活存在必然联系，通过数形结合思想形成数与形转换的好习惯，这是审美育人的体现。

总的来说，立德树人思想是现代教育重要组成部分，形成良好的思想品质比只学习文化知识重要得多，尤其是在数学教学中含有很多与立德树人教育相关的内容。因此，数学教师应联系教学实际，将立德树人理念合理地融入数学教学中，从多方面、多角度做好学生的思想教育工作，提升学生健康思想意识，使学生成为一个拥有理性思维、审美能力、团结合作意识的人。

（课例设计：刘建富　课例评析：吴彪）

第五节　极坐标系的概念

一、教材分析

本节内容选自人教A版高中数学选修4－4第一讲“坐标系”的第二节“极坐标系”。它是学生在学习了平面直角坐标系的背景下，通过生活实例，了解建立极坐标系的必要性，类比平面直角坐标系的建立方法，让学生理解极坐标系的概念，并能够表示点的极坐标，为后面学习直角坐标与极坐标的互化，简单曲线的极坐标方程以及参数方程奠定基础。本节课的教学重点是建立极坐标系，能用极坐标刻画点的位置；教学难点是理解点与极坐标之间的对应关系。

二、教学目标

1. 通过数学史和生活实例，让学生感受数学源于生活，生活中有必要引入极坐标系，激发学生的学习兴趣。

2. 通过类比平面直角坐标系的建立方法，观察、分析、归纳建立极坐标系，培养学生数学建模、逻辑推理等数学核心素养。

3. 通过合作探究极坐标系中点与坐标的对应关系，培养学生数形结合思想，提高发现问题、解决问题的能力。

三、教学设计

（一）新课引入

情境1　利用多媒体展示笛卡儿的照片，讲述笛卡儿与平面直角坐标系的故事。

情境2　讲述笛卡儿与瑞典公主的故事，用几何画板完成心形线的绘制，引出心形线（如图 9.5－1）。

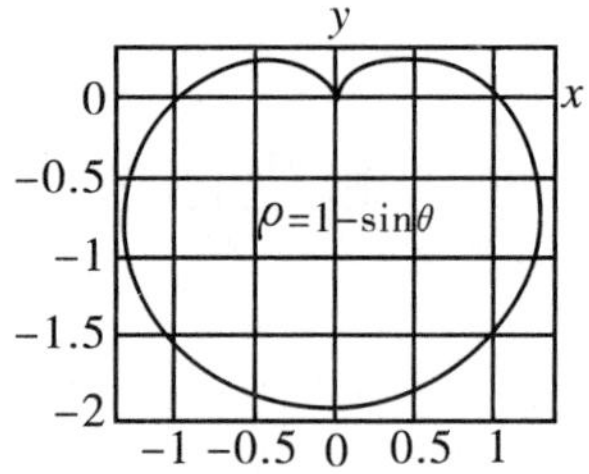

图 9.5－1

问题 1 方程中的变量 ρ、θ 是什么？平面直角坐标系是刻画平面内的点的唯一方法吗？

情境 3 如图 9.5－2 是某校园的平面示意图，假设某同学在教学楼处，请回答下列问题。

（1）他向东偏北 60°方向走 120m 后到达什么位置？该位置唯一确定吗？

（2）如果有人打听体育馆和办公楼的位置，他应如何描述？

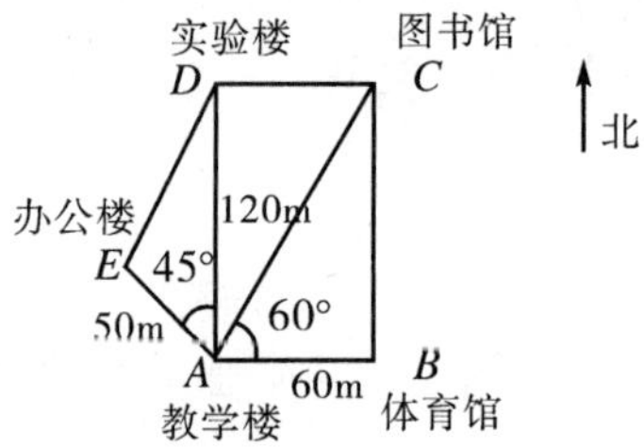

图 9.5－2

问题 2 “从这向东偏北60°方向走 120m”这句话告诉路人什么？

【设计意图】情境 1 和情境 2 通过引入数学史，让学生了解坐标系产生的历史背景，引导学生主动思考为什么要学极坐标系，从而激发学生学习数学的热情。情境 3 通过熟悉的生活实例，让学生初步感受平面直角坐标系不是刻画平面内的点的唯一方法，让学生感知极坐标系思想，使学生认识到极坐标系的引入是必要的、有用的，为后面学习如何建立极坐标系做好铺垫。

（二）概念形成

问题 3 类比建立平面直角坐标系的过程，这种用角度和距离的定位方式需用到哪些元素？

【设计意图】教师引导学生类比平面直角坐标系的建立，使学生尝试自己建立极坐标系，初步熟悉极坐标系的有关概念，培养学生自主探究的意识，体会极坐标系建立的合理性，提高学生的数学抽象、逻辑推理等数学核心素养。

（三）概念深化

问题 4 在极坐标系中，把二维有序实数对（ρ，θ）叫做点的坐标，这样的规定合理吗？

教师请学生在极坐标系中标出下列点的位置。

（1）$A(1,0)$，$B\left(1,\frac{\pi}{3}\right)$，$C\left(1,\frac{\pi}{2}\right)$，$D\left(1,\frac{2\pi}{3}\right)$，$E\left(1,\frac{4\pi}{3}\right)$，$F\left(1,\frac{5\pi}{3}\right)$。

（2）$A\left(1,\frac{\pi}{3}\right)$，$B\left(2,\frac{\pi}{3}\right)$，$C\left(3,\frac{\pi}{3}\right)$，$D\left(4,\frac{\pi}{3}\right)$。

（3）$A(0,0)$，$B\left(0,\frac{\pi}{3}\right)$，$C\left(0,\frac{\pi}{2}\right)$，$D\left(0,\frac{2\pi}{3}\right)$。

（4）$A\left(1,\frac{\pi}{3}\right)$，$B\left(1,\frac{\pi}{3}+2\pi\right)$，$C\left(1,\frac{\pi}{3}+4\pi\right)$，$D\left(1,\frac{\pi}{3}-4\pi\right)$。

问题 5 在极坐标系中，点的位置确定了，它的坐标就唯一确定了吗？如果坐标不唯一是由什么引起的？请归纳极坐标系的特点。

问题 6 在极坐标（ρ，θ）中，ρ 能否取负值呢？

追问 如果 ρ 取负值，怎么表示点$\left(-1,\ \frac{\pi}{3}\right)$？请解释是否合理。

问题 7 在极坐标系下，能否给出 ρ 和 θ 的具体范围，使得平面内的点与它的坐标有一一对应关系？

【设计意图】通过在极坐标系中标出点的位置，学生初步体会在极坐标系中给定 ρ 和 θ 如何确定点的位置。通过教师引导，学生发现在问题 4 第（4）题中四个点在极坐标系中是唯一确定的。环环相扣的问题链让学生对极坐标系中点与坐标的对应关系和直角坐标系中点与坐标的对应关系形成鲜明的对比，加深了对概念的理解。

（四）应用探索

例 1 如图 9.5－3，在极坐标系中，写出点 A，B，C 的极坐标并标

出点 $D\left(2,\ \frac{\pi}{6}\right)$，$E\left(4,\ \frac{3\pi}{4}\right)$，$F\left(3.5,\ \frac{5\pi}{3}\right)$所在的位置。

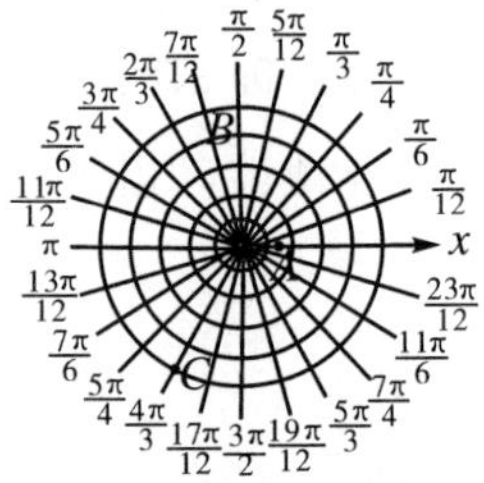

图 9.5 - 3

例 2　中央气象台在 2004 年 7 月 15 日 10：30 发布的一则台风消息：今年第 9 号热带风暴“圆规”的中心今天上午八点钟已经移到了广东省汕尾市东南方大约 440 公里的南海东北部海面上，中心附近最大风力有 9 级。请建立适当的坐标系，用坐标表示出该台风中心的位置。

【设计意图】该教学环节通过例 1 巩固了学生在极坐标系中标出点的位置和写出点的极坐标的知识，例 2 让学生建立极坐标系，使学生熟悉并掌握极坐标系建立的四要素，让学生进一步了解在极坐标系中解决问题的基本思想。

（五）总结归纳

问题 8　本节课你学到了哪些知识或数学思想方法？

【设计意图】学生通过从知识、思想、方法三方面自行进行总结、归纳和反思，从而达到深化知识理解、构建知识网络、领悟思想方法的目的。

四、课例评析

（一）史料育人——通过学习学科历史，培养学生良好的品格

数学课程的开展需要丰富的数学课程资源，而数学教材是最重要的数学课程资源。随着教学实践的不断深入，数学史在培养学生的人文素养中发挥着重要的作用。在教学伊始，教师介绍了法国数学家笛卡儿生病卧床时，通过蜘蛛的“表演”得到启发，创建了直角坐标系。由笛卡儿与瑞典公主的故事，引出心形线，让学生感知数学历史情境，经历直角坐标系的创生，初步接触极坐标系，培养学生的数学素养。笛卡儿虽然生病卧床，但他头脑一直没有休息，还在思考数学问题，从中可以让

学生感受到数学家为追求真理、克服困难、不断探索的精神。同时也让学生知道每一个数学概念或定理的发现和证明是需要几百年甚至是上千年的时间来研究的，在研究的过程中也会遇到各种各样的困难，从而培养学生坚强的意志。

（二）思维育人——通过思维培养，提升学生的数学素养

《普通高中数学课程标准（2017 年版 2020 年修订）》提出，要进一步提升学生综合素质，着力发展学生的核心素养。核心素养是育人价值的集中体现，教师要在平时的教学中培养学生能够适应终身发展和社会需要的正确的价值观念、必备品格和关键能力。本节课重现数学家笛卡儿的思维活动进程，让学生了解平面直角坐标系产生的历史背景，激发学生热爱科学、勇于探索的精神，树立积极向上的人生观和价值观。通过校园示意图，引导学生探究“如何确定学校建筑物位置”这个问题，让学生从熟悉的校园生活出发，切身体会平面直角坐标系不是刻画平面内的点的唯一方法，而用方向与距离刻画平面中点的位置有时候会更直观方便，从而引出极坐标系，培养学生数学抽象、直观想象等核心素养。通过类比熟悉的直角坐标系，学生自主构建出极坐标系，提升了类比思想，培养了抽象概括、逻辑推理能力。通过例 2，学生体验数学知识源于生活，能用数学知识解决生活中的问题，培养了数学建模能力。

（三）活动育人——通过丰富的活动，提升学生的数学能力

布鲁纳认为，在信息大爆炸的时代，应寻找一种新的方法来向后代传授快速发展的知识。他所说的“新方法”就是“发现教学法”。学习是一个主动认知的过程，学习的本质是主动对原有经验的重组和改造，进而产生新的认知。教师在教学中最好不要直接告诉学生结论，而要以学生为中心，给学生创建积极的课堂环境，并根据学生现有的水平创设问题情境，让学生主动在猜想、实践、证明中得出结论，感受知识的产生。本节课的教学亮点是问题导学，通过创设一系列环环相扣的问题情境，牢牢地把学生吸引住，使学生主动参与到课堂中，在一个一个问题的解决中体会极坐标系产生的合理性和必要性，激发学生的学习兴趣，增加学生的自信心，提升学生发现问题和解决问题的能力。

（课例设计：王国亮　课例评析：梁清超）

第六节　圆的极坐标方程

一、教材分析

圆的极坐标方程是学生在学习了极坐标系，能用极坐标刻画点的位置的基础上，进一步学习在极坐标系中得到简单曲线——圆的极坐标方程。这节课是解析几何方法的应用、推广与深化，为学生后续学习提供了知识和方法基础。本节课的教学重点是圆的极坐标方程的求法；教学难点是在极坐标系中求圆的极坐标方程。

二、教学目标

1. 掌握求圆的极坐标方程的方法，掌握求曲线极坐标方程的一般步骤。

2. 在问题解决的过程中，培养学生独立思考、主动探究、合作交流与自觉检验等习惯，培养学生的理性精神。

3. 体会类比思想，提高学生用数形结合的思想方法解决问题的能力，发展学生数学建模、逻辑推理和数学运算等数学核心素养。

三、教学设计

（一）新课引入

笛卡儿是著名的哲学家、数学家，他于 1637 年创立了解析几何学，提出坐标系的概念，将几何和代数相结合，对现代数学的发展做出了重要的贡献。

笛卡儿与瑞典公主克里斯汀一起研究数学，对数学的热爱让他们惺惺相惜，但是瑞典国王反对他们在一起，阻止他们见面。笛卡儿只能给克里斯汀写信表心意，笛卡儿信中的方程表达了什么？信上只有一个方

程 $\rho=a(1-\sin\theta)$，克里斯汀收到信后明白了爱人的心意。在讲述了该数学家的故事之后，教师向学生提问笛卡儿信中的方程表达了什么。接着，教师展示心形线。方程 $\rho=a(1-\sin\theta)$ 即为心形线的极坐标方程。教师随即引出本课内容——圆的极坐标方程。

【设计意图】 通过数学家的故事，学生感受了数学的美与魅力，激发了学习的兴趣。

（二）概念形成

问题 1 在平面直角坐标系中，平面曲线 C 可以用方程 $f(x, y)=0$ 来表示，曲线与方程满足如下关系。

①曲线 C 的点的坐标都是方程 $f(x, y)=0$ 的解；

②以方程 $f(x, y)=0$ 的解为坐标的点都是曲线 C 上的点。

在极坐标系中，平面曲线是否可以用方程 $f(\rho, \theta)=0$ 表示？

探究 如图 9.6-1，半径为 a 的圆的圆心坐标为 $C(a, 0)$ $(a>0)$。能用一个等式表示圆上任意一点的极坐标 (ρ, θ) 满足的条件吗？

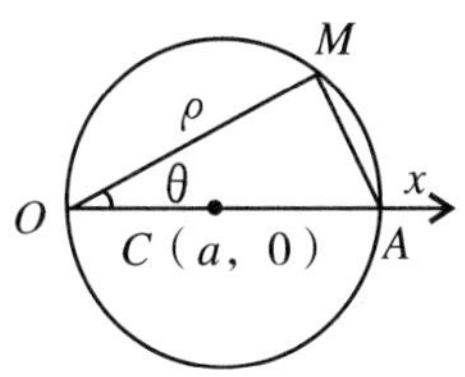

图 9.6-1

问题 2 在平面直角坐标系中求曲线方程的一般步骤是什么？

教师引导学生掌握求曲线方程的一般步骤：建系、设点、列式、化简、结论。

类比上述步骤，设 $M(\rho, \theta)$ 是圆上 O，A 以外的任意一点，连接 OM，MA，则 $OM\perp MA$，则有 $OM=OA\cdot\cos\theta$，即 $\rho=2a\cos\theta$。①

问题 3 曲线上的点的坐标都满足方程①吗？

可以验证点 $O\left(0, \dfrac{\pi}{2}\right)$，$A(2a, 0)$ 满足①式。等式①就是圆上任意一点的极坐标 (ρ, θ) 满足的条件。反之，坐标适合等式①的点都在这个圆上。我们称 $\rho=2a\cos\theta$ 为圆心在 $C(a, 0)$ $(a>0)$，半径为 a 的圆的极坐标方程。

问题 4 类比平面直角坐标系，给曲线的极坐标方程下定义。

在极坐标系中，曲线 C 可以用方程 $f(\rho, \theta)=0$ 来表示，曲线与方程满足如下关系。

①曲线 C 上的任意一点的极坐标中至少有一个满足方程 $f(\rho, \theta)=0$；

②坐标符合方程 $f(\rho, \theta)=0$ 的点都在曲线 C 上。

【设计意图】教师通过设计系列问题激活学生已有知识，把学生引到本节课思维与方法的最近发展区，为学生学习新课做铺垫。学生类比直角坐标系的方法推导圆的极坐标方程并检验，感受数形结合方法之美。

（三）概念深化

问题 5 从定义上看，曲线的极坐标方程与直角坐标方程有何联系与区别？

联系：在坐标系中，曲线与方程联系起来。曲线可用一个方程来表示，通过研究方程的性质间接研究曲线的性质，使几何问题代数化，这就是坐标法的思想。

区别：在直角坐标系中，点与直角坐标是“一对一”的关系，即一个点有唯一一个坐标表示，所以曲线上的点的坐标与方程的解有完整的对应关系；在极坐标系中，因为点的极角不唯一，平面上的点的极坐标具有多值性，点与极坐标是“一对多”的关系，即一个点的极坐标有多种表示。

问题 6 求曲线的极坐标方程时，关键是什么？

画出图形，在图中表示出 ρ 与 θ，根据几何条件建立 ρ 与 θ 的联系，得到 ρ 与 θ 的方程，并化简。

问题 7 圆 C 的极坐标方程为 $\rho=2a\cos\theta$，与圆 C 的直角坐标方程相比有何优点？

当圆 C 的直角坐标方程为 $(x-a)^2+y^2=a^2$ 时，用极坐标方程更简洁；当曲线的几何特征可用距离与角度表示时，用极坐标表示往往更方便，得到的方程也更简洁。

【设计意图】教师通过问题串进行概念辨析，加深学生对极坐标的理解，培养学生的思辨能力与理性精神。

（四）**应用探索**

例 1　求以极点 O 为圆心，半径为 $r(r>0)$ 的圆的极坐标方程。

例 2　求极坐标系下，圆心为 $C(\rho_0, \theta_0)$，半径为 r 的圆的极坐标方程。

教师通过题后小结，意在让学生掌握求圆的极坐标方程的步骤。

练习　完成圆心在$\left(a, \dfrac{\pi}{2}\right)$，$(a, \pi)$，$\left(a, \dfrac{3\pi}{2}\right)$，半径为 a 的圆的极坐标方程，并讨论对应方程与 $\rho=2a\cos\theta$ 的关系，以及它们图象之间的关系。

【设计意图】通过从特殊到一般，教师让学生经历数学学习的一般过程，掌握数学学习的一般方法，感受数学知识的整体性。

（五）**总结归纳**

问题 8　本节课你学到了什么知识和思想方法？

教师小结　求曲线的极坐标方程，就是建立以 ρ，θ 为变量的方程，类似于直角坐标系中的 x，y，所以无论是直角坐标系还是极坐标系，方法都是统一的，步骤也是类似的，要注意二者的区别与联系。

【设计意图】教师组织学生对新知识及获取新知识的过程进行回顾和反思，对解决问题的过程与方法进行总结与提升，让学生积累数学活动经验，提升学习能力。

四、课例评析

本节课，教师将数学育人与数学课堂有机结合，以思维育人、史料育人、审美育人为抓手，结合问题导学教学法，在教学各环节全面融入育人思想，使课堂教学从形式到内容彰显立德树人目标的引领。

（一）**思维育人——强化数学学科特点，培养学生理性精神**

数学是思维的科学，数学学习不仅是数学知识的学习，更是数学思维方式的训练，数学研究方法的感悟，数学理性精神的浸润。在本节课中，教师在强化学生思维训练上抓住以下三个关键点。

1. 类比教学，深化学生对概念的必要性和合理性的认识

教师通过问题 2 激活学生认识中的相关知识；再通过问题 4 让学生模仿直角坐标系下定义，并结合极坐标系的特点进行修正。通过类比，学生经历解决数学问题的一般方法，学会了数学的思考方法，例如：你遇到过类似的问题吗？你是如何解决类似问题的，相关的经验能迁移到这个问题吗？类比是一种由特殊到特殊的推理方法，通过类比学生能够自主发现新知识，深刻理解知识，从而更容易掌握知识和解决问题的规律，以及新旧知识的联系，对数学发现及发展创造性思维有重要作用。

2. 问题导学，引导学生自主建构知识

教师根据课程标准、教学目标与学生学情，在学生的最近发展区设计问题，由浅入深，环环相扣，引导学生自主探究问题，激发学生探究、推理的欲望。教师创设平等、和谐的课堂氛围，把学习置于数学问题之中。问题串的设置与学生已有的求曲线的平面直角坐标方程的知识、经验相关联，使学生愿意去研究并解决问题。同时，由于极坐标的多值性，问题的解决又与平面直角坐标的经验有所区别，需要学生进行辨析，不能生搬硬套。学生通过概念辨析，认真思考、分析新旧知识的区别与联系，深化对知识的理解。在问题的讨论与解决的过程中，学生自主建构知识，促进了认知、技能、情感的发展。

3. 多元表征，加深对数学本质的理解，提高数学表达与交流的能力

数学语言是数学思维的载体，数学知识的多元表征是数学思维的表现形式，能反映出学生对数学本质的理解。在本节课中，教师与学生一起经历了数学知识的图形语言、符号语言、文字语言的相互转换，让学生深化对数学知识的理解，构建数学知识结构。在概念形成环节，学生观察图形，发现图形的几何特征，并能用 ρ，θ 表示几何量，列出式子。教师引导学生用自己的语言给曲线的极坐标方程下定义，再结合极坐标系知识进行修正。在概念辨析时，教师通过问题让学生能用自己的语言来理解平面直角坐标系与极坐标系的区别与联系。各环节的设计旨在培养学生用数学知识的图形语言、符号语言和文字语言，准确而有条理地表达对数学对象的思考，真正做到能用数学语言进行数学交流，促进学

生对数学本质的理解。

（二）史料育人——借助数学经典故事，夯实学生学科素养

数学发展的历史，是一个寻找真理、不断扬弃、不断创新的过程，它所经历的艰辛、坚持、拼搏，都是很好的德育内容。在本节课中，教师十分注重挖掘史料内容。例如用笛卡儿的心形线引入课题，有效地激发学生的学习兴趣；在课后作业中，教师布置学生阅读《笛卡儿、费马与坐标方法》，旨在让学生了解数学新知识的诞生与生产和科技的发展紧密相关。数学家不畏困难，勇担使命，不断探索的故事，拓宽了学生的精神领域，激发了学生的内在动力，体现了数学史料的育人价值。

（三）审美育人——开发数学美育功能，提高学生数学审美

开普勒说过，数学是世界美的原型。数学美在于其特有的抽象概念、公式概括、模型示范、结构系统、推理论证、思维方法。但很多时候学生受限于数学知识和审美能力等，而忽略了数学之美。在本节课中，教师在审美育人方面做了以下的设计。

1. 数学的简洁、对称之美

在课堂引入环节，教师用笛卡儿的心形线让学生初步感受数学的简洁、对称的外在美。笛卡儿情书中的方程不仅简洁明了，对应的心形线也形象直观，数学的美让对数学都有无限热爱的两个人心心相通。这样的数学情境，让学生乐在课堂之中，体验数学之美，培养学习兴趣，激发内生动力。

2. 数学方法的统一美

无论在平面直角坐标系还是极坐标系中，求曲线方程的方法是统一的。教师通过对圆的极坐标方程的推导，让学生加深对求曲线方程通性通法的理解，感悟数学推理论证的严谨性，学会用数学的语言表达世界，用简洁、优美的数学关系表达事物的内在规律，提高对美的理解和追求，达成数学美育的目标。

（课例设计：李彩霞　课例评析：刘晓静）

第七节　参数方程的概念

一、教材分析

本节课是人教A版高中数学选修4－4第二讲“参数方程”第一节“曲线的参数方程”的第一课时。该节课以学生熟悉的直线、圆、圆锥曲线为载体，从全新的角度来建立曲线的方程，对它们进行重新认识。参数方程作为解析几何的重要内容之一，是进一步学习数学、物理等学科的基础，并在实践中有广泛的应用。本节课的教学重点是根据问题的条件引进适当的参数，写出参数方程，体会参数的意义；教学难点是根据几何性质选取恰当的参数，建立曲线的参数方程。

二、教学目标

1. 能研究抛物运动中时间与物体位置的关系，构建物体运动轨迹的参数方程。了解曲线参数方程的概念，能选取适当的参数建立曲线的参数方程。

2. 初步了解运用参数方程来解决问题的过程与方法，强化数学建模的核心素养，体会应用参数方程解决问题的便捷。

3. 通过参与参数方程解决问题的全过程，感受数学的美，提升审美意识。

三、教学设计

（一）新课引入

问题1　过去大家已经学习了一些求曲线方程的方法，可以得到常见曲线的方程，请同学们列举出来。

教师让学生认识到已学的曲线方程都是在曲线上任取一点 $P(x, y)$ 或 $P(\rho, \theta)$，通过寻找 x，y 或 ρ，θ 之间的关系，建立形如 $f(x, y)=0$ 或 $f(\rho, \theta)=0$ 的方程。实际上，在求曲线方程时，会遇到一些很难直接确定相互关系的问题。在这节课中，教师带领学生探究两类常见的物理运动，从数学角度刻画物体的位置。

【设计意图】由于参数方程这一概念是建立在曲线方程基础之上的，因此教师可从学生生活中熟悉的特殊曲线引入，这不仅符合学生最近发展区原则，还激发学生探究兴趣，为学生比较普通方程与参数方程做铺垫。

（二）概念形成

问题 2 （教师播放一段视频）坦克大决战是一款休闲弹射竞技手游，玩家需要调整发射的角度、力量，同时兼顾游戏里的风力、风向、地形等来决定炮弹的击中地点。假设静风时，炮弹的发射方向与水平方向成 45°斜向上，发射初速度为 20 m/s，则炮弹能击中 50 米处的敌方目标吗？（其中 g 取 10 m/s^2）

追问 1 x 表示水平位移量，y 表示距地面的高度，x 与 y 是由两种不同的运动得到的。如果从数学角度要直接得到某时刻位置时 x，y 所满足的关系式是不太容易的，那么该如何突破呢？

分析 这是物理中常见的斜抛运动，描述物体运动规律时常用时刻 t，所以用 t 来联系 x，y 成为自然的选择。炮弹运动分解为两个方向上的运动，即 Ox 方向作匀速直线运动，Oy 方向作竖直上抛运动。从而得到斜抛物体的运动方程 $\begin{cases} x=20\times\cos45°\times t, \\ y=20\times\sin45°\times t-5t^2。\end{cases}$ ①

追问 2 上述方程组①是否为斜抛运动轨迹的方程？如何解释？

分析 由物理知识可知，物体的位置由时间 t 唯一决定。从数学角度看，这就是质点 M 的坐标 (x, y) 由 t 唯一确定。这样当 t 在允许值范围内连续变化时，x，y 的值也随之连续变化，于是就可以连续描绘出点的轨迹。斜抛物体运动轨迹上的点与满足方程组的有序数对 (x, y) 之间有一一对应关系。

追问 3 有什么物理运动也可以用上面的方法进行分析？

分析　原来的方程直接给出了 x，y 之间的关系，给定其中任意一个变量的值，另一个变量也被确定。上述方程借助 t，间接给出了 x，y 间的关系，即给定 t 的一个值，就可求出唯一对应的 x，y 的值。

问题 3　归纳总结曲线参数方程的一般定义，建立参数方程的注意事项。

【设计意图】剥离物理背景，让学生关注方程组的本质特征。学生通过比较原来学过的曲线方程，从而发现异同点，最后总结归纳出参数方程的概念。

（三）概念深化

问题 4　圆周运动是生产生活中常见的。当物体绕定轴作匀速转动时，物体中各点都作匀速圆周运动（如图 9.7－1）。那么，怎样刻画运动中点的位置呢？

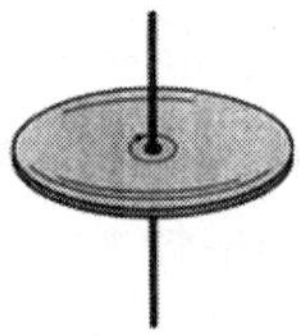

图 9.7－1

分析　要想用时刻 t 来描述点的位置，就要明白随时间变化位置也发生变化，用什么量来度量该变化更合理？显然选择转过的角度 θ 更好。在物理中，角度 θ 与时间 t 存在怎样的关系？

追问 1　若从数学角度刻画，则需要建系，那如何建系呢？

分析　以圆面所在平面为 xOy 平面，圆心 O 为原点，M_0 为初始位置，以 OM_0 所在直线为 x 轴，建立直角坐标系。明确动点 M 的位置由时刻 t 唯一确定。

追问 2　若设任一时刻位置 $M(x, y)$，$|OM|=r$，怎样建立 x，y，t 之间的关系？还可以用其他量吗？

分析　教师展示圆的渐开线图片，并指出该图形就是圆的渐开线，它的参数方程是$\begin{cases}x=r(\cos\varphi+\varphi\sin\varphi),\\y=r(\sin\varphi-\varphi\cos\varphi),\end{cases}$其中参数 φ 就是过切点的半径与 x 轴的夹角。渐开线的普通方程是 $x\cos\dfrac{\sqrt{x^2+y^2-r^2}}{r}+y\sin\dfrac{\sqrt{x^2+y^2-r^2}}{r}-r=0$，其不仅形式复杂，不容易求，而且难以理解。

问题 5　在学习了普通方程后，为什么还要学习参数方程？

【设计意图】参数方程能够明确地揭示质点的运动规律，是描述“运动”“变化”的有效工具。通过比较参数方程与普通方程的异同，学生认识到引进参数方程的必要性与便捷性。

（四）**应用探索**

例1 已知曲线 C 的参数方程是$\begin{cases}x=3t,\\ y=2t^2+1。\end{cases}$（$t$ 为参数）

（1）判断点 $M_1(0,1)$，$M_2(5,4)$与曲线 C 的位置关系；

（2）已知点 $M_3(6,a)$在曲线 C 上，求 a 的值。

例2 动点 M 作匀速直线运动，它在 x 轴和 y 轴方向的分速度分别为 3 m/s 和 4 m/s，直角坐标系的长度单位是 1 m，点 M 的起始位置在点 $M_0(2,1)$处，求点 M 的轨迹的参数方程。

问题6 通过应用探索环节，说明求曲线参数方程的主要步骤。

【设计意图】本节课的学习目标是通过分析抛物运动中时间与运动物体位置的关系，写出抛物运动轨迹的参数方程，并体会参数方程的意义。在应用探索环节，此时已接近课堂尾声，教师总结求曲线参数方程的主要步骤符合学生认知规律，帮助学生提升学习层次。

（五）**总结归纳**

问题7 发现参数方程的美。

【设计意图】教师在日常教学中要引导学生去发现数学的美，培养学生的审美意识，提高学生的审美能力。

四、课例评析

学科与育人本然统一，教育与教学密不可分。本节课的教学活动主要体现了学科方法育人、思想育人、审美育人。

（一）**学科方法育人——借助方法引领，提升数学学科素养**

本节课从解决物理斜抛运动引入，问题 2 及其追问 1、2 强调从数学角度切入，然后剥离实际背景，还原数学本质，将物理问题转化为数学问题，展现了数学建模的过程。教师又通过设置问题 3、4，让学生通过比较运动方程组的共性来归纳其本质属性，从而构建参数方程的概念，再用符号加以表示，此时学生经历了从具体到抽象的过程，实现了形象思维到抽象思维的自然过渡。归纳总结参数方程一般定义后，为进一步深化概念，教师设置了问题 5 让学生感受参数方程能够明确地揭示质点的运动规律，是描述“运动”“变化”的有效工具。在通过比较参数方程与普通方程的异同时，学生感悟参数方程的优越性，体会学习参数方程的必要性。以上问题的设置除了能够帮助学生感受数学知识发生发展的必要性，理解其合理性，完善自己对相关知识的认识，还有利于培养学生严谨的科学研究态度。

（二）学科思想育人——借助数学思想，树立正确的世界观

辩证唯物主义是一种将世界统一性理解为物质的唯物论世界观，树立正确的世界观是青少年健康成长的根本保证。在设计教学活动时，教师引进相关素材，向学生渗透辩证唯物主义世界观。引入新课时使用的斜抛运动动画轨迹与相应的参数方程，平面直角坐标系中的圆与它的参数方程，圆的渐开线与它的参数方程，例题中直线与它的参数方程等均体现了数与形的结合。数和形是数学描述自然世界的主要方式，而教会学生用数学的眼光观察世界是数学教师的任务。世界是时刻变化的，有的变化是存在规律的。数学的任务就是发现这些规律，并用自己的方式表现出来。本课研究的位置与时刻正是反映了运动与变化的规律。

（三）学科审美育人——借助发现数学美，培养不同“美”的体验

立德树人总体目标是要培养服务于社会的合格人才，作为社会的人，必须要有美的情操，“美”应该是学科育人的最高境界及最终目标。数学的简单美，并非指数学对象本身简单、浅显，而是指数学对象由尽可能少的要素，通过尽可能简洁的方式组成，并且蕴含着丰富和深刻的内容。参数方程在描述某些问题时具有明显优势，且表现形式简单。众所周知，世界是运动变化的，数学则研究运动和变化的关系。本节课的参数方程是以参变量为中介来表示曲线上点的坐标的方程，是曲线在同一坐标系下的一种表示形式，它是解析几何初步、平面向量、三角函数等内容的综合应用和进一步深化。本节课又以物理运动引入，由数学角度切入，这体现了学科间的统一、和谐。而学科融合既是学科发展的趋势，也是产生创新性成果的重要途径。教师尝试打破学科边界，为学生创造能促进学科间相互渗透、相互交叉的活动，使学生扩展视野，丰富思维层次。

本节课是参数方程的起始课，采用问题导学授课模式能最大化激发学生对知识的兴趣，同时问题由浅入深，可逐层活跃学生的思维，提高学生教学活动参与度，使课堂张弛有度而高效。

当然，数学学科育人的功能不仅是以上提到的几个方面，它更多的教育功能还需要一线教师自觉思考和挖掘，同时在教学过程渗透六大素养，培养学生会用数学的眼光观察世界，会用数学的思维思考世界，会用数学的语言表示世界，实现立德树人的目标。

（课例设计：刘晓静　课例评析：李彩霞）

第八节 直线参数方程中 t 的应用

一、教材分析

本节课是人教 A 版高中数学选修 4－4 第二讲的第三节“直线的参数方程”的第二课时，是在学习直线参数方程后的延续。该节课充分利用直线方程中 t 的几何意义，解决直线上两点间的距离问题。通过本节课的学习，学生完善了知识结构，弥补了普通方程表示曲线方程的不足，很好地体现了高中数学数形结合的思想。本节课的教学重点是利用直线参数方程标准形式中 t 的几何意义来解决直线与曲线相交的弦长问题；教学难点是对直线参数方程非标准形式中 t 的几何意义的理解及其应用。

二、教学目标

1. 通过直线参数方程的学习，会用 t 的几何意义求解直线与圆锥有关距离问题。

2. 通过本节课的学习，培养学生自主探究、积极探索、勇于钻研的科学精神，引导学生将陌生的问题转化为熟悉的问题，凸显数学逻辑推理的合理性，有助于学生数学运算、数形结合等素养的培养，达到立德树人的目标。

三、教学设计

（一）新课引入

问题 1 请写出直线参数方程的标准形式，并指出直线参数方程中每个量的含义。

问题 2 直线参数方程标准形式中 t 的几何意义是什么？

问题 3 如何用 t 表示直线上两点间的距离？

问题 4 已知定点 $P(x_0, y_0)$ 与曲线上的 A，B 两点，则 $|PA|+|PB|$，$|PA|\cdot|PB|$，$|AB|$ 这些线段的长度如何用 t 表示？

问题 5 利用参数 t 求线段的长度时，要注意什么？

【设计意图】 问题 1 的设置主要让学生回顾直线参数方程的标准形式，分清 t 和 α 中哪个是参数，α 的含义是什么，让学生掌握公式的结构及对每个量含义的理解。问题 2、3、4 的设置，主要考查学生对参数 t 的理解，$|t|$ 是表示动点到定点 $P(x_0, y_0)$ 的距离，通过复习巩固所学的知识，为学生学习新知识搭桥铺路。

（二）新课授课

在上述的复习中，学生对直线参数方程的标准形式有了初步认识，为了加深对参数 t 的理解，利用参数 t 求解相关距离的问题，教师设置了以下例题。

例 1 经过点 $P(-1, 2)$，倾斜角为 $\frac{\pi}{4}$ 的直线 l 与圆 $x^2+y^2=9$ 相交于 A，B 两点，求 $|PA|+|PB|$ 和 $|PA|\cdot|PB|$ 的值。

例 2 直线 $\begin{cases} x=3+\frac{\sqrt{2}}{2}t, \\ y=3+\frac{\sqrt{2}}{2}t \end{cases}$（$t$ 为参数）与椭圆 $\frac{x^2}{16}+\frac{y^2}{4}=1$ 交于 A，B 两点，且已知点 $P(3, 3)$，求 $|PA|+|PB|$。

教师布置以下学习任务：

1. 将学生分为两个大组，每个组解一道例题，大家先独立完成，然后同桌交流讨论，最后由组长展示各组的解法。

2. 比较两道例题的解法，并请学生归纳总结出解题易错点。

【设计意图】 通过上述的自主合作探究，学生除了会正确地写出直线的参数方程，还加深了对直线参数方程标准形式中 t 的几何意义的理解，区分求相关距离时参数符号的异同。

例 3 在平面直角坐标系 xOy 中，圆 C 的参数方程为 $\begin{cases} x=2\cos\alpha, \\ y=2\sin\alpha, \end{cases}$

(α 为参数)以 O 为极点，x 轴的正半轴为极轴建立极坐标系，直线 l 的极坐标方程为 $\rho\cos\left(\theta-\frac{\pi}{4}\right)=1$。

(1) 求圆 C 的普通方程及直线 l 的直角坐标方程；

(2) 若直线 l 与圆 C 的交点为 A，B，与 x 轴的交点为 P，求 $\left|\frac{1}{|PA|}-\frac{1}{|PB|}\right|$ 的值。

【设计意图】教师让学生先各自独立探究，然后同桌交流讨论，最后由一名学生展示其解法，并向学生提问：例 3 与例 1、例 2 求距离时又有什么不同？容易在什么地方出错？通过这样的设计，使学生掌握数形结合的思想，由图形的位置判断 t 的正负，将问题转化成韦达定理中出现的式子来求解。

（三）知识延伸拓展

为了让学生掌握直线参数方程非标准形式中 t 的应用，教师设置了以下问题。

例 1 变式　经过点 P（-1，2）的直线 l 的参数方程为 $\begin{cases}x=-1+t,\\y=2+t,\end{cases}$（$t$ 为参数）直线 l 与圆 $x^2+y^2=9$ 相交于 A，B 两点，求 $|PA|+|PB|$，$|PA|\cdot|PB|$ 的值。

问题 6　直线的参数方程和例 1 有什么不同？请你复述一下直线的参数方程中每个量的含义。下列变式中的参数 t 是否具有同样的意义？

问题 7　直线参数方程 $\begin{cases}x=-1+t,\\y=2+t\end{cases}$（$t$ 为参数）的斜率是多少？直线参数方程为 $\begin{cases}x=x_0+at,\\y=y_0+bt\end{cases}$（$t$ 为参数）的斜率又是多少？

问题 8　直线参数方程 $\begin{cases}x=x_0+at,\\y=y_0+bt\end{cases}$（$t$ 为参数）中的 a，b 与标准式 $\begin{cases}x=x_0+t\cos\alpha,\\y=y_0+t\sin\alpha\end{cases}$（$t$ 为参数）中的 $\cos\alpha$，$\sin\alpha$ 有何联系？即 $\cos\alpha$，$\sin\alpha$ 能

否用 a，b 表示？

问题 9 如果直线参数方程为$\begin{cases}x=x_0+at,\\y=y_0+bt,\end{cases}$（$t$ 为参数）直线交曲线 C 于 A，B 两点，定点 $P(x_0, y_0)$，如何求 $|PA|+|PB|$，$|PA|\cdot|PB|$，$|AB|$？

例 4 在平面直角坐标系 xOy 中，以 O 为极点、x 轴的正半轴为极轴，建立极坐标系，曲线 C 的极坐标方程为 $\rho\sin^2\theta+4\sin\theta-\rho=0$，直线 l 过定点 $P(1, 1)$ 且与曲线 C 交于 A，B 两点。

（1）求曲线 C 的直角坐标方程；

（2）若直线 l 的斜率为 2，求 $\frac{1}{|PA|}+\frac{1}{|PB|}$ 的值。

问题 10 请用两种解法解例 4 第（2）问，并比较哪一种的方法更加好，好在哪里。

【设计意图】对于直线参数方程非标准形式中 t 的应用，首先从问题 8 和问题 9 的探究中，理解直线参数方程非标准形式中 t 与直线参数方程标准形式中 t 的区别与联系。这样可以加深学生对直线参数方程非标准形式中 t 应用的理解，并熟练地应用于解题之中。

（四）总结归纳

1. 本节课你学到了什么知识或思想方法？你最大的收获是什么？

2. 利用参数 t 能求解数学中有关距离问题，要区分好直线的参数方程是标准形式还是非标准形式。

【设计意图】通过小结，学生回顾本节课所学习的知识，会用参数 t 的意义，求解相关距离的问题，同时在学习过程中体会到数形结合思想、类比推理思想，加强合作探究的学习理念。

四、课例评析

通过本课的学习，学生对于直线参数方程中的 t 有了初步的认识，为了更好地利用直线参数方程中的 t 来解决直线与曲线相交的弦长问题，以及利用直线参数方程中 t 的几何意义求距离和相关问题，本节课以“思维育人、活动育人”为抓手，在各教学环节全面融入育人思想，进一步提升数学课程的育人价值，使课堂教学真正体现立德树人的目标。

（一）数学课堂教学体现思维育人

本节课，教师在思维育人上抓住了以下三个关键点。

一是抓住思维的起始点，发展学生的思维。数学知识的脉络是前后衔接、环环紧扣的，并按照发生—发展—延伸的自然规律构成每个单元的知识体系。本节课教师以问题为导向，设置了五个问题，从已有的经验或旧知识开始引入，这就是思维的开端，让思维的脉络在有序的轨道上发展，把握住思维发展的各个层次，逐步深入直至终结。

二是抓住思维的转折点，促进学生思维发展。学生的独立性较差，思维有时会出现“卡壳”的现象，这就是思维的障碍点。如在例 1 中求 $|PA|+|PB|$ 和 $|PA|\cdot|PB|$ 时，学生对参数符号的异同容易混乱，此时教师应适时地加以疏导、点拨，并以此为契机促进学生思维发展。另外，通过例 1 变式、例 2、例 3 三个例子的设置，教师根据教材重点和学生的实际提出深浅适度、具有思考性的问题，再引导学生自主探究、合作交流以及教师示范、引导、指导，用积极的态度、科学的精神去分析问题、提出问题、解决问题，激发学生的思维，最大限度地调动学生的学习积极性和主动性。

三是注重反思总结，提升学生数学思维能力。反思是数学思维活动的核心和动力。在本节课中，教师注重引导学生对例 1、例 2 进行反思总结，比较这两道例题各自的解法有何不同，以及两题解法的易错点在哪，通过反思让学生加强新旧知识的联系，寻找解决问题的方法，深化对知识形成过程的理解，提高和优化解题能力，从而培养学生的数学思维能力。

（二）数学课堂教学体现活动育人

通过课堂活动激发学生的学习兴趣，培养学生主动探索精神，教学生学会思考，学会交流，是教师育人的根本，教学生学会自主探索，学会评价，是教师育人的目标。为了达到以上目标，教师成立 6 个学习互助小组，在学生自主思考的基础上，首先在同桌之间进行讨论，然后有不同意见共同讨论，提高合作交流效率，鼓励学生大胆质疑。特别是问题 8、问题 9 有一定的难度，教师引导学生借助构造直观图形，分析图形获得解答方法。通过这样设计，让学生充分讨论，才能对知识有深刻的理解，同时还可以培养学生的思考、分析、判断和表达能力。合作学习活动中评价不只是教师对学生做出的简单评价，还包括学生之间的相互评价、学生的自我评价和学生对教师的评价等。教师要引导学生既对学习结果进行评价，也要对学习过程进行评价；既要对知识掌握情况进行评价，也要对每名学生的情感表现进行评价。在教学中，教师可以通过范评引导学生互评，以增强学生评价的勇气，提高评价的水平。正确的评价让学生的自尊心、自信心和进取心得到保护，激发发展的动力和创新的活力，帮助学生建立学好数学的信心，培养学生的数学思维和学科核心素养。

（课例设计：马汉阳　课例评析：蒙林）

第九节　柱坐标系与球坐标系简介

一、教材分析

“柱坐标系与球坐标系简介”是人教A版高中数学选修4－4第一讲第四节的内容，学生在前面学习了空间直角坐标系、极坐标系，而柱坐标系与球坐标系可以类似地说是一种空间的极坐标系。本节课的教学重点是理解柱坐标系与球坐标系是如何建立的，以及与直角坐标系之间的互化；教学难点是准确把握柱坐标系与球坐标系中的参数的含义。

二、教学目标

1. 了解柱坐标系、球坐标系的意义及表示；掌握柱坐标、球坐标与空间直角坐标的互化关系与公式，并能够进行互化；能够根据空间坐标的转化解决某些问题。

2. 通过回顾历史的发展、多媒体演示和分析，了解柱坐标、球坐标与直角坐标之间的变换公式。

3. 通过观察、探索坐标系的创造过程，了解科学历史发展脉络，经历数与形的思维转化，体会数学在实际生活中的应用，培育理性的科学精神、和谐的审美习惯与创新意识。

三、教学设计

（一）新课引入

情境1　人们用勤劳和智慧创造了许多令人惊叹的建筑奇迹。例如广西艺术中心、音乐大厅内景、古罗马斗兽场、圆形体育场。

思考1　如果在圆形体育场内，你如何确定看台上某个座位的位置？

情境 2　人造地球卫星与我们的日常生活息息相关：日新月异的当今社会，人们在通信、导航、航天器飞行等方面都离不开卫星。我们都知道第一颗人造地球卫星是苏联于 1957 年 10 月 4 日发射的，我国于 1970 年 4 月 24 日发射了“东方红 1 号”。据不完全统计，截至 2021 年 1 月 1 日，共有 6 542 颗卫星环绕地球飞行，其中有 3 372 颗在活动，以通信卫星占大部分，而我国通信卫星约有 50 颗。

思考 2　为确定航天器在某一时刻的位置，需要在地球上建立若干个固定和流动的地面遥感观测站监测航天器的运行数据，并将这些数据汇总到监测中心，由监测中心根据数据计算出某一时刻航天器到地球表面的距离 r，以及此时航天器所处位置的经度 θ 和纬度 φ，从而可以用有序数组（r，φ，θ）表示此时航天器的具体位置。那么如何建立坐标系，才能方便地得出 r，φ，θ 的值，并由有序数组（r，φ，θ）找到航天器的具体位置呢？

情境 3　经过无数科学工作者的付出，我国建成了自己的“北斗导航卫星定位系统”，是区域性有源三维卫星定位与通信系统，英文缩写为 GNSS。它是继美国的 GPS、俄罗斯的 GLONASS 之后的第三个成熟的卫星导航系统。另一个不成熟的导航系统，是欧洲航天局的伽利略卫星定位系统。

思考 3　对比不同情境，如何在空间里确定点的位置？有哪些方法？

【设计意图】通过从生活到数学、从形象到抽象、从古到今、从原始到现代，学生感受柱坐标系与球坐标系学习的必要性和合理性，为深入学习新知识做铺垫。

（二）概念形成

1. 柱坐标系

一般地，如图 9.9－1，建立空间直角坐标系 $Oxyz$。设 P 是空间任意一点，它在 Oxy 平面上的射影为 Q，用（ρ，θ）（$\rho\geqslant0$，$0\leqslant\theta<2\pi$）表示点 Q 在平面 Oxy 上的极坐标，这时点 P 的位置可用有序数组（ρ，θ，z）（$z\in\mathbf{R}$）表示。这样，我们建立了空间的点与有序数组（ρ，θ，z）之间的一种对应关系。把建立上述对应关系的坐标系叫做柱坐标系，有序数

组（ρ，θ，z）叫做点 P 的柱坐标，记作 $P(\rho, \theta, z)$，其中 $\rho \geqslant 0$，$0 \leqslant \theta < 2\pi$，$-\infty < z < +\infty$。

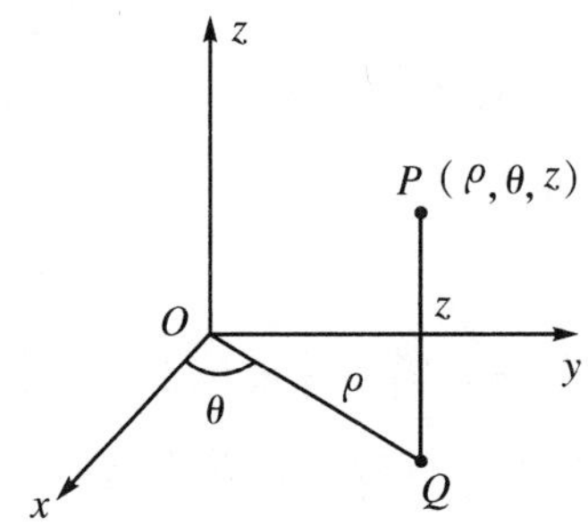

图 9.9－1

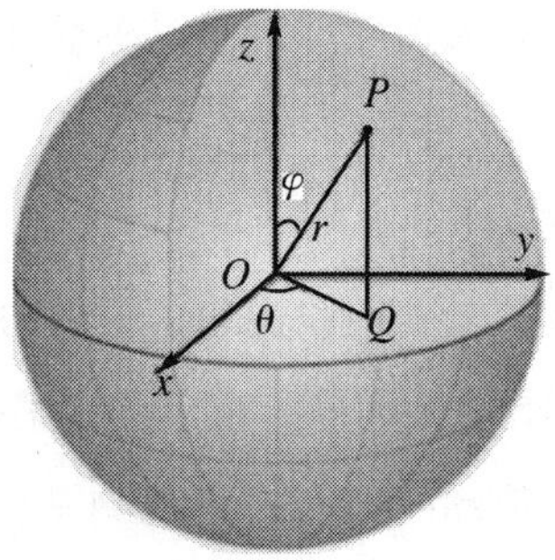

图 9.9－2

2. 球坐标系

一般地，如图 9.9－2，建立空间直角坐标系 $Oxyz$。设 P 是空间任意一点，连接 OP，记 $|OP|=r$，OP 与 Oz 轴正向所夹的角为 φ。P 在平面 Oxy 的射影为 Q，Ox 轴按逆时针方向旋转到 OQ 时所转过的最小正角为 θ，点 P 的位置可以用有序数组（r，φ，θ）表示，我们把建立上述对应关系的坐标系叫球坐标系（或空间极坐标系），有序数组（r，φ，θ）叫做点 P 的球坐标，记作 $P(r, \varphi, \theta)$，其中 $r \geqslant 0$，$0 \leqslant \varphi \leqslant \pi$，$0 \leqslant \theta < 2\pi$。

【设计意图】从形到数，让学生理解柱坐标系与球坐标系的定义与形式，在联系中有对比，在对比中有联系，升华此前概念的形象认知，准确、系统把握二者的本质。

（三）概念深化

问题 1 空间直角坐标系与柱坐标系、球坐标系的互化原理是什么？

球坐标系在地理学、天文学中有着广泛的应用。在测量实践中，球坐标中 θ 被称为点 $P(r, \varphi, \theta)$的方位角，$90°-\varphi$ 被称为高低角。

问题 2 研究空间几何图形的特征时，我们应该怎样选择坐标系呢？

问题 3 请利用球坐标系说明人们如何确定地面上点的位置。

问题 4 举例说明球坐标系在人们日常生活中的应用。

【设计意图】通过分析新知识的内涵和外延，教师让学生经历理性知识的学习到知识在实际中应用的联系，达到深化概念，学以致用的目的；

同时，从书本学习到课外学习，逐渐提升学生学会阅读、学会提问、学会抽象、学会思考、学会解题的学习素养。

（四）应用探索

例 1 已知正方体 $ABCD-A_1B_1C_1D_1$ 的棱长为 1，如图 9.9-3 建立空间直角坐标系 $Axyz$，Ax 为极轴，求点 C_1 的直角坐标、柱坐标以及球坐标。

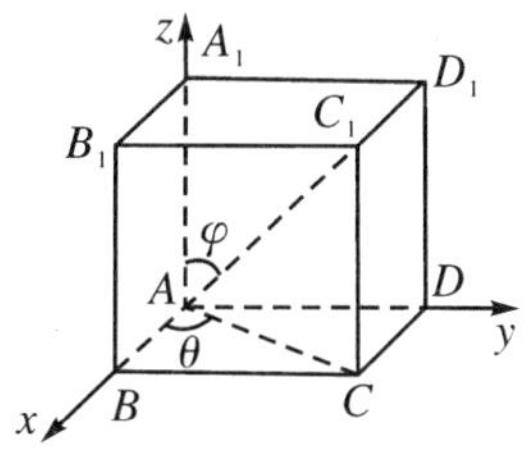

图 9.9-3

例 2 （1）将点 M 的柱坐标 $\left(4,\ \frac{\pi}{3},\ 8\right)$ 化为直角坐标；

（2）将点 M 的球坐标 $\left(8,\ \frac{\pi}{3},\ \frac{5\pi}{6}\right)$ 化为直角坐标；

（3）将点 M 的直角坐标 $(-1,\ -1,\ \sqrt{2})$ 化为球坐标。

例 3 （1）球坐标满足方程 $r=3$ 的点所构成的图形是什么？

（2）方程 $\rho=2$ 的点所构成的图形是什么？

（3）已知点 M 的柱坐标为 $\left(\sqrt{2},\ \frac{\pi}{4},\ 3\right)$，点 N 的球坐标为 $\left(2,\ \frac{\pi}{4},\ \frac{\pi}{2}\right)$，求线段 MN 的长度。

练习 在球坐标系中，集合 $M=\left\{(r,\ \varphi,\ \theta)\ \middle|\ 2\leqslant r\leqslant 6,\ 0\leqslant\varphi\leqslant\frac{\pi}{2},\ 0\leqslant\theta<2\pi\right\}$ 所表示的几何图形体积为多少？

【设计意图】 通过例题的示范与模仿，学生能进行直角坐标系、柱坐标系与球坐标系的新旧知识间的相互转化；在练习中理解、在理解中记忆，从理解、记忆到掌握应用，学生实现了知识的内化，提高了运用知识解决问题的能力。

四、课例评析

本节内容从高中数学知识结构上看，篇幅与重要性微不足道，从当下高考命题方向看，也从未单独设计柱坐标与球坐标相关的考题，但涉及的数学知识在工程建筑、卫星定位、航天科技等方面的应用，是选修

4—4整本书中最有现实意义、与人们生活紧密相关的一节。从学科育人角度看，它充分体现数学源于生活、高于生活，让学生深刻感受到数学知识的应用能够给人们创造更加美好的生活。下面从学科育人视角分析本节课。

（一）思维育人

数学是思维的体操，本节课充分实现思维育人，抓住了一个关键点，即重视从“数”与“形”两个角度研究新的知识，打通了新旧知识之间的联系。比如，对于思考 2 中“如何建立坐标系，才能方便地得出 r，φ，θ 的值，并由有序数组（r，φ，θ）找到航天器的具体位置呢?”这个问题学生会结合所学知识、日常生活经验，在脑海中抽象出原有的一些学过的直角坐标系以及建系标准，刚开始可能还不够准确、成熟，在课件呈现出立体球模型后，逐渐过渡到球坐标系的感官认知中，接着转到柱坐标系和球坐标系的概念学习中，让学生准确把握新知识的内涵，同时学习新概念的外延，经过对比、分析，理解空间直角坐标系与柱坐标系、球坐标系之间的数量转化关系。

（二）史料育人

借助科学技术与数学发展史中的人与事，在完善学生历史认知的同时，培养学生理性的科学素养和良好的道德品质。例如，举例我国的“东方红 1 号”“北斗导航卫星定位系统”，提高了学生对我国数学与科学技术光辉历史成就的荣誉感、自信心；通过历史中卫星导航的起源的“磁铁性质”“无线电多普勒效应”等发现发明细节，引导学生在学习、研究中学会仔细观察、认真总结、深入探索、科学分析、勇于发现等。

（三）审美育人

万物有“数”也有“形”，在新课引入中举例广西艺术中心、古罗马斗兽场、圆形体育场等建筑，以及人造地球卫星的轨迹图等，让学生既对所要学的数学知识有直观感知，又能感受到其中图形与线条的美：艺术中心造型有混沌美（优美平滑的曲线），圆形体育场、球坐标系有规律美（美妙的对称），复杂的卫星运行轨迹用寥寥几笔描述有简洁美，在抽象的数学中存在直观的几何体现出的形象美，各种坐标系公式复杂多样但又具有内在的等量关系，体现数学具有融通之美。诸如此类，在学习本节数学知识的过程中渗透着“无声胜有声”的美育，学生用心去感受，获得理性知识的同时能提升审美情操。

（四）活动育人

在各教学环节教师运用问题导学教学，使学生主动思考、共同探讨，提升了独立分析能力、合作学习能力、组织表达能力等。例如，在概念深化中，一连串的问题，如“问题1：空间直角坐标系与柱坐标系、球坐标系的互化原理是什么?”“问题2：研究空间几何图形的特征时，我们应该怎样选择坐标系呢?”“问题3：请利用球坐标系说明人们如何确定地面上点的位置”“问题4：举例说明球坐标系在人们日常生活中的应用”等，层层递进，让学生不仅知道了柱坐标系、球坐标系的内涵，而且明白了所学知识的内在联系，感受数学的实际应用与重要性，学会了用数学观察世界、理解世界。

简而言之，在新课改的背景下，数学作为新时代高考改革的强基计划中重要的基础学科，数学课堂不仅要实现常规“四基”目标——基本知识、基本技能、基本思想、基本活动经验，也要有“立德树人”导向的学科育人目标，推动学生学科素养多方位提升。

（课例设计：莫培权　课例评析：汪朝宽）

第 十 章

概率与统计

第一节　古典概型

一、教材分析

学生在“随机事件的概率”这节课已经初步了解了随机事件的概率、概率的意义、概率的基本性质，懂得随机事件发生的不确定性和规律性，通过试验和观察的方法，可以得到一些事件的概率估计，这些都为本节课学习古典概型做好了知识准备。本节课是本章的重点内容之一，也是学习下一节几何概型的前提。本节课的教学重点是通过实例理解分析古典概型特点及其概率计算公式；教学难点是运用古典概型模型解决实际问题。

二、教学目标

1. 学生通过熟悉的实例，归纳出古典概型特点及其概率计算公式。

2. 学会用列举法计算一些随机事件所包含的基本事件及事件发生的概率。

3. 参与课堂小组活动，体验合作探究的数学课堂带来的快乐。

4. 了解古典概型有关历史，提升数学核心素养。

三、教学设计

（一）新课引入

17 世纪，一次掷骰子赌博中，赌徒梅耳和赌友各押了 6 个币。规定：若梅耳先抛出 3 个 6 点，梅耳赢；若其赌友先抛出 3 个 4 点，则赌友赢。当梅耳掷出 2 次 6 点，赌友掷出 1 次 4 点时，梅耳因事必须离开，赌博中断。双方都不愿意结束这次赌博，想按照已经取得的成绩分取赌资。但梅耳与赌友不知道该如何分配这笔赌资，于是向帕斯卡提这个问题。帕斯卡就此问题与费马来往书信讨论。费马给如下解释：这个赌注相当于抛硬币，正面向上则梅耳得1分，反面向上则赌友得1分，先得3分者获胜。现在梅耳得2分，赌友得1分。最多再抛两次，就能结束赌局，两次的结果如下：正正，正反，反正，反反。4种情况可能性相等，前3种都是梅耳获胜，所以梅耳应该分得赌资的$\frac{3}{4}$。费马的分配方案是否合理？大家学习了这节课就懂得其中的奥妙了。

【设计意图】教师引用赌资分配问题，激发学生探索的欲望。

（二）概念形成

1. 基本事件

学习小组动手做以下试验。

试验1　掷一枚质地均匀的硬币一次。

试验2　掷一枚质地均匀的骰子一次（提前准备硬币和骰子）。

小组思考1　这两个试验可能出现哪几种结果？

定义：一次试验中可能出现的每一种结果称为一个基本事件。

小组思考2　（1）在一次试验1中，是否会同时出现“正面向上”“反面向上”这两个基本事件？“必然事件”包含哪些基本事件？

（2）在一次试验2中，是否会同时出现“1点”和“2点”这两个基本事件？随机事件“出现偶数点”包含哪几个基本事件？

教师引导学生归纳基本事件的特点：

（1）任何两个基本事件是互斥的；

（2）任何事件（除不可能事件）都可以表示成基本事件的和。

例1　从a，b，c，d中任意取出两个不同字母的试验中，有哪些基本事件？

【设计意图】用学生熟悉的、感兴趣的掷硬币和掷骰子试验，总结出基本事件特点。例1训练学生懂得用列举法表示试验的所有结果，做到不重不漏。

2. 归纳与理解古典概型

小组思考 从基本事件角度来看，上述两个试验和例题 1 有什么共同特点？

教师引导学生归纳古典概型的特征：

(1) 试验中所有可能出现的基本事件只有有限个（有限性）；

(2) 每个基本事件出现的可能性相等（等可能性）。

我们将具有以上两个特点的概率模型称为古典概率模型，简称古典概型。由于它是概率论发展初期的主要研究对象，许多概率的结果由它得到，因此称为古典概型。

【设计意图】运用问题导学思想指导学生小组归纳和总结出古典概型的特点是本节课的重点内容，教师需要引导学生深刻理解古典概型的特点。

（三）概念深化：归纳古典概型概率计算公式

小组思考 在古典概型下，基本事件出现的概率是多少？随机事件出现的概率如何计算？结合试验 1、试验 2 进行思考与归纳。

归纳总结 对于古典概型，任何事件 A 的概率为

$$P(A)=\frac{\text{事件 }A\text{ 包含的基本事件的个数}}{\text{基本事件的总数}}=\frac{n_A}{n}。$$

【设计意图】运用问题导学思想指导学生小组结合试验进行归纳与推理，由特殊到一般，总结出古典概型概率的计算公式。

（四）应用探索

1. 模型直接应用

例 2 单选题是标准化考试中常用的题型，一般是从 A，B，C，D 四个选项中选择一个正确答案。如果考生掌握了考查的内容，就可以选择唯一正确的答案。假设考生不会做，就可以随机地选择一个答案，问他答对的概率是多少。

探究 若把“单选题”改为“不定项选择题”（即从 A，B，C，D 四个选项中选出所有正确的答案），问他答对的概率是多少。

【设计意图】通过例题，学生进一步理解古典概型的特点，分析出所有的基本事件，理解古典概型概率计算公式的使用条件。

2. 区分有序和无序

例 3 同时掷两枚骰子，骰子向上的点数之和是 5 的概率是多少？

小组思考 全班会出现哪些不同的结果？

提示 解法一是对两枚骰子进行编号，给出的基本事件是等可能发生的，适用古典概型，结果正确。解法二是不对两枚骰子进行编号，构造的 21 个基本事件不是等可能发生的，不适用古典概型，结果错误。原因在于：解法二（1，2）和（2，1）的结果没有区别都视为（2，1），它与（1，1）发生的可能性不相等。

总结 用古典概型计算概率时，一定要验证所构造的基本事件是否满足古典概型的第二个条件（等可能性），否则计算出的概率将是错误的。

小组思考 今后怎样辨别有序跟无序？什么时候需要编号，什么时候不需要编号？请用无序和有序两种方案求解例 4，然后小组讨论并归纳总结。

例 4 有一本语文书（a）和两本不同的数学书（b 和 c），从中任意取出两本，取出的书恰好都是数学书的概率为多少？

师生一起归纳总结：

（1）有序一定对。

（2）若有序和无序都对，优先选择无序，减少计算量。

（3）若不好确定有序还是无序，直接用有序。

【设计意图】本题需要学生学会用表格列举基本事件个数，以及深刻理解只有同时满足古典概型的两个特点才能用古典概型概率公式计算。不能只要遇到有限性就用古典概型解题，必须同时满足等可能性。学生需要区分有序和无序对试验结果等可能性的影响，这是本节课的难点问题，需要教师注意引导与解释。

（五）总结归纳

1. 基本事件：互斥；任何事件都可以表示成基本事件的和。

2. 古典概型：有限性；等可能性。

3. 古典概型概率公式 $P(A)=\frac{n_A}{n}$。

4. 利用树形图或者表格计数，做到不重不漏。

【设计意图】学生通过小结，巩固知识、深化主题。

四、课例评析

数学作为高中必修主干课程，在日常教学中，应落实立德树人根本任务，体现正确的育人导向。数学育人功能可以从多方面体现，本节课主要体现在文化育人、素养育人、活动育人，其中素养育人是本节课的亮点。

（一）文化育人，激发学习动机

本节课通过以史育人达到文化育人。数学史是激发学生学习数学兴趣的宝典，特别是一些经典的数学故事。培根在《论读书》中写道：读史使人明智。数学名著、数学名题以及数学名家的生平都是重要的数学史，也是高中生感兴趣的数学文化。在本节课之前，学生已学了随机事件的概率，直观感受了概率是客观存在的，可以通过多次重复试验得到概率的估计值。但是这种方法耗时较多，而且得到的只是概率的近似值。古典概型就是在某些特殊情况下，构造出计算事件概率的简单方法。本节课引入赌资分配问题，以及著名的帕斯卡和费马信件来往，给予学生一定的思考空间。教师介绍概率的历史，不仅激发了学生的学习兴趣，还提升了学生解决问题的欲望。在最后作业布置的时候，教师让学生思考费马对赌资分配问题的解决方案。教师激发学生主动学习、主动探索新知的欲望对学生今后的发展和终身学习尤为重要。

（二）素养育人，培养学科素养

史宁中教授说，核心素养是学生应具备的，能够适应终身发展和社会发展需要的必备品格和关键能力。高中数学核心素养包含六个要素，其中最重要的就是数学抽象、逻辑推理、数学模型。本节课充分体现了这三个数学核心素养的育人功能。

1. 数学抽象。数学的研究源于对现实世界的抽象，通过抽象得到数学的研究对象，基于抽象结构，通过符号运算、形式推理、模型构建等数学方法，理解和表达现实世界中事物的本质、关系和规律。学生在没有学习古典概型之前，是通过不断的试验与观察，用频率估计概率，频率的稳定值为概率的估计值。本节课，通过对生活中掷硬币和掷骰子的结果进行抽象，得到古典概型的研究对象——基本事件。借助直观想象，教师引导学生对生活中的两个例子进行抽象，得到基本事件的特征，让学生懂得数学源于对实际生活的抽象，然后应用于解决实际生活问题。

2. 逻辑推理。数学是讲究逻辑推理的。在推导古典概型概率计算公式时，本节课应用了从特殊到一般的思想。教师先引导学生推导掷硬币和掷骰子例子的概率计算公式，再推广到一般的古典概型概率计算公式，顺从了学生思维发展的过程，让学生体验学习数学的成就感。

3. 数学模型。本节课始终贯穿数学建模的思想。王尚志教授说，数学建模是在实际情境中对现实问题进行抽象并用数学语言表达和解决问题的过程，具体表现为：在实际情境中，从数学的视角提出问题、分析问题、表达问题、构建模型、求解结论、验证结果、改进模型，最终得到符合实际的结果。从掷硬币和掷骰子两个例子出发，通过抽象问题、理解问题，得到基本事件的特征；通过逻辑推理，得到掷硬币和掷骰子的一些事件发生的概率；通过一般推广，形成模型，得到古典概型的概率计算公式。在构建模型过程中，通过问题导学，层层深入。在模型应用的例 3，教师引导学生分析问题是否符合古典模型，剖析问题，延伸与拓展有序和无序问题，让学生深化对模型的理解与应用。

（三）活动育人，提高实践能力

学习数学不能只依赖教师讲授数学知识，而是让学生更多地参与到其中的数学活动。学生通过活动感悟数学的奥秘，培养数学直觉思维，提升与他人交流合作的能力。这节课给每个学习小组准备了相应的硬币和骰子，通过小组合作讨论的形式，让学生体验团队合作精神的重要性，体验学习数学的无限乐趣。

本节课学生小组合作讨论次数较多，参与度高。问题与试验有机结合，思维与动手同时进行。掷硬币掷骰子、推导概率计算公式、解决例 3 等都充分发挥小组合作学习的作用。在解决例 3 时，教师的正确引导很重要，因为学生小组讨论结果不一定能清楚解释问题，所以需要在教师的指导下进行。

在应用模型解决例 3 的时候，如果教师用 Excel 产生随机数则会模拟得到（1，2）和（2，1）发生的可能性为（1，1）的 2 倍。信息技术与数学学科教学深度融合的课堂，学生必然会欢呼神奇，乐学之情油然而生。学生能更好体验学习数学的乐趣，课堂也能更加体现出活动育人的效果。

（课例设计：陈俊健　课例评析：陈茵）

第二节　事件的相互独立性

一、教材分析

本节是人教A版高中数学必修第二册第十章第二节的内容，是在学习互斥事件的基础上，进一步了解事件之间的关系。事件的相互独立性是一种重要的事件关系，也为学生将来学习二项分布奠定基础。本节课的教学重点是理解两个事件相互独立性的概念，解读独立事件同时发生的概率公式的合理性，理解相互独立事件和互斥事件的区别；教学难点是相互独立事件概率的计算。

二、教学目标

1. 理解两个事件相互独立的概念，以概念生成为抓手，提升对比分析能力。

2. 理解相互独立事件和互斥事件，以具体例子为对象，加强逻辑思维能力。

3. 掌握相互独立事件概率公式，以课本例题为引子，提高数学计算能力。

三、教学设计

根据上述教学目标和重难点的叙述，本节课的设计思路大致如下：(1) 通过两个对比事例说明两个事件相互独立是一种重要的事件关系，并由此导出相互独立事件的概念。(2) 通过事例挖掘相互独立事件的内涵和外延。(3) 通过例题讲解，学生掌握相互独立事件的概率的计算。

（一）**新课引入**

三国后期，蜀国丞相诸葛亮北伐中原，六出祁山。事无巨细，皆为其断，最后积劳成疾，病逝于五丈原。后人诗曰：“出师未捷身先死，长使英雄泪满襟。”从现代管理学的角度看，诸葛亮完全可以把琐事交给其他人，这样不但可以让自己集中注意力来思考大略方针，还可以锻炼部下处理政事的能力，为蜀国培养必要的人才。部下集思广益，最后完成的效率和效果或许比他还好也说不定。正所谓：三个臭皮匠，顶个诸葛亮。

问题 1 如何从数学角度来理解“三个臭皮匠，顶个诸葛亮”？

【设计意图】教师通过耳熟能详的故事来吸引学生的专注力，并提出问题，调动学生参与的积极性。

（二）**概念形成**

上节课学生在摸奖游戏中学习了条件概率，教师让学生重温游戏环节。

情景 1 三张奖券，无放回抽取，记第一名同学没有抽到中奖券为事件 A，记第二名同学抽到中奖券为事件 B。

问题 2 请分别计算 $P(B \mid A)$，$P(B \mid \overline{A})$，从计算结果可以得到什么结论？

教师总结：在算出结果后可以发现两者不相等，从而得到事件 A 发生与不发生对事件 B 的概率有影响的结论。这就说明事件 A 与事件 B 不是独立的，与后面的事件关系形成对比效应。

情景 2 三张奖券，有放回抽取，记第一名同学没有抽到中奖券为事件 A，记第二名同学抽到中奖券为事件 B。

问题 3 请计算 $P(B \mid A)$，$P(B \mid \overline{A})$，$P(B)$，从计算结果又可以得到什么结论？

教师总结：计算后发现三者相等，从而得到事件 A 发生与不发生对事件 B 的概率没有影响。从问题 1 和问题 2 两个运算结果来看，事件 A 的发生与否有可能影响事件 B 发生的概率，也有可能不影响事件 B 发生的概率。把事件 A 发生与否对事件 B 的概率没有影响的情况，称为事件 A，B 相互独立。结合 $P(AB)=P(B \mid A)P(A)$，可以得到事件相互独立的定义：对于两个事

件 A，B，若 $P(AB)=P(B)P(A)$，则称事件 A 与事件 B 相互独立。

相互独立事件的直观解释是事件 A 的发生不会影响事件 B 发生的概率，或者事件 B 的发生不会影响事件 A 发生的概率，就称 A，B 是相互独立事件。定义是从定量的角度来刻画相互独立性，而后面是相互独立性的直观解释，二者都可以用来判断两个事件是不是相互独立事件。

【设计意图】 教师让学生重温上节课的游戏环节，凸显章节之间的承接，在活动中调动学生的积极性，并以对比试验为契机引出本节课的内容。

（三）概念深化

若甲坛子里有 3 个白球、2 个黑球，乙坛子里有 2 个白球、2 个黑球，设从甲坛子里摸出 1 个球，得出白球叫做事件 A，从乙坛子里摸出 1 个球，得到白球叫做事件 B。

问题 4 A 与 B 的相互独立性，和 A 与 $\overline{B}$，$\overline{A}$ 与 B，$\overline{A}$ 与 $\overline{B}$ 的相互独立性有什么关系？

教师总结：在判断两个事件的独立性时，若具有一定难度，可以先转化为对立事件后再来判断。

问题 5 不可能事件与任意事件是否是相互独立的？必然事件呢？

教师总结：判断不可能事件与必然事件与其他事件的独立性时，从定量的角度入手会更加方便。

问题 6 A，B 是互斥事件，是不是也有 $P(AB)=P(B)P(A)$？

问题 7 当 A，B 是互斥事件时，有 $P(A\cup B)=P(B)+P(A)$；当 A，B 是相互独立事件时，有 $P(AB)=P(B)P(A)$。请同学们谈谈这两个数学公式所展现的数学之美。

【设计意图】 教师让学生辨析上述问题，熟悉结构特征，掌握适用条件，体会对称结构，感悟数学之美。

（四）应用探索

例 1 某商场推出二次开奖活动，凡购买一定价值的商品可以获得一张奖券。奖券上有一个兑奖号码，可以分别参加两次抽奖方式相同的兑奖活动。如果两次兑奖活动的中奖概率都是 0.05，求两次抽奖中以下事件的概率：

（1）都抽到某一指定号码；

（2）恰有一次抽到某一指定号码；

（3）至少有一次抽到某一指定号码。

例 2 假设某一个问题，诸葛亮独自解决的概率为 0.8，三个臭皮匠独自解决的概率分别为 0.6，0.5，0.4，问三个臭皮匠中至少有一人解决问题的概率与诸葛亮一人解决问题的概率比较，谁大？

【设计意图】该题将理论与实践相结合，解决最开始提出的问题，首尾呼应，凸显数学的应用价值。接着，教师让学生从计算结果的角度来感受集体智慧的强大，培养学生正确的价值观和审美观。

（五）总结归纳

问题 8 从这节课中你有哪些收获？

【设计意图】总结归纳环节不但可以回归重难点，也可以完善学生的知识结构。

四、课例评析

在“双减”政策的背景下，一线教师要落实好国家教育战略目标，就必须守好自己的主阵地——课堂。课堂上既要讲解该学科的相关知识，也要落实立德树人的教育教学目标，充分发挥课堂教学的主体作用，将学科育人融入课堂的每一个环节。本节课在落实学科育人方面有以下值得借鉴的地方。

（一）逻辑思维育人

在数学课堂，教师要善于提出问题，以培养学生的思考能力，让学生在学习中逐渐提高自己的逻辑思维能力。本节课在逻辑思维育人方面有以下亮点：（1）数学概念获得的严谨性与合理性。教师不是教科书的搬运工，不应直接告诉学生某个概念和公式，而是应该让概念或公式很自然地展现在学生面前。本节课设置的问题 2 和问题 3 能很好地让学生体验事件的相互独立性概念的获得过程，以及从数学角度来理解事件的相互独立性。（2）对比设问。数学概念和公式有很多具有类比和对比性，将其放到一起比较学习更能清楚地让学生明白其中的不同。问题 6 的设置很好地将互斥事件和相互独立事件这两个重要概念的区别提出来。通过概念辨析，重点对它们的不同做具体分析，有助于学生更加全面和正确地掌握这些公式。

（二）课堂活动育人

怀特海在《教育的目的》一书里指出，智力教育的一个主要目的是传授知识。数学课堂也离不开知识，但知识的获取不是目的，知识毕竟是载体，学生通过知识让自己充实起来，自信起来，成为知识的主人。学生在知识中站立起来，这是学科育人的重要标志。获取知识的重要途径就是要参与到课堂各种活动中来，要知道“纸上得来终觉浅，绝知此事要躬行”。该节课教师通过设置 2 个游戏环节和 6 个问题，一步步将这节课的内容展现在学生面前：首先通过耳熟能详的三国故事开始，让学生迅速进入活动中来，接着通过两个概率的运算，让学生感受事件相互独立性的数学解释，最后三个概念深化问题，让学生深入理解事件的相互独立性并进行辨析，每一个过程都让学生参与进来，并主动学习。

（三）审美活动育人

数学美的表现形式是多种多样的。从数学内容看，有概念之美、公式之美、体系之美等；从数学的方法及思维看，有简洁之美、类比之美、抽象之美等；从狭义美学意义上看，有对称之美、和谐之美、奇异之美等。这个世界不缺乏美的事物，缺的是发现美的眼睛。作为学科育人的主阵地，教师要在课堂上带领学生善于发现数学之美，让学生更加喜欢数学学科。本节课有以下展现数学美的地方。（1）问题 7 让学生了解数学公式对称美、类比美和简洁美。数学公式是数学家思维结果的高度浓缩，在数学发展的历史长河中保留至今的数学公式都具有其独特的地方，教师引导学生发现其中的美，让学生不再觉得数学公式是抽象的。（2）课程标准明确提出，要引导和发展学生正确的价值观。例 2 的讲解很好地把握这一要求。把三个臭皮匠与群众的力量做一个横向迁移，引出团结就是力量，对发展学生优良的精神品质具有重要作用。

（课例设计：於慧锋　课例评析：黄小妹）

第三节　变量的相关关系

一、教材分析

本节内容是人教 A 版高中数学选择性必修第三册第八章“成对数据的统计分析”第一节的内容。学生在此之前已经学习过单一变量的统计特征，且有了一定的统计学知识，对世界有了自己的认知，能够理解多个事物间的关联性，为学习本节知识打下了良好基础。本节内容是对两个及以上事物的相关性下定义，从实际例子总结出经验，发现规律，认识到函数关系与相关关系的区别，而下一节内容将量化相关关系，总结相关关系公式，建立相关性问题模型，预测事件发展趋势，所以本节具有承上启下的作用，也是学生将统计知识运用于实际问题、解决实际问题的重要一环。本节课的教学重点是认识生活中的相关关系，能利用散点图直观认识两个变量间的线性相关关系；教学难点是能根据数据画出散点图，掌握散点图特征。

二、教学目标

1. 通过实例理解相关关系概念，能利用散点图判断线性相关关系。

2. 通过交流探究体会数形结合、类比等方法，通过画散点图培养学生观察能力、分析能力和归纳能力。

3. 以实际探究问题为例，使学生逐渐理解具体相关关系概念，激发学生的学习兴趣，主动观察生活中的相关关系。

三、教学设计

（一）新课引入

中国古代优美的诗词蕴含了深刻的思想，例如苏轼的《惠崇春江晚景》："竹外桃花三两枝，春江水暖鸭先知。蒌蒿满地芦芽短，正是河豚欲上时。"

事物是相互联系和变化发展的，由"蒌蒿满地芦芽短"，知"河豚欲上"，可见任何事物都不能孤立地存在，都和其他事物具有联系。

问题 1　"蒌蒿满地芦芽短"，河豚一定会鲜美起来吗？

提示　这样的关联性会存在，但还没有确切到可由其中一个去精确地决定另一个的程度，它们之间是一种不确定的关系。

结论　在数学中，将这两个关联的事物称为两个变量，类似这样的两个变量之间的非确定性关系，称之为相关关系。请大家根据课本的例子，说一说下列事例中存在的关系。

【设计意图】以学生熟悉的古诗引入课堂，一方面可以引起学生的兴趣，另一方面可以引导学生主动思考平时生活当中的现象。教师提出疑问，类比函数关系，使学生认识相关关系，用数学语言得出概念，再以大量的生活实例，让学生加强理解，体会数学来源于生活。

（二）概念形成

二十四节气、瑞雪兆丰年、虎父无犬子……生活中有很多相关关系的例子，人们经常凭借经验去判断事物间的相关关系，又从中总结出规律，且应用于生活中预估事情发展的趋势。但如果只凭一时的经验办事，还是容易出现差错的。因此，需要认真研究，收集足够多的数据，从数据中提取信息，发现规律，用一些有说服力的数据来确定变量的相关关系。

探究　在一次对人体脂肪含量和年龄关系的研究中，研究人员获得了一组样本数据（见表 10.3－1），数据都是对同一个体的观察结果。

表 10.3－1　年龄和脂肪含量数据表

编号	1	2	3	4	5	6	7
年龄/岁	23	27	39	41	45	49	50
脂肪含量/%	9.5	17.8	21.2	25.9	27.5	26.3	28.2
编号	8	9	10	11	12	13	14
年龄/岁	53	54	56	57	58	60	61
脂肪含量/%	29.6	30.2	31.4	30.8	33.5	35.2	34.6

问题 2　通过观察表格数据，你发现什么规律？以直观方式表述一下数据。

追问　面对成对的样本变量，我们要怎么画出它的统计图呢？

分析　分别以两个变量作为平面直角坐标系的坐标轴，成对样本数据以有序数对（x_i，y_i）形式表示坐标系中的点，这些点组成的统计图（如图 10.3－1），我们叫做散点图。

动手实践：

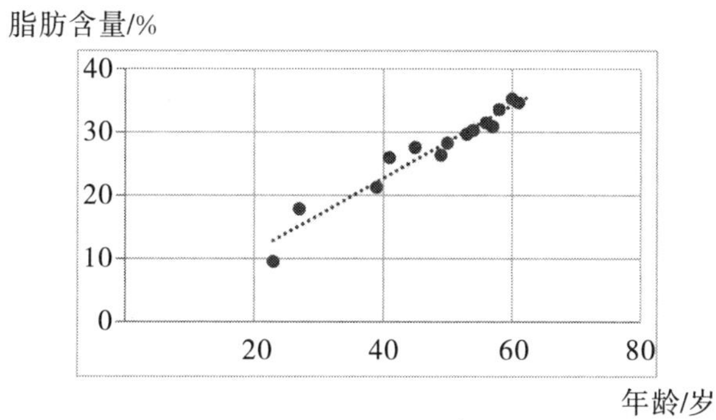

图 10.3－1

【设计意图】教师通过提问，引发学生思考：得出的结论必须要经过验证才具有说服力，强调数学重逻辑的严密。自主探究，数形结合，能培养学生的动手能力和数据分析能力。

（三）概念深化

问题 3　观察散点图的大致趋势，人的年龄与人体脂肪含量具有什么相关关系？你发现这个散点图的形状有什么特点呢？

提示　可以观察到一个变量的值增加时，另一个变量的相应值也呈现增加的趋势，则称这两个变量正相关；反之，这两个变量负相关。

探究中的散点图的点大致分布在通过散点图中心的一条直线附近，根据图象特点，我们称这两个变量之间具有线性相关关系。

问题4 这个结论一定适用于其他个体吗？

【设计意图】教师以提问引导，继续完善学生对相关关系的概念理解，构建逻辑严密的知识框架，并借此机会，向学生树立大局意识，能宏观看待数据得出结论的适用范围，以及个别差异对大局的影响，达到育人目的。

（四）应用探索

练习 观察图 10.3－2，根据散点分布情况，试判断两个变量是否存在相关关系。

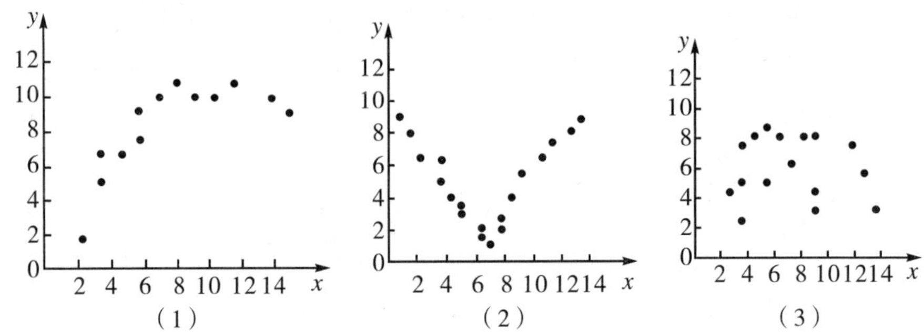

图 10.3－2

一般地，若两个变量具有相关性，但不是线性相关，我们就称这两个变量非线性相关或曲线相关。

【设计意图】以真实例子为抓手，学生通过动手实操，体会相关关系的实际应用性，也为下节课“线性回归直线”内容留下操作经验。

（五）总结归纳

本节课你学到了什么知识或思想？你最大的感悟是什么？

【设计意图】课堂小结，既能回顾课堂强调重点，又能组建完善学生知识结构，为下节课的学习打下基础。

四、课例评析

（一）史料育人——挖掘历史故事，增强民族认同感

教师以《惠崇春江晚景》一诗，引出本课内容——相关关系，在丰

富学生文化底蕴的同时，也引起学生对不同学科的比较，将孤立的知识点甚至是跨学科的知识联系起来，这样才能真正学“活”。中国历史源远流长、博大精深，其中隐藏的历史故事数不胜数，课堂教学挖掘历史故事，有利于增强学生的民族认同感和归属感，培养出德智体美劳全面发展的社会主义建设者和接班人。

（二）精神育人——创设探究情景，感悟科学精神

数学的精神始终是求实、求真、求简、求新的精神。统计学以精确的和无可争辩的事实作为基础，同时，这些事实用数字加以表现，具有简洁性和明显性。本课以散点图这样的图表语言来表述题目内涵，简洁直观概括事物间的相关关系；以经验描述世界和以规律描述世界的区别，以客观反映世界，追求事物共用的、普遍的联系，建立适合的模型，最终做出更加准确、可信的判断。在数学学习过程中，学生要培养类比等数学思想，形成由特殊到一般、由局部到整体等研究问题的一般方法；要注重培养科学精神，其中严谨求实、执着求真、直观求简、开拓创新的精神比数学知识本身更为重要，这将会使学生受益终身。

（三）思维育人——链接辩证思想，训练思维品质

学习数学，不仅仅是学习数学知识，更重要的是认识数学知识产生的背景，理解知识产生的整个过程。认识数学的过程就是一次次辩证统一的过程。统计的基本思想是用样本估计总体，在探究中，对个人来说，他的体内脂肪含量不一定随年龄增长而增加或减少，但是如果把很多个体放在一起，就可能表现出一定的规律性。整体与部分是辩证统一的，具有代表性的样本对总体起决定性作用，整体的状态也会影响部分。本课蕴含深刻的辩证思想：世界是万事万物相互联系的统一整体。教师应要发挥学科特色，坚持唯物辩证思想，引导学生正确地认识人与世界的密切联系，学会用联系的观点认识和处理生活中的矛盾，全面落实立德树人根本任务。

（课例设计：杨惠茗　课例评析：何翠）

第十一章

算法初步　推理与证明　复数

第一节　数学归纳法

一、教材分析

本课选自人教A版高中数学选择性必修第二册第四章“数列”第四节。数学归纳法是一种特殊的演绎证明方法，证明与正整数有关的命题，与数列联系紧密。数学归纳法“把无限步的验证转化为有限步的验证”，学生难以理解无限和有限间的关系，对于 $P(k) \to P(k+1)$ 的推导过程和内在逻辑模糊不清，只会机械地操作。因此，本课的教学重点为数学归纳法的原理和应用；教学难点为数学归纳法的原理。

二、教学目标

1. 了解数学归纳法的原理，体会数学思维的严谨性。
2. 能用数学归纳法证明数列中的一些简单命题。
3. 通过课堂小组活动，培养学生合作能力。

三、教学设计

（一）新课引入

情境1　传说古希腊毕达哥拉斯学派的数学家用沙粒和小石子来研究数。他们根据沙粒或小石子所排成的形状把数分成许多类，如图11.1－1第一行的1，3，6，10称为三角形数，第二行的1，4，9，16称为正方形数，第三行的1，5，12，22称为五边形数。请你分别写出三角形数、正方形数和五边形数所构成数列的第5项和第6项，并猜想它们的通项公式。

图 11.1-1

情境 2 法国数学家费马观察到：

$$2^{2^1}+1=5,$$

$$2^{2^2}+1=17,$$

$$2^{2^3}+1=257,$$

$$2^{2^4}+1=65\ 537$$

都是质数，于是他用归纳推理提出猜想：任何形如 $2^{2^n}+1$（$n\in\mathbf{N}^*$）的数都是质数。半个世纪后，欧拉发现，第 5 个费马数 $F_5=2^{2^5}+1=4\ 294\ 967\ 297=641\times6\ 700\ 417$ 不是质数，从而推翻了费马的猜想。

情境 3 已知数列 $\{a_n\}$ 满足 $a_1=1$，$a_{n+1}=\dfrac{1}{2-a_n}$（$n\in\mathbf{N}^*$），计算 a_2，a_3，a_4，并猜想其通项公式。

问题 1 在以上三个情境中，由归纳推理得到的猜想是否都是正确的？如何验证我们的猜想？

师生活动 教师引导学生对比分析以上三个数学情境，使学生认识到不完全归纳得到的猜想有可能是正确的，也有可能是错误的，需要进行验证。但对于与正整数有关的证明，逐一验证显然是不行的。因此需要找到一个合理的证明方法，通过有限的步骤解决无限的问题。

【设计意图】教师分别设置三个问题情境，说明不完全归纳得到的猜想可能是正确的，也可能是错误的，从而引出本节课的课题。

（二）概念形成

实验活动 多米诺骨牌游戏（如图 11.1-2）。

图 11.1－2

实验 1　请同学们将骨牌按一定间距排列成行，轻轻碰倒第一块骨牌，使得所有骨牌全部倒下。

问题 2　在这个实验中，能使所有多米诺骨牌全部倒下的条件是什么？

师生讨论后，得出能使所有骨牌都倒下的条件有两个：（1）第一块骨牌倒下；（2）任意相邻的两块骨牌，前一块倒下一定导致后一块倒下。

问题 3　条件（2）的作用是什么？如何用数学语言描述？

师生活动　教师示范、引导，将自然语言转化为数学语言，即“第一块骨牌倒下”转化为“证明 $n=1$ 时，猜想正确”，“前一块骨牌倒下引起后一块骨牌倒下”转化为“假设 $n=k$ 时猜想正确，证明 $n=k+1$ 时，a_{k+1} 也满足猜想”，从现实问题中抽象出数学问题，体会实验中蕴含的数学逻辑。

问题 4　请类比多米诺骨牌倒下的过程，写出情境 3 提出的猜想的证明过程，并利用表格对比骨牌原理和证明步骤（见表 11.1－1）。

表 11.1－1

骨牌原理	猜想的证明步骤	作用
第一块骨牌已经倒下	证明当 $n=1$ 时，$a_n=1$ 猜想正确	归纳奠基
如果前一块骨牌倒下，则后一块也跟着倒下	假设当 $n=k$ 时猜想正确，即 $a_k=1$，根据递推关系，证明 $n=k+1$ 时，$a_{k+1}=\frac{1}{2-a_k}=\frac{1}{2-1}=1$ 也满足猜想	归纳递推
根据前两个条件，所有骨牌都倒下	根据前两步，证明猜想对一切正整数 n 都成立	下结论

师生活动　教师引导学生类比骨牌倒下的过程，写出情境 3 猜想的

证明过程，归纳出骨牌原理和证明步骤的共性，利用表 11.1－1 对比骨牌实验和数学归纳法证明步骤。

问题 5 归纳骨牌原理和猜想的证明过程的共性，总结证明的一般步骤。

师生活动 教师引导学生利用流程图梳理数学归纳法的步骤，特别说明归纳奠基和归纳递推两个步骤缺一不可。

【设计意图】 从多米诺骨牌实验中，教师引导学生观察实验过程，让学生亲身经历数学发生发展的过程。接着，教师引导学生说出骨牌倒下的条件，并让学生将这一事实用数学语言描述，培养学生学会文字语言、符号语言和图表语言的相互转化。

（三）概念深化

实验 2 第一块骨牌不倒，其他条件不变。

实验 3 增加骨牌间的间隙（如图 11.1－3）。

实验成功　　第一块骨牌不倒　　中间骨牌间距过大

图 11.1－3

问题 6 根据多米诺骨牌的实验，说明数学归纳法中的两个步骤之间有什么关系？

师生活动 教师引导学生完成实验 2、实验 3，体会归纳奠基和归纳递推两个步骤缺一不可、相互依存的关系，使得整个证明向无限延伸。

问题 7 生活中有哪些现象也与数学归纳法的证明过程类似？

师生活动 教师引导学生说出身边与数学归纳法证明类似的例子，例如传染病传播、烽火传信等，让学生感受数学归纳法证明过程，理解两个步骤缺一不可。

【设计意图】 教师引导学生完成实验 2、实验 3，体会归纳奠基和归纳递推两个步骤缺一不可、相互依存的关系。

（四）应用探索

例 1 用数学归纳法证明：如果 $\{a_n\}$ 是一个公差为 d 的等差数列，那么 $a_n=a_1+(n-1)d$ 对任何 $n\in\mathbf{N}^*$ 都成立。

例 2 归纳三角形数、四边形数、五边形数的递推关系，并证明情境 1 的猜想。

师生活动 学生根据例 1 教师的示范，模仿完成例 2 的证明。

例 3 试比较 n^2，2^n（$n\in\mathbf{N}^*$）的大小，并证明。

【设计意图】教师用三道例题做示范，规范数学归纳法证明的步骤。

（五）总结归纳

问题 8 （1）数学归纳法适用于哪类命题的证明?

（2）数学归纳法证明的步骤有哪些？它们之间有何关系?

（3）我们采用什么方法获取数学归纳法的证明步骤？为此你有什么感悟?

【设计意图】教师设置问题串，引导学生进行本节课小结，回忆本节课内容，归纳整理知识内容。通过类比、迁移多米诺骨牌得到数学归纳法的证明步骤，学生感知数学源于生活，与生活息息相关。

四、课例评析

（一）思维育人——培养数学思维，发展数学素养

数学具有高度抽象性、逻辑严谨性的特点，教师在教学过程中，要以数学知识为载体，挖掘知识内容生成过程中的思维过程，借助问题串，引导学生用数学的思维思考问题，发展学生的数学素养。本节课在“数学归纳法”概念形成过程中，通过对比教学、归纳概括、语言转化三个方面，充分体现了课堂中数学思维的培养。

在类比教学中，通过多米诺骨牌实验，类比得到数学归纳法的证明步骤。从第一块骨牌倒下，类比“证明 $n=1$ 时，$a_n=1$ 猜想正确”；从前一块牌倒下，则后一块也跟着倒下，类比“假设 $n=k$ 时猜想正确，根据递推关系，证明 $n=k+1$ 时，也满足猜想”；所有骨牌倒下，类比“证明猜想对一切正整数 n 都成立”。在多米诺骨牌实验过程中，引导学生观察、思考多米诺骨牌和数学归纳法证明步骤的异同，得出数学归纳法的本质。在数学教学过程中，教师引导学生学会用数学的眼光观察世界，将数学知识和生活经验建立联系。

在多米诺骨牌实验结束后，教师组织学生归纳骨牌实验原理和猜想的证明过程的共性，总结证明的一般步骤。没有“当 $n=1$ 时，猜想正确”，就没有后续所有正整数的证明，没有通过递推关系“证明 $n=k+1$ 时猜想正确”，就没有证明的连续性，因此数学归纳法两步骤缺一不可。以数学归纳法知识为依托，展现数学证明过程中的有理有据、逻辑连贯的特点，发展学生的数学逻辑素养。

利用表格将多米诺骨牌实验的步骤转化为数学归纳法的证明步骤，“第一块骨牌”对应“$n=1$”，“骨牌倒下”对应“猜想成立”，“前一块骨牌倒下引起后一块骨牌倒下”对应“假设 $n=k$ 时猜想正确，根据递推关系，证明 $n=k+1$ 时，也满足猜想”，实现了从自然语言到符号语言的转化。在数学教学中，培养学生学会将自然语言、图形语言和符号语言的相互转化，体会数学语言表达精准、结构简洁的特点。

（二）史料育人——了解数学文化，领悟数学精神

丰富的数学文化史是育人的好素材。古希腊毕达哥拉斯学派的数学家在沙滩上堆积小石子形成三角形数、四边形数等，是数列的初始形态。数学家费马大量的大胆的数学猜想推进了数论的发展。起源于中国北宋，兴起于欧洲的多米诺骨牌游戏，让我们看到了文化无国界，多米诺骨牌连续坍塌的连锁反应，让我们看到坍塌美学。数学课堂中引入数学史，一方面丰富了课堂内容，另一方面数学故事与本课知识紧密相关，既便于学生了解数学归纳法的重要性及作用，又便于学生理解数学归纳法的证明步骤。从中国到世界，从古代到现代，一代代数学家不畏艰难、敢于质疑以及丰富的想象力，推进了数学的发展。在数学课堂中，可以从数学文化、数学历史出发，培养学生不畏艰难，勇于求真的科学精神。

（三）活动育人——开展数学活动，培养自主合作能力

数学课堂要培育具有自主学习能力、小组合作能力的新时代的社会主义接班人。本节课的概念深化环节，设计了控制变量的多米诺骨牌实验，通过类比证明数学归纳法证明步骤的完整性，缺少任何一个步骤都会导致证明失败。教师通过设置多米诺骨牌实验，让学生亲身经历数学归纳法证明的过程，使学生对知识的理解更加深刻。

数学学科育人可以从数学的本质入手，通过设置问题串引导学生用数学的思维思考世界，培养学生严谨、精准的数学逻辑思维。数学学科育人还可以从数学史入手，分享数学家的故事，学习数学家不畏困难、勇于求真的科学精神。学科活动是育人落实的重要抓手，教师设计有针对性的学习活动，让学生亲历知识发生发展的过程。

（课例设计：陈茵　课例评析：陈婷婷）

第二节 数系的扩充和复数的概念

一、教材分析

本节课是人教 A 版高中数学选修 1—2 第三章第 1 节的内容，这节课的主要内容是数系的扩充与复数的有关概念，是数系的第四次扩充，也是后续学习复数四则运算的基础。本节课的教学重点是复数的概念、复数的代数形式与复数的分类；教学难点是复数的概念。

二、教学目标

1. 了解数系扩充的发展史，知道数系扩充的必要性，理解虚数单位 i 的产生及意义。

2. 掌握复数的概念、代数形式及其分类。

3. 体会实际需求与数学内部的矛盾在数系扩充过程中的作用，感受人类理性思维的作用以及数系与现实世界的联系。

三、教学设计

（一）新课引入

《道德经》：“道生一，一生二，二生三，三生万物。”

刘徽的《九章算术》中注有“今两算得失相反，要令正负以名之”，出现了负数，数系扩充到有理数。

在 500 年前的希腊，数学得到前所未有的尊崇。有一位叫做毕达哥拉斯的学者认为，万物发展的规律和秩序都遵循一些数学原则，这些秩序就是美的根源。他在音乐的世界里，通过测量音阶振动的弦长发现最美的三个音的弦长分别是$\frac{2}{1}$，$\frac{3}{2}$，$\frac{4}{3}$，他兴奋地认为世界的秩序都能用整数和整数之比来掌控调节，于是他提出“万物皆数”。

希帕索斯发现有理数中并没有哪个数的平方等于 2，出现了第一次数学危机，数系扩充到实数。

问题 1 几次数系的扩充有什么共同点？

方程 $x+1=0$ 在自然数集内无解⇒添加新数（负数）$x=-1$⇒整数集。

方程 $2x-1=0$ 在整数集内无解⇒添加新数（分数）$x=\frac{1}{2}$⇒有理数集。

方程 $x^2-2=0$ 在有理数集内无解⇒添加新数（无理数）$x=\sqrt{2}$⇒实数集。

扩充方法：在原有的数系中添加新数。

扩充规则：添加新数后原来的运算和性质仍然适用。

扩充效果：解决了原数系中不能解决的运算。

问题 2 在方程运算中，实数集是否“够用”？你能举例说明吗？

方程 $x^2+1=0$ 的解是多少？在实数范围内有解吗？

【设计意图】教师让学生了解数系发展的历史，知道前三次扩充的原因，都是数不够用了才扩充，同时引出数系第四次扩充的必要性。

（二）概念形成

问题 3 所有的一元二次方程都可以转化为 $(x-a)^2=k$ 的形式，通过这个形式，如何判断一元二次方程在实数范围内无解。

请大家通过配方法把以下一元二次方程转化为 $(x-a)^2=k$ 的形式。

（1）$x^2+2x+1=0$⇒ $(x+1)^2=0$⇒$x=-1$；

（2）$x^2-2x+5=0$⇒ $(x-1)^2=-4$⇒无解；

（3）$x^2+2x-8=0$⇒ $(x+1)^2=9$⇒$x_1=2$，$x_2=-4$。

问题 4 数系的扩充需要添加“新数”，要使得 $(x-a)^2=k(k<0)$ 有解，我们添加的“新数”要具备什么功能？

追问 如果我们要定义某个数的平方等于一个负数，当 k 取不同的值时，我们是否需要定义无数次呢？

定义：$\mathrm{i}^2=-1$，历史上，新数 i 是瑞士著名数学家欧拉在 1777 年首次提出使用的，他用了“imaginary”一词的首字母，这个词的本意是想象的，假想的。

问题 5 定义了 $i^2=-1$，你能否求出方程 $(x-1)^2=-4$ 的解？

$$(x-1)^2=-4\Rightarrow\frac{(x-1)^2}{4}=-1\Rightarrow\left(\frac{x-1}{2}\right)^2=-1\Rightarrow\frac{x-1}{2}=\pm i\Rightarrow x=1\pm 2i$$

追问 定义了 $i^2=-1$，你能否求出方程 $(x-a)^2=k(k<0)$ 的解？

$$(x-a)^2=k\Rightarrow\frac{(x-1)^2}{-k}=-1\Rightarrow\left(\frac{x-1}{\sqrt{-k}}\right)^2=-1\Rightarrow\frac{x-1}{\sqrt{-k}}=\pm i\Rightarrow x=a\pm\sqrt{-k}\,i$$

，得到一般形式 $x=a+bi$。

问题 6 实数 a 能否写成 $a+bi$ 的形式？

引入 i，我们把形如 $a+bi$（a，$b\in\mathbf{R}$）的数叫做复数，把集合 $\mathbf{C}=\{a+bi\mid a,\ b\in\mathbf{R}\}$ 叫做复数集。

【设计意图】 教师让学生知道复数的概念是怎么提出的，为什么要这样规定，通过一系列问题，让学生理解概念形成的全过程。

（三）概念深化

根据数系扩充的“包容性”原则，添加的新数 i 可以跟实数进行四则运算。

问题 7 你能从运算的角度解读复数 $a+bi$（a，$b\in\mathbf{R}$）的结构特征吗？

复数通常用字母 z 表示，即 $z=a+bi$（a，$b\in\mathbf{R}$）。这一形式叫做复数的代数形式，a 叫做复数的实部，b 叫做复数的虚部，i 叫做虚数单位。

问题 8 把实部和虚部特殊化处理，复数如何分类？

$$\text{复数 } z=a+bi\begin{cases}\text{当 } b=0,\ z=a(\text{实数});\\ \text{当 } b\neq0,\ z=a+bi(\text{虚数})[\text{其中当 } a=0 \text{ 时},\ z=bi(\text{纯虚数})]。\end{cases}$$

显然，实数集 $\mathbf{R}$ 是复数集 $\mathbf{C}$ 的真子集。

问题 9 如何确定一个复数？追问：如何判断两个复数相等？

我们可以从两个维度来看，实部 a 确定了，虚部 b 确定了，复数 $a+bi$ 就确定了，复数是一种“二维数”。

在复数集 $\mathbf{C}$ 中任取两个数 $a+bi$，$c+di$（a，b，c，$d\in\mathbf{R}$），我们规定 $a+bi$ 和 $c+di$ 相等的充要条件是 $a=c$ 且 $b=d$。

追问 复数能比大小吗?

问题 10 实数是“一维”的，它与数轴上的点一一对应，复数是“二维”的，它的几何意义是什么?

【设计意图】在给出复数的基本结构后，学生深层次地探究复数的内涵，同时研究复数是否有大小之分。

（四）应用探索

例 实数 m 取何值时，复数 $z=m+1+(m-1)\mathrm{i}$ 是实数、虚数还是纯虚数?

练习 1 说出下列复数的实部和虚部：$-2+\frac{1}{3}\mathrm{i}$，$\sqrt{2}+\mathrm{i}$，$\frac{\sqrt{2}}{2}$，$-\sqrt{3}\mathrm{i}$，i，0。

练习 2 指出下列各数中，哪些是实数，哪些是虚数，哪些是纯虚数，为什么?

$2+\sqrt{7}$，0.618，$\frac{2}{7}\mathrm{i}$，0，i，i^2，$5\mathrm{i}+8$，$3-9\sqrt{2}\mathrm{i}$，$\mathrm{i}(1-\sqrt{3})$，$\sqrt{2}-\sqrt{2}\mathrm{i}$。

练习 3 如果 $(x+y)+(y-1)\mathrm{i}=(2x+3y)+(2y+1)\mathrm{i}$，求实数 x，y 的值。

【设计意图】例题让学生知道复数的结构特征，练习 1 让学生掌握复数的结构，练习 2 让学生巩固复数的概念，练习 3 让学生知道复数相等的充要条件。

（五）总结归纳

1. 完成了新的一次数系的扩充(如图 11.2－1)。

2. 了解复数的发展历史。

【设计意图】总结数系扩充到复数后的层层分类，同时展示数系发展的历史，让学生加深对本节课的印象，提高对数学学习的兴趣。

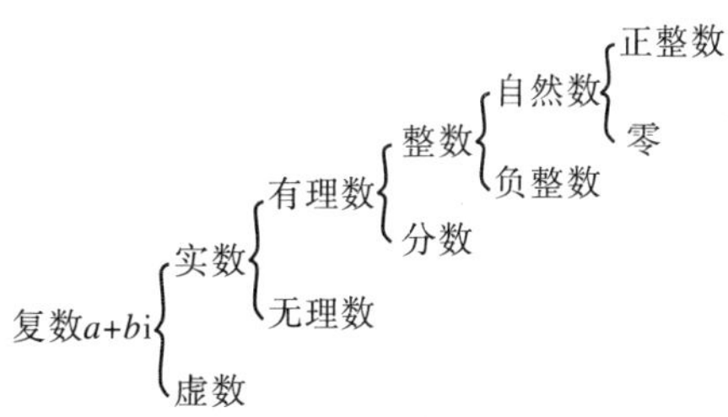

图 11.2－1

四、课例评析

（一）思维育人——强化数学学习的特点，促进学生思维品质提升

数学是思维的学科，让学生学会思考，是教师最重要的工作之一。学习数学要注重思维过程的学习，要注重让学生学会抛弃事物的具体性质而只从“量和形”上去研究。本节课，教师在强化学生思维训练上注重抓住以下三个关键点。

一是深化学生对概念合理性的认识。例如以自然数、负数、分数、$\sqrt{2}$的产生推广到实数，通过问题1、问题2的提出，让学生知道学习这节知识的必要性。

二是充分暴露思维过程。教师通过向学生提出问题4，从而让学生获得概念的形成过程，并让学生知道概念形成的合理性和必然性。

三是问题导学。本节课运用问题串，引导学生不断思考和探索，顺其自然地得到复数的概念。要让问题能激发学生的学习欲望，问题的设计就要与学生已有知识、经验相关联，学生愿意解决并且有解决它的知识基础和能力基础；同时问题的解决须包含一定程度的独立见解和创造性，学生不能照搬已有的现成套路去解，必须经过认真思考分析或寻找新的处理方法才能有效解决。

（二）史料育人——借助学科发展史促进学生品德和科学素养的形成

数学史是一个寻找真理、不断扬弃、不断创新的过程，它所体现出的艰辛、坚持、拼搏等精神，都是较好的德育内容。教学中注重挖掘教材中的这些育人素材，使教学与德育紧密相融，这是学科育人的重要载体。深入挖掘教材内容中丰富的史料内容和育人价值，让学生了解数学知识的时代背景与人类发展的关系，对培养学生实事求是、忠于科学的精神十分重要。

在本节课，例如，刘徽的《九章算术》提出“今两算得失相反，要令正负以名之”，引出了负数，数系扩充到了有理数；毕达哥拉斯在音乐世界里发现最美的三个音的弦长分别是$\frac{2}{1}$，$\frac{3}{2}$，$\frac{4}{3}$，提出了“万物皆数”，后来由希帕索斯之问，引起了数学历史上的第一次数学危机，让学

生了解数学发展的曲折历程；用《道德经》“道生一，一生二，二生三，三生万物”，形象地反映了自然数发展的本质属性，恰到好处，既弘扬了传统文化，又紧扣主题。在总结归纳教学环节中，教师展示了复数的发展历程，让学生感知现在看起来简单的数系，它的发展却经历了艰难的过程，数学的发展如同数系的发展一样需要几代的数学家历经长时间的努力才得以完善，作为当代的青年人，我们应当认真学习前辈创立的优秀成果。

（三）审美育人——认真开发教学内容的美育功能

审美教育是培养学生知道美、喜欢美、欣赏美，进而创造美的能力的教育。数学学科在内容、结构和方法上具有特殊的美，数学的符号、公式、概念、曲线、思想方法，无不蕴含着美。在本节课，教师在以下两个方面做了充分的思考和设计。

一是结构。所有知识循序渐进，由旧知识引出新知识，而且给出学习该新知识的必要性，学生学起来很轻松。教师在每个问题得到解决后，都给出了具有针对性的分析和启示，展示了教师对数学学习规律和数学美的理解。

二是分析。教师提出问题引发学生思考和解决，以及对其中蕴含的数学思想方法的点拨，让学生能更深入地了解问题解决的来龙去脉，培养学生分析问题时注重本质、去粗存精、去伪存真、触类旁通的能力。

（四）活动育人——让学生在主动探索中提升能力

数学学习要特别注重过程中深刻的、充实的、探究的经历和体验，只有让学生透过课本结论中的表象，去感受前人思维的启迪，体验丰富而完整的学习过程，对知识的理解才会深刻。本节课教师的一大教学亮点就是问题导学，教师设置的一些主要问题如下。

问题1　几次数系的扩充有什么共同点？

问题4　数系的扩充需要添加“新数”，要使得 $(x-a)^2=k(k<0)$ 有解，我们添加的“新数”要具备什么功能？

问题5　定义了 $i^2=-1$，你能否求出方程 $(x-1)^2=-4$ 的解？

问题7　你能从运算的角度解读复数 $a+bi$（a，$b\in\mathbf{R}$）的结构特征吗？

问题 9 如何确定一个复数？追问：如何判断两个复数相等？

由此可以看出，教师对问题导学有较深刻的理解：问题不应仅仅是简单的问话，而是包括问题情境的创设、对话设计、问题的提出、问题的解决、教学的组织、教学的实施方法等一系列丰富而有序的过程，通过问题系列把学生引向独立思考、积极探索、合作学习之路，这是我们构建新型课堂教学方式的指导思想，值得大家借鉴。

（课例设计：汪朝宽　课例评析：莫培权）

第三节　辗转相除法与更相减损术

一、教材分析

在前面的学习中，学生对该节内容已经有了初步的认识。本节内容是继续加深对算法的认识，体会算法思想。通过本节课的学习，学生体会到中国古代数学对世界数学发展的巨大贡献，培养了民族自豪感与爱国情怀，激发了学习数学的热情。本节课的教学重点是理解辗转相除法与更相减损术求最大公约数的方法；教学难点是将辗转相除法与更相减损术的方法转化为程序框图与程序语言。

二、教学目标

1. 理解辗转相除法与更相减损术所蕴含的数学原理，能够根据算法语句和程序框图知识设计完成程序框图并写出其算法程序。

2. 通过阅读中国古代数学中的算法案例，体会其对世界数学发展的巨大贡献，学习古代数学家研究学问的无畏精神，培养学生理性思维，进而实现史料育人的目标。

三、教学设计

（一）新课引入

情境 1　根据初中学过的求最大公约数的知识，你能否求出 18 与 30 的公约数?

情境 2　如果公约数比较大，根据观察不能找到其他公约数，怎样求其最大公约数?

【设计意图】情境 1 给学生重新认识用短除法求两个正数的最大公约

数的做法。情境 2 设问公约数比较大，用短除法就很麻烦，引出其他求最大公约数方法的必要性，为后面讲到的辗转相除法与更相减损术埋下伏笔。

（二）概念形成

例 1 求两个正数 8 251 和 6 105 的最大公约数。

提示 本例求最大公约数的方法叫辗转相除法，它是最古老的算法之一，是欧几里得提出来的，载录在《原本》中。

【设计意图】教师以例题形式请学生求两个较大数的最大公约数，通过问题的复杂化引起学生的注意，进而激发学生学习新知的欲望。

（三）概念深化

例 2 求两个正数 8 251 和 6 105 的最大公约数。

问题 1 从以上例子可以看出计算的规律是什么？

问题 2 辗转相除法中的关键步骤是哪种逻辑结构？

问题 3 你能否用辗转相除法编写成一个计算机程序？

【设计意图】通过具体实例，教师让学生了解辗转相除法求最大公约数的算法。为了让学生更深刻理解其算法，教师特意给学生用框图形式展现，既能复习旧知，又能学习新知。

（四）应用探索

我国早期也有解决求最大公约数的算法——更相减损术，其出自《九章算术》，它的算理是："可半者半之，不可半者，副置分母、子之数，以少减多，更相减损，求其等也，以等数约之。"下面通过实例说明其应用。

例 3 用更相减损术求 98 与 63 的最大公约数。

练习 用更相减损术求 84 与 72 的最大公约数。

问题 1 更相减损术何时结束，运用哪种算法结构？

分析 更相减损术是反复执行直到减数等于差时停止的步骤，它也是一个循环结构。

小组讨论 请根据更相减损术的算法步骤画出程序框图并写出程序语言。

问题 2 辗转相除法与更相减损术有什么区别和联系？

【设计意图】该教学环节引用历史背景，激发学生的学习兴趣，培养爱国主义情操和民族自豪感。例题讲解的目的是介绍更相减损术算理设计。同时，为了加深学生对算法的理解，教师设计问题 1、问题 2，让学生理解算法的难点，使其亲身体会该方法的应用。

（五）总结归纳

本节课你学到了什么知识技能或思想方法？你有哪些收获？

师生小结 本课介绍求最大公约数的常用方法，很好地解决了短除法求最大公约数的不足，剖析了两种方法的联系与区别。

【设计意图】该教学环节旨在让学生对本节课所学的知识有一个清晰的认识，并且养成归纳总结的好习惯。

四、课例评析

（一）思维育人——开展课堂活动，提高思维活跃

数学是一门思维活动较活跃的学科。在数学教学中要注重思维过程的探索，更为重要的是让学生抛开事物的固有性质进行研究，达到量变引起质变，进而对事物的认知进行抽象概括。在本节课中，教师在课堂上所进行的思维活动从以下几个方面展开。

1. 深化学生对新概念学习必要性的认识。例如教师设置——问题 1 与问题 2 让学生思考，使学生明确学习本节课的必要性，体会数学问题的解决是通过思维活动来完成的。

2. 思维地域的转变。例如辗转相除法是国外数学家欧几里得在公元前 300 年左右首先提出来的。此时可设问：在我国是否有本土的方法来计算？由此引起学生热议和思考。教师有必要介绍此方法的历史渊源可追溯到东汉出现的《九章算术》，让学生认识到中国数学家对世界数学的巨大贡献。

3. 采用问题导学进行教学。要激发学生的学习欲望，问题的设计就要与学生已有知识、经验相关联。在本节课，学生用现有的知识基础和能力基础解决所遇到的问题，没有照搬已有的现成套路去解，而是经过

认真思考分析或寻找新的处理方法有效地解决问题。

（二）史料育人——学习数学史料，促进素养养成

结合数学学科特点，融入社会主义核心价值观和中华优秀传统文化教育于课堂，有意识地引导学生了解数学与人类发展的相互作用，体会数学的科学、文化和应用价值，体会数学对于人类文明发展所做的贡献，培养学生的理性和科学精神，充分彰显数学育人的价值。在本节课，教师注重挖掘史料内容，从《原本》到《九章算术》，都是优秀中华数学文化的明珠。深入挖掘教材内容中丰富的史料内容和育人价值，让学生了解数学知识的时代背景、历史条件与人类发展的关系，对培养学生实事求是、忠于科学的精神是十分重要的。

（三）审美育人——开展育人活动，提升美育功能

审美教育备受人们的关注。数学教学中的美体现在以下几个方面。

1. 结构美。数学教学内容的组织有严谨、合理的结构，教学环节之间详略得当，重点突出，体现出对学生能力和非智力品质的培养。

2. 形式美。数学的教学内容有很大的相同之处，但教学方法的形式是千变万化的，教学中可以采用不同的方法，比如数学实验、数学模型、数学 CAI 课件的制作等。

3. 机智美。在数学教学中，会时常遇到一些突发事件。教师应随机应变，因势利导，巧妙地化解矛盾。在本节课，教师在两个方面做了充分的思考和设计。一是信息技术整合于课堂教学，将信息技术与学科课程融为一体；二是美育与数学学科有机结合，提升了学生学习的热情。

（四）活动育人——开展课堂活动，提升解题能力

建构主义学习理论认为，知识的学习是学生在与自然的对话中主动建构的，教师应依据学习的需要以及教学目标创设问题情境。学习数学的过程是探究问题的过程，让学生在其中经历从感性到理性的转变，深刻理解知识的内涵、外延，并能较好地学以致用。探究学习的过程是培养学生学习兴趣的途径之一，这个过程是通过教学手段来完成的。本节课教师的一大教学亮点是问题导学，从问题设置可以看出教师对问题导学有较深刻的理解。

综上所述，要将立德树人的目标落实在学科教学上，教师需要深入研究课堂教学模式、教师教学方法、学生学习方式等教学各环节，落实学科育人的内容、方法。本节课，教师以设立德育目标，通过思维育人、史料育人、审美育人、活动育人四个维度将学科育人深度融入数学课堂的探索实践，给我们做了一个很好的示范。

（课例设计：花新矿　课例评析：覃俊明）

第四节　合情推理

一、教材分析

“合情推理”是人教 A 版高中数学选修 2－2 第二章“推理与证明”第一节的内容。这节课有利于训练学生的推理证明方法，引导学生观察、分析、猜想、论证，培养学生的逻辑思维。本节课的教学重点内容是感受合情推理的过程，了解合情推理的含义，学会归纳和总结；教学难点是利用归纳进行推理，由个别事例归纳出一般性结论。

二、教学目标

1. 感受合情推理的形成过程，引导学生积极观察，找到事物间的共性或相似性质，并大胆猜想。

2. 理解合情推理的含义，了解归纳推理的特征，会进行归纳推理。

3. 引导学生认识数学思维在推理证明中的重大作用，鼓励学生遇到事情主动探索，大胆联想，训练学生概括归纳的能力。

三、教学设计

（一）新课引入

中国古代有许多名言佳句，深刻地反映了数学的内在关系，教师出示图 11.4－1 引入新课。

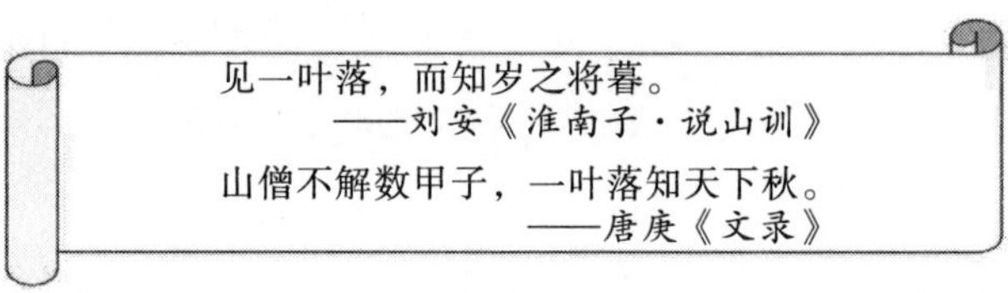

图 11.4－1

根据《现代汉语词典》(第 7 版),“一叶知秋”的意思是看见一片落叶就知道秋天的来临,比喻发现一点儿预兆就料到事物发展的趋向。这个词语言简意赅地呈现了“推理”的本质属性,即推理是根据一个或几个已知的判断来确定新的判断的思维过程。

【设计意图】 教师通过古诗词引出新课,吸引学生的注意,并引导学生注意感受和寻找事物之间的联系。

(二)概念形成

首先,教师引导学生观察以下判断。

由铜、铝、金、银能导电→一切金属能导电;

由五个橘子是甜的→一箱橘子都是甜的;

由三边形、凸四边形、五边形、六边形的内角和公式→凸多边形的内角和公式,如图 11.4-2。

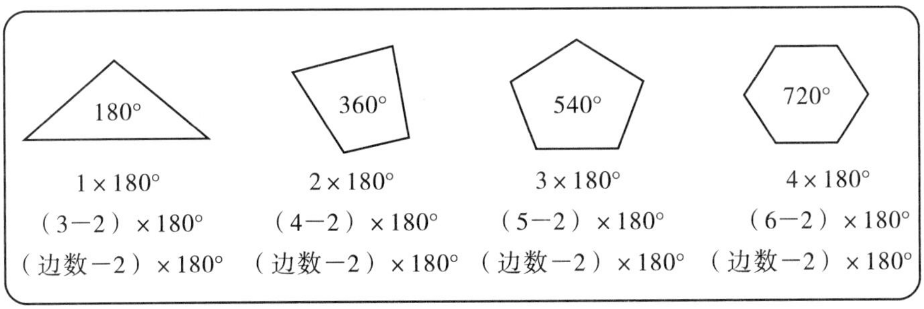

凸n边形内角和=(n−2)×180°

图 11.4-2

接着,教师向学生提出以下问题。

问题 1 以上三个判断的思维进程有何共同之处?

基于问题思考,引导学生得出归纳推理的概念:由某类事物的部分对象具有的某些特征,推出该类事物的全部对象都具有这些特征的推理,或者由个别事实概括出一般结论的推理,称为归纳推理(以下简称归纳)。简言之,归纳推理是由部分到整体,由个别到一般的推理。

问题 2 推理都有前提和结论,那么归纳推理的前提和结论分别是什么?

首先,教师请学生举出一些归纳推理的例子,并把所举例子的前提写下来;然后,学生请同桌写出结论;最后,教师引导学生总结归纳推理的前提和结论的特点（如图 11.4－3）。

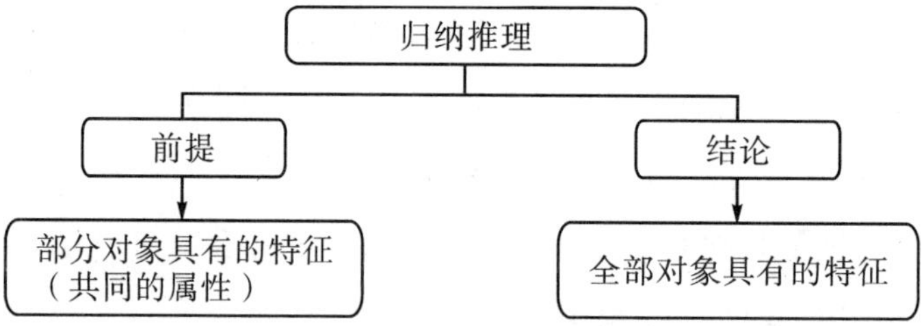

图 11.4－3

【设计意图】教师通过具体的例子让学生了解推理的形成过程，感受推理的特点，让学生分清前提和结论，总结归纳推理的特征。

（三）概念深化

教师引导学生了解数学上的著名推理——哥德巴赫猜想，并让学生观察下面的式子。

无意观察：	$3+7=10$	有意改写：	$10=3+7$
	$20=3+17$		$20=3+17$
	$13+17=30$		$30=13+17$

反映规律：偶数＝奇质数＋奇质数

初步想法：10，20，30 都是偶数，其他偶数是否也有类似的规律呢？

特例分析：	$6=3+3$	$16=5+11$
	$8=3+5$	$18=5+13$
	$10=3+7$	……
	$12=5+7$	$1\,000=29+971$
	$14=7+7$	$1\,002=139+863$

大胆猜想：任何一个不小于 6 的偶数都等于两个奇质数之和。

问题 3　请同学们试着从哥德巴赫的角度去思考，体验他思考问题的情境和过程，你认为哥德巴赫敢于提出猜想的信心来自什么？

教师提出问题 3 后引导学生积极思考和讨论。学生指出，哥德巴赫经过观察后发现了规律，并经过大量的特例验证，无一例外发现，所以就大胆提出了猜想。

对该问题的研究，让学生体会从特殊到一般，再从一般到特殊的思维过程，这是认识事物的基本规律，也是数学重要的思想方法。

问题 4 哥德巴赫为什么要把猜想写信寄给欧拉?

通过问题提出，教师介绍以下史料：哥德巴赫知道，大量的特例也不能代表全部，猜想需要给出严格的证明，他写信给欧拉，是求助于当时的数学权威，他希望能够帮助他给出一般性的证明。欧拉在回信中说道："我认为，任何一个大于 2 的偶数，都是两个素数之和。不过，这个命题我也不能给出一般性的证明，但我确信它是完全正确的。"时至今日，许多数学家都试图给出证明，我国数学家陈景润和华罗庚也为这个猜想的证明做了艰辛的探索，但哥德巴赫猜想至今仍然没有人能成功证明。不过如今人们对它的信任程度大大超过了对它的怀疑程度。

在教学中，教师引导学生对哥德巴赫猜想进行分析，使学生对归纳推理有了深刻的认识。

(1) 猜想有一定的偶然性，兴趣是探究的先行者。

(2) 数学研究中，有时对研究对象进行一些形式上的改变有利于发现规律。

(3) 在猜想提出的过程中，特例的验证是必须的。

(4) 由于特例的共同属性有很多，对不同属性的选择推理出的结论就不一样。

(5) 推理的目的是求真，但推理的结论是否为真还需要证明。

接着，教师再引导学生了解另一位数学家的猜想——费马猜想。

法国数学家费马观察到以下式子的得数都是质数。

$$2^{2^1}+1=5,$$

$$2^{2^2}+1=17,$$

$$2^{2^3}+1=257,$$

$$2^{2^4}+1=65\ 537。$$

猜想：任何形如 $2^{2^n}+1$ ($n\in\mathbf{N}^*$) 的数都是质数。

善于计算的欧拉发现：第 5 个费马数 $F_5=2^{2^5}+1=4\ 294\ 967\ 297=641\times6\ 700\ 417$ 不是质数。

哥德巴赫猜想、费马猜想和四色猜想被称为世界三大数学猜想，它们的共同点是题面简单易懂，但内涵深邃无比，影响了一代代的数学家，也促进了数学的发展。

通过以上的分析，教师引导学生总结出归纳推理的特点如下：

(1) 归纳推理是由部分到整体，由个别到一般的推理。

(2) 归纳推理的前提是部分的、个别的事实，而归纳推理的结论超出了前提所界定的范围，所以前提真而结论假是可能的。

(3) 归纳推理要在观察和实验的基础上进行。

(4) 归纳推理能够发现新事实，获得新结论，是做出科学发现的重要手段。

【设计意图】教师通过数学家的故事和一些实例，引导学生总结出归纳推理的特点并让学生了解数学家的故事，培养学生实事求是、忠于科学的精神。

(四) 应用探索

例 1 已知数列 $\{a_n\}$ 的第一项 $a_1=1$，且 $a_{n+1}=\frac{a_n}{1+a_n}$ $(n=1, 2, 3, \cdots)$，试归纳出这个数列的通项公式。

解：当 $n=1$ 时，$a_1=1$；

当 $n=2$ 时，$a_2=\frac{1}{1+1}=\frac{1}{2}$；

当 $n=3$ 时，$a_3=\frac{\frac{1}{2}}{1+\frac{1}{2}}=\frac{1}{3}$；

$n=4$ 时，$a_4=\frac{\frac{1}{3}}{1+\frac{1}{3}}=\frac{1}{4}$。

猜想：$a_n=\frac{1}{n}$。

例 2 请同学们观察如图 11.4－4 的凸多面体并填写表格（见表 11.4－1），尝试用归纳推理能推出什么结论？

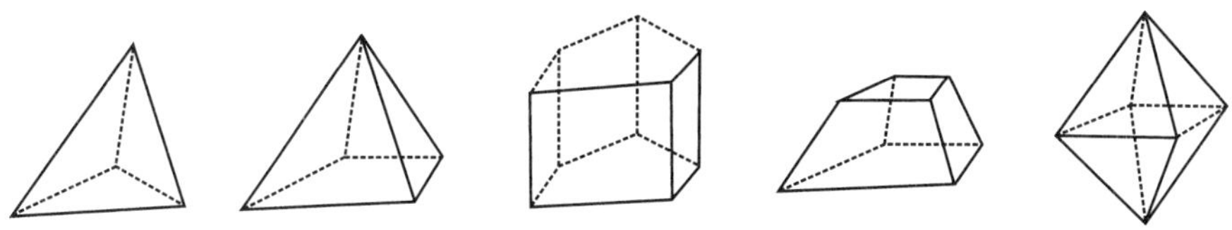

图 11.4-4

表 11.4-1

凸多面体	面数（F）	顶点数（V）	棱数（E）
三棱锥			
四棱锥			
五棱柱			
四棱台			
八面体			

数学家欧拉在研究凸多面体时，通过观察、归纳、推理，得出了著名的欧拉公式：$F+V-E=2$。

在引出欧拉公式后，教师顺势介绍欧拉的生平事迹，在课堂教学中渗透德育教育，达到学科育人的目的。

【设计意图】训练学生对具体事例子进行观察、归纳、推理，感受思维的形成过程。师生共同总结归纳推理是由部分到整体，由个别到一般的推理。对本节课进行小结，可以回顾课堂所学，引导学生厘清重点内容，完善学生的知识结构。

（五）总结归纳

问题 5 本节课你学到了什么知识技能或思想方法？你最大的感悟是什么？

教师提出问题 5，并引导学生认识到，归纳推理是由部分到整体，由个别到一般的推理。归纳推理很大程度上是一种创造性思维，面对同样的对象，每个人做出的推理并不一致，有时结论是开放的，不是唯一的。但只要是“合情”的，就应该是可以的。

四、课例评析

本节课，从学科育人的视角看，执教者最大的创新在于设立了数学教学的德育目标，以思维育人、史料育人、审美育人、活动育人四个维度为抓手，在教学各个环节全面融入育人思想，使课堂教学从形式到内容都有立德树人目标的引领。

（一）思维育人——强化数学学习的特点，促进学生思维品质提升

数学是思维的科学。学习数学要注重思维过程的学习，要注重让学生学会透过事物的具体性质而从“量和形”上去研究，这是一个数学化的过程，也是一个高度抽象概括的过程。本节课，教师在强化学生思维训练的同时，抓住了以下三个关键点。

一是深化学生对概念合理性的认识。例如问题 1“以上三个判断的思维进程有何共同之处?”，通过几组判断，让学生明确归纳推理是由部分到整体，由个别到一般的推理的特征，使学生充分感受到数学思维的合理性与必然性。

二是充分暴露思维过程。如问题 3“请同学们试着从哥德巴赫的角度去思考，体验他思考问题的情境和过程，你认为哥德巴赫敢于提出猜想的信心来自什么?”，引导学生模拟前人的思维过程，感受数学家发现问题、提出问题和解决问题的过程。

三是问题导学。在课堂教学中，教师要激发学生的学习欲望，问题的设计就要与学生已有的知识和经验相关联，学生愿意解决并且有解决它的知识基础和能力基础；同时问题的解决必须包含一定程度的独立见解和创造性，学生不能照搬已有的解题套路，必须经过认真思考分析或寻找新的处理方法才能有效解决。本节课的问题设置较好地体现了这些原则。

（二）史料育人——借助数学史，促进学生品德和学科素养的养成

教师深入挖掘教材内容中丰富的史料内容和育人价值，让学生了解数学知识的时代背景、历史条件与人类发展的关系，培养学生实事求是的科学精神。

在本节课，教师注重挖掘史料内容。例如，用“一叶知秋”，形象地反映了推理的本质属性。又如，在概念深化教学环节中，教师以哥德巴赫猜想和费马猜想作为材料，引导学生学习归纳推理的思想、方法，既融入数学史和数学经典故事，又让学生能站在一个更高的角度进行学习、思考、探索，彰显了教学活动的特色。在应用探索教学环节中，教师再次将欧拉公式以问题形式引导学生进行探索，并将数学家欧拉的故事和成就展现给学生，进一步丰富了史料育人的内涵。

（三）审美育人——巧妙设计，深度开发教学内容的美育功能

审美教育是培养学生认知美、喜欢美、欣赏美，进而创造美的能力的教育。数学学科在其内容、结构和方法上具有特殊的美，数学的符号、公式、概念、曲线、思想方法，无不蕴含着美。教师要让学生了解数学问题解决时构造的巧妙、推证的严密、结果的精确，让学生在数学学习中感受这些美的元素，从中理解数学的概括性、逻辑性和简洁性，学会用数学的语言表达世界，用简洁、优美的数学关系表达事物的内在规律，提高对美的理解和追求，这是数学美育的重要任务。本节课，教师在以下两个方面做了充分的思考和设计。

一是结构。课堂教学中的所有范例，无论是从数量关系还是图形特征，注重突出问题的结构特点，让学生能有效观察到它们所蕴含的规律。如哥德巴赫猜想、费马猜想、例 1 和例 2 的问题结构都成为帮助学生寻找解决问题办法的向导。

二是分析。教师在学生成功解决问题后，给出了具有针对性的分析和启示，展示了数学学习规律和数学美。事实上，在成功解题后，对其蕴含的数学思想方法的点拨才是最重要的。只有通过教师的专业剖析，学生才能够更深入地了解问题解决的来龙去脉，培养分析问题时注重本质、去粗存精、去伪存真、触类旁通的能力。

（四）活动育人——创设问题导学情境，让学生在主动探索中提升能力

建构主义学习理论认为，知识的学习是学生在与自然的对话中主动建构的，教师应创设问题情境，这种问题情境不是教师凭空想象的产物，而是教师依据学习的需要以及教学目标创设的。事实上，数学学习要特别注重过程中深刻的、充实的、探究的经历和体验，只有让学生透过课本结论中的外表，感受前人思维的启迪和升华的过程，体验丰富而完整的学习过程，对知识的理解才会深刻，而只有感悟深刻的知识才会融入学生的知识结构中去。同时，丰富的过程体验是激发学生兴趣的有效手段，特别是学生的探究兴趣，必须通过教学手段去培养。西方课堂教学中有一个被广泛接受的“TRY 哲学”，“TRY”意为尝试。学校是学生“TRY”的基地，课堂是学生“TRY”的前沿，就连讲台也是学生“TRY”的地方。学生通过“TRY”去感受知识的奥秘，去发现问题、解决问题，保持对新事物的好奇心，在不断的“TRY”中培养自信心。这是学生乃至长大成人后发现问题和解决问题，以及有所创新和成就的重要心理品质。

另外，本节课执教者的一大教学亮点是问题导学，从问题 1 到问题 5，再从例 1 到例 2 可以看出，这些问题不仅仅是简单的“问话”，而是包括问题情境的创设、对话设计、问题的提出、问题的解决、教学的组织、教学的实施方法等一系列丰富而有序的过程，通过一系列问题把学生引向独立思考、积极探索、合作学习之路，这是我们构建新型课堂教学方式的指导思想。

综上所述，要将立德树人的目标落实在学科教学上，教师需要深入研究课堂教学模式、教师教学方法、学生学习方式等，在教学各个环节中落实学科育人的内容、方法，通过思维育人、史料育人、审美育人、活动育人四个维度将学科育人深度融入数学课堂，将课堂教学学科育人的功能发挥出更大的效益。

（课例设计：陈华曲　课例评析：黄河清）

图书在版编目（CIP）数据

高中数学学科育人课例评析 / 黄河清主编 . -- 南宁：广西教育出版社，2023.1

（特级教师书系）

ISBN 978-7-5435-9207-0

Ⅰ . ①高… Ⅱ . ①黄… Ⅲ . ①中学数学课 - 教案（教育）- 高中 Ⅳ . ① G633.602

中国版本图书馆 CIP 数据核字 (2022) 第 143610 号

策　　划：廖民锂　　**策划编辑：**黄珍平

责任编辑：罗小荧　陆顺演　　**版式设计：**鲍　翰

封面设计：杨　阳　　**责任校对：**卢佳慧　何　云　杨红斌

责任技编：蒋　媛

出 版 人：石立民

出版发行：广西教育出版社

地　　址：广西南宁市鲤湾路 8 号　**邮政编码：**530022

电　　话：0771-5865797

本社网址：http://www.gxeph.com

电子信箱：gxeph@vip.163.com

印　　刷：广西壮族自治区地质印刷厂

开　　本：787mm×1092mm　1/16

印　　张：22.25

字　　数：342 千字

版　　次：2023 年 1 月第 1 版

印　　次：2023 年 1 月第 1 次印刷

书　　号：ISBN 978-7-5435-9207-0

定　　价：56.00 元